Fach-
buch
Klett-Cotta

Alan Sroufe

Der Weg zur eigenen Persönlichkeit

Wie Bindungserfahrungen uns lebenslang prägen

Mit Geleitworten von
Klaus und Karin Grossmann
und Gerhard Suess

Aus dem Englischen von
Maren Klostermann

Klett-Cotta

MIX
Papier | Fördert gute Waldnutzung
FSC® C014496
www.fsc.org

Klett-Cotta
www.klett-cotta.de
Die Originalausgabe erschien unter dem Titel
»A Compelling Idea: How We Become the Persons We Are«

Cover: Weiß-Freiburg GmbH
unter Verwendung einer Abbildung von shutterstock/Evgeny Atamanenko
Gesetzt von Eberl & Koesel Studio, Altusried-Krugzell
Gedruckt und gebunden von GGP Media GmbH, Pößneck
ISBN 978-3-608-98082-0
E-Book ISBN 978-3-608-11867-4
PDF-E-Book ISBN 978-3-608-20552-7

Zweite Auflage, 2023

Bibliografische Information der Deutschen Nationalbibliothek
Die Deutsche Nationalbibliothek verzeichnet diese Publikation
in der Deutschen Nationalbibliografie; detaillierte bibliografische Daten
sind im Internet über http://dnb.d-nb.de abrufbar.

Inhalt

Danksagung 7

Vorwort 9

Geleitwort von Klaus und Karin Grossmann 11

Geleitwort von Gerhard Suess 14

Einleitung 17

1 Der Anfang 22

2 Die Psychologie gewinnt Herz und Verstand zurück 30

3 Das Erkunden des Gefühlslebens von Säuglingen und Kleinkindern 51

4 Die Ursprünge der überzeugenden Idee 64

5 Die Minnesota-Studie zur Entwicklung der Persönlichkeit 76

6 Eine Unterbrechung meiner Reise 93

7 Die organisierte Welt des Vorschulkindes 104

8 Die Kohärenz der Entwicklung in der mittleren Kindheit 126

9 Stabilität, Veränderung und das Schicksal frühkindlicher Erfahrungen 145

10 Adoleszenz: Das reflektierende Selbst 161

11 Der Übergang in die Erwachsenenwelt ... 180

12 Lehren aus der Forschung und aus dem Leben ... 193

Nachwort ... 204

Anmerkungen ... 208

Über den Autor ... 210

Stimmen zum Buch ... 211

Danksagung

Dieses Buch handelt von einem Leben, einer beruflichen Laufbahn und der Geschichte eines ganzen Fachgebietes. Das bedeutet natürlich, dass es zahllose Menschen gibt, denen ich zu Dank verpflichtet bin – Familie, frühere und derzeitige Freunde (denen ich zum Teil seit mehr als einem halben Jahrhundert verbunden bin). Alle haben den Verlauf und die Bedeutung meines Lebens in vielfältiger Weise beeinflusst. Ich möchte gleich zu Beginn sagen, dass meine Eltern in Anbetracht der großen Einschränkungen durch ihre eigenen Entwicklungserfahrungen ihr Bestes gegeben haben – und mehr kann keiner von uns tun.

Es gab auch zahlreiche KollegInnen und MentorInnen, die meinen beruflichen Werdegang gefördert und geprägt haben. Unter den Letzteren möchte ich vor allem den kürzlich verstorbenen Louis Breger erwähnen. Lou hat mich in eine wahrhaft entwicklungsbezogene Denkweise eingeführt. Dank auch an John Bowlby, Mary Ainsworth und Louis Sander. Sie alle haben mich durch ihre Güte, Unterstützung und Klugheit inspiriert. Mit meinen drei Kollegen Byron Egeland, Elizabeth Carlson und Andrew Collins arbeite ich seit Jahrzehnten zusammen. Gemeinsam mit vielen brillanten, engagierten Studierenden haben sie diese Arbeit möglich gemacht. Ihnen allen bin ich zu großem Dank verpflichtet.

In Bezug auf meinen Lebensweg haben mir drei Menschen Orientierung gegeben. Das ist in erster Linie meine Ehefrau June. June hat die emotionale Seite des Lebens lange vor mir verstanden. Dann gab es zwei Therapeuten, Rene Schwartz und Sam Scher. Sie sind sanft mit mir umgegangen, wenn ich Sanftheit brauchte, und sie haben mich energisch angeschubst, wenn ich Anschub brauchte. Ich war kein leichter Fall.

Dank auch an Safer Society Press und insbesondere Mary Falcon. Mary hat mich Mitte der 1980er Jahre dafür gewonnen, mein Lehrbuch über kindliche Entwicklung zu schreiben. Durch einen glücklichen Zufall habe ich nun 35 Jahre später Kontakt zu ihr aufgenommen, um mich nach Absatzmöglichkeiten für dieses Buch zu erkundigen, ohne zu wissen, dass sie noch immer in der Verlagswelt tätig ist. Niemand hätte sich mit mehr Begeisterung und Sorgfalt dafür einsetzen können, dieses Projekt lebendig werden zu lassen.

Ein großes Dankeschön an alle Genannten und Ungenannten.

Alan Sroufe
Professor em., Institute of Child Development,
University of Minnesota

Vorwort

Wer auch immer die endgültige Geschichte der Entwicklungspsychologie im weiteren Verlauf des 21. Jahrhunderts schreiben mag – Alan Sroufe wird als einer der ganz großen Entwicklungspsychologen dieser Welt in die Annalen dieses Fachgebiets eingehen. Seine gesamte berufliche Laufbahn hindurch hat Alan zahllose bahnbrechende theoretische und empirische Beiträge zu den Bereichen Entwicklungspsychologie und Entwicklungspsychopathologie geleistet. Vor allem hat er durch seine Arbeit auch bedeutsame und nachhaltige Akzente in wichtigen Bereichen des Gesundheitswesens und der Sozialpolitik gesetzt.

Ich kenne Alan seit meiner Studienzeit und habe seinen scharfen Verstand und sein Engagement als Mentor künftiger Wissenschaftlergenerationen aus erster Hand erlebt. Es war ein Privileg, seine Memoiren zu lesen, die den Werdegang eines Menschen beschreiben, der persönliche und berufliche Prioritäten nahtlos miteinander verbunden hat. Diese ehrliche und fesselnde Biografie gewährt uns einen Einblick in Sroufes Menschlichkeit ebenso wie in seine leidenschaftliche Suche nach wissenschaftlichen Wahrheiten, die nicht nur der akademischen Welt zugutekommen, sondern von allgemeinerem Nutzen für die Gesellschaft sind.

Nicht nur Studierende, die in den unterschiedlichsten Fachgebieten am Anfang ihrer beruflichen Entwicklung stehen, sondern auch erfahrene Experten, die über ihren Lebensweg und ihre beruflichen Beiträge nachdenken, sollten diese spannende und bewegende Biografie unbedingt lesen. Im Einklang mit Alan Sroufes leidenschaftlichem Wunsch, nicht nur zur Psychologie, sondern zum Wohle der Gesellschaft beizutragen, werden in diesem Buch auch Laien Inspiration dafür finden, wie sie das Leben in all seinen Facetten, vor allem in unsicheren und schwierigen Zeiten, bewältigen und den besten Kurs für sich selbst bestimmen können.

Dante Cicchetti
Ph.D., McKnight Presidential Chair, Institute of Child Development and Department of Psychiatry, University of Minnesota

Geleitwort von Klaus und Karin Grossmann

Alan Sroufe erkannte als einer der ersten Forscher die Erkenntnismöglichkeiten der jungen Bindungstheorie, die John Bowlby in den 1960er Jahren entwickelt hatte. Er sah darin eine lebensnahe und zugleich wissenschaftlich fundierte neue Entwicklungspsychologie. Ungeschönt beschreibt er seine eigene, anfangs schwierige persönliche Entwicklung, seine problematische Familiengeschichte und seinen akademischen Werdegang, und wie daraus seine Grundüberzeugung erwuchs: die Persönlichkeit wächst in engen Beziehungen. Die damalige Entwicklungspsychologie war zersplittert in Fragmente, die sich nicht zu einem in sich stimmigen Verständnis des Werdens von Persönlichkeit fügten. Das Zusammenwirken zwischen Personen jeglichen Alters in ihren jeweiligen sozialen und kulturellen Lebenswelten blieb der Soziologie überlassen. Humorvoll beschreibt er, wie die Bindungsforschung handelnde, fühlende, und verstehende Individuen wieder in den Mittelpunkt bedeutungsvollen psychologischen Geschehens stellte. Die Person wurde wieder zu einem sozialen Wesen.

Ein Mitglied des Forscherteams der Bindungsforscherin Mary Ainsworth, Everett Waters, führte ihn in den Forschungsgegenstand ein. Die zentrale Frage lautete: Welche Auswirkungen haben frühe Erfahrungen des Kindes, zunächst im Zusammenspiel mit ihren Müttern, bald auch mit Vätern und anderen, auf ihre Beziehungsqualität am Ende des ersten Lebensjahres und vielleicht sogar auf die gesamte Persönlichkeitsentwicklung des Kindes?

Alan Sroufe sieht Bindung als sozial organisiertes Konstrukt. Ein isoliertes Kind gibt es nicht. Zusammen mit – über die Jahre – etwa 300 MitarbeiterInnen hat er die wohl umfassendsten Fragestellungen im Zusammenhang mit mehr oder weniger gut gelingenden Lebensläufen untersucht – vor allem bei Kindern mit denkbar schlechten Startbedingungen. Davon erzählt er – stets im Rückgriff auf seine eigene problematische Kindheit. Dadurch kann er zeigen, wie prägend schlechte Erfahrungen sein können, aber auch, wie man sie überwinden kann.

In seiner Minnesota-Studie begleitete er mit seinem Forschungsteam eine große Gruppe benachteiligter Kinder über 40 Jahre lang: beglückendes Miteinander, aber auch destruktives Gegeneinander im Kindergarten, im Ferienlager, bis hin zur eigenen Elternschaft. In vielen Fällen musste seine Hochrisiko-Gruppe trotz des Fehlens einer beständigen Vaterfigur ihren Weg finden.

Für Alan Sroufe selbst waren zufällige Begegnungen mit anregenden, unterstützenden kollegialen Wissenschaftlern essenziell. Sie förderten seine Zuversicht in seine Forschung, und sie halfen ihm beim wissenschaftlichen Einfallsreichtum, förderten seine hohe Motivation und seine Forscherkraft, und er konnte so seine eigenen belastenden schlimmen Erinnerungen in Forschungsfragen verwandeln. Dabei verschweigt er nicht die Enttäuschungen, das Unverständnis und die Rückschläge, die auch er in der akademischen Welt erlebt hat.

Die Minnesota-Studie hat solide Erkenntnisse hervorgebracht. Einmal für ein umfassendes Verständnis des Einflusses, den Bindungspersonen bereits sehr früh auf die sichere oder unsichere Organisation der kindlichen Gefühle ausüben und dabei wesentlich die Wahrnehmung des Kindes seiner sozialen Welt und seine Erwartungen an sie formen. Dies führt zu entscheidenden Unterschieden im Umgang mit kritischen Lebenssituationen. Zum andern aber, vielleicht noch wichtiger für die klinische Arbeit, wird deutlich, welche Möglichkeiten bestehen, um die gravierende Hypothek belastender Erfahrungen zu minimieren. Sie können zwar nicht vollständig abgebaut werden, aber ihre Erkenntnisse können für ein gelingendes Leben genutzt werden. Hier trifft Alan Sroufes Privat- und Forscherleben auf John Bowlbys zentrales Thema: Wie können die Erkenntnisse der Bindungsforschung klinische Hilfen bei ungünstigen Bindungserfahrungen verbessern?

Die Lebenslauf-Forscherin Emmy Werner sagte: »Life is not a matter of holding good cards, but of playing a poor hand well.« Alan Sroufe hat mit den schlechten Karten seiner Herkunft hervorragend gespielt. Er hat ein fundiertes Verständnis der diversen Einflüsse auf die Entwicklung von Säuglingen, Kindern und Jugendlichen bis zum Erwachsenen geschaffen. Nicht nur Eltern, sondern auch Lehrern, Klinikern, Großeltern und anderen Interessierten zeigen diese Forschungen: mit zugeneigter Unterstützung kann ein Kind trotz schlechter Karten lernen, gut zu spielen. Sroufes lebendigen Schilderungen dessen, was ihm persönlich geholfen hat, um sich aus intensiven Nachwirkungen unguter Familientraditionen zu befreien, legen die Grundlage für neuen Lebensmut für all diejenigen, denen dieser Lebensmut bislang fehlte.

Alan Sroufe ist ein Meister kohärenter, stimmiger Interpretation komplexer Daten. Sein Nachdenken über sein eigenes Leben hat ihm das ermöglicht. Das bestimmt die Qualität der Forschungsfragen, ohne die Erkenntnisse unvollständig blieben. Er hat das bislang kohärenteste Wissen über menschliche Entwicklung geschaffen.

Regensburg, im Februar 2022
Klaus und Karin Grossmann
Prof. em. und Dr., Institut für Psychologie
an der Universität Regensburg

Geleitwort von Gerhard Suess

Bevor ich 1982 als Student und mit Unterstützung von Klaus Grossmann ans Institute of Child Development (ICD) nach Minnesota kam, wurden wir DAAD-Stipendiaten in einer Einführungsveranstaltung gebeten, nicht zu viel an der Uni zu arbeiten und dadurch das Kennenlernen von Land, Leute und Kultur zu vernachlässigen. Dass dies eine Gefahr für mich sein könnte, konnte ich mir nicht vorstellen, da ich ja gerade erst das Diplom in Psychologie erworben hatte. Doch die besondere Kultur des ICD und allen voran die Person ›Alan Sroufe‹, dessen »research assistant« ich war, zogen mich alsbald in ihren Bann. Alan hat seine Studierenden immer im Ringen um eine Balance zwischen Arbeit und Pflege sozialer Beziehungen unterstützt und sich dabei selbst auch authentisch gezeigt. Das Packende war die wachsende Gewissheit, Teil eines wichtigen Prozesses zu sein und dabei als Mensch Beachtung zu finden.

Alan Sroufe erlebte John Bowlbys Bindungstheorie als packend und das gab seiner Lehre eine besondere Note. Wie diese Idee mehr und mehr Einfluss auf seine Selbstreflexion sowie seine wissenschaftliche Ausrichtung nahm, beschreibt er eingängig in diesem Buch. Der Leser erhält einen seltenen Einblick in den Wissenschaftsprozess und die Person des Forschers. Ungeschönt »erzählt« er anhand seiner eigenen persönlichen Entwicklung sowie seiner Familiengeschichte, wie frühe Erfahrung auf die weitere Entwicklung Einfluss nimmt und bedeutsam ist; auch, dass eine frühe Bindung nie Schicksal, vielmehr veränderbar ist, wenn auch manchmal schwer; ferner, dass selbst eine traumatische Bindung neben Zerstörerischem auch Gutes in sich tragen kann, das für den persönlichen Erinnerungsprozess und in der klinischen Praxis genutzt werden kann.

Das von Sroufes Forschungspartner Byron Egeland zusammen mit Martha F. Erickson entwickelte Programm »STEEP«, für dessen Einführung und Evaluation in Deutschland ich mich seit 2000 eingesetzt habe, ist eine konsequente Umsetzung von Erkenntnissen aus der Minnesota-Studie und folgt seinem Ansatz. Darum ist das vorliegende Buch zu dem bereits erschienen STEEP-Praxishandbuch (Erickson & Egeland: Die Stärkung der Eltern-Kind-Bindung, 2006/2009, 5. Aufl. 2022, Klett-Cotta) eine hervorragende Ergänzung und Abrundung. Die Evaluation von STEEP stärkt die »packende Idee«, da sie eine experimentelle Überprüfung darstellt und die Praxis durch belegte Wirksamkeit verbessert. Das ist ein Kern der bereits 1984 vorgestellten Entwicklungspsychopathologie. Ein eng damit verbundenes Übersetzungsfeld bietet der Kinderschutz – der Ausgangspunkt der Minnesota-Studie. Im Laufe der Studie konnten die Auswirkungen traumatischer Erfahrungen und viele Ideen zur Unterbrechung des meist generationsübergreifenden »cycle of abuse« beschrieben werden, auch in den anonymisierten Fallbeschreibungen unter dem Titel »Verdrängung«.

Die Komplexität des Einflusses von frühen Bindungen und die dafür verantwortlichen Mechanismen hat Sroufe sein Akademikerleben lang erforscht und in der Sprache der Scientific Community kommuniziert. In diesem Buch handelt er die Bindungstheorie als fesselnde Idee auf zwei Ebenen ab: Bei der Rückschau auf die eigene Persönlichkeitsentwicklung und dem Bemühen, sich selbst zu verstehen und zu verändern (in Partnerschaft und Therapie), sowie als prospektive Theorie zur Untersuchung gesunder und fehlangepasster Persönlichkeitsentwicklung. Letzteres bildet den Kern des zusammen mit Michael Rutter 1984 veröffentlichten programmatischen und viel beachteten Artikels »The Domain of Developmental Psychopathology«, der wesentlich zur Weiterentwicklung einer evidenzbasierten klinischen (Entwicklungs-)Psychologie beigetragen hat. Die Entstehung dieses Artikels und seine Diskussionen im Forschungskolloquium fiel in die Zeit meines ICD-Aufenthaltes.

Damit führte Sroufe aus dem Kreis der BindungsforscherInnen ein Hauptanliegen John Bowlbys fort, nämlich eine valide Psychopathologie zu formulieren und damit zur Verbesserung der klinischen Praxis beizutragen. Schon das Buch »The Development of the Person« mit Ergebnissen der Minnesota-Längsschnittstudie wurde bei seinem Erscheinen im Jahr 2005 (Guilford) sehr positiv aufgenommen. Der unter deutschen KlinikerInnen geschätzte und 2012 verstorbene Säuglingsforscher und Psychotherapeut Daniel N. Stern bezeichnete es als das Buch, auf das TherapeutInnen die ganze Zeit gewartet hätten. Für alle in der psychotherapeutischen Praxis Tätigen, jedoch auch für die gesamte Jugend- und Gesundheitshilfe, dürfte bei dem vorliegenden Buch besonders das beschriebene Ineinandergreifen von persönlicher Reflexion, Erkenntnissen über Stabilität und Veränderung von Bindung sowie eigener Therapieerfahrung »packend« sein. Studierende und Lehrende sollten sich anstecken lassen von einem Leben, das im Verfolgen vielversprechender Ideen einen besonderen Sinn erfahren hat und das so selten geworden ist. Viele, die bei seinen Auftritten in Deutschland dabei waren, haben Alan Sroufe als eine stimmige und glaubhafte Person erlebt: 2003 in Regensburg auf der Konferenz des Zusammentreffens der Langzeitforscher im Rahmen der Bindungstheorie, 2010 beim Nationalen Zentrum Frühe Hilfen (NZFH) in Berlin sowie ebenfalls 2010 bei einem Expertentreffen zum Thema »Resilienz« (Opp, Fingerle, Suess) an der HAW Hamburg.

Hamburg, im Februar 2022
Gerhard Suess
Prof., Department Soziale Arbeit der HAW Hamburg

Einleitung

Vor 50 Jahren war unser Wissen über die Entwicklung der menschlichen Persönlichkeit sehr begrenzt. Heute wissen wir eine Menge darüber, größtenteils dank einer revolutionären Theorie über die Rolle von Beziehungen in der menschlichen Entwicklung. Dieses neue Wissen hat weitreichende Folgen für unser persönliches Leben.

In diesem Buch schildere ich aus einer sehr persönlichen Warte, wie dieses neue Verständnis der psychologischen Entwicklung des Menschen entstanden ist. Wie immer in der Wissenschaft waren auch an dieser Entdeckung natürlich zahlreiche Personen beteiligt, doch das ist eine andere Geschichte, die andere erzählen werden. Was mich betrifft, so geriet ich durch Zufall und glückliche Umstände an einen günstigen Ort, um zu beobachten, wie die Entdeckungen zusammenkamen. Unser Forschungsteam am Institute of Child Development der University of Minnesota hat viele wichtige Teile dieser Forschungsarbeit durchgeführt. Die technischen Aspekte und vollständigen Ergebnisse unseres Projekts (mit dem offiziellen Titel *Minnesota Study of Risk and Adaptation from Birth to Adulthood*) haben wir dem wissenschaftlichen Publikum in Form unserer Bücher *Emotional Development*[1] und *The Development of the Person*[2] sowie in über 200 Zeitschriftenartikeln und Buchbeiträgen unterbreitet. Mein Ziel beim Verfassen des vorliegenden Buches war es, eine eher persönliche und leserfreundliche Darstellung dieser Geschichte bereitzustellen.

Das Thema, um das es hier geht – wie der Einzelne sich zu dem Menschen entwickelt, der er ist – betrifft uns alle ganz persönlich. Es geht darum, wie es dazu kommt, dass jeder von uns sich so verhält, wie er es tut, und die Welt so sieht, wie er sie sieht, und darum, was wir fühlen und wie wir auf diese Gefühle reagieren. Wissenschaftliche Erkenntnisse tragen zweifellos zur Erhellung dieser Fragen bei, doch neben quantitativen Forschungsergebnissen finden sich in diesem Buch zahlreiche anekdotische Beispiele aus individuellen Lebensgeschichten. Diese Lebenswege haben wir sorgfältig und systematisch über mehr als 40 Jahre, vom Säuglingsalter über die Kindheit und Adoleszenz bis ins frühe und mittlere Erwachsenenalter hindurch verfolgt. Beim Schreiben des Buches habe ich natürlich darauf geachtet, alle dargestellten Personen zu anonymisieren, um ihre Privatsphäre zu schützen, und bestimmte Details musste ich notwendigerweise auslassen. Ich habe mir allerdings die Freiheit genommen, detailliertere Beispiele aus meinem eigenen Leben zu schildern, wenn mir meine eigene Vergangenheit und meine persönlichen Höhen und Tiefen relevant für den dargestellten Sachverhalt erschienen. Hinzu kommt, dass meine Motivation für die Erforschung dieses Bereichs sehr persönlich war. Ich wollte wissen, warum ich die Probleme hatte, die ich hatte, und wie ich meine eigene psychische Gesundheit verbessern könnte.

Aus diesen Gründen bietet das vorliegende Buch eine beschreibende Darstellung der aufeinanderfolgenden Entdeckungen, die zu diesem neuen Verständnis der menschlichen Entwicklung führten, sowie der persönlichen Bedeutung, die ich daraus für mich ableitete. Es enthüllt, was mein persönliches Interesse an dieser allgemeinen Frage angetrieben hat, welche langjährigen und zufälligen Beziehungen und Begegnungen mich zu dieser Arbeit geführt haben und wie ich die Teilnahme an einer, wie sich herausstellen sollte, Revolution in der Psychologie miterlebt habe. Außerdem zeigt es das Wesen einiger Hauptentdeckungen auf und wie sich die Arbeit auf mein eigenes Leben ausgewirkt hat.

Wenn ich über unser neues Verständnis von Entwicklung nachgedacht und zu entscheiden versucht habe, ob es angemessen ist, bin ich häufig von Wissenschaftlern aus anderen Disziplinen inspiriert worden. Bekannte Physiker zum Beispiel haben über die Suche nach einer endgültigen Theorie diskutiert – die Theorie, die die Ursprünge und Funktionsweise des Universums vollständig erklären wird. In seinem Buch *Der Traum von der Einheit des Universums*[3] (*Dreams of a Final Theory*) legt Steven Weinberg die Kriterien für eine derartige

Theorie dar. Zu seinen wichtigsten Kriterien gehört die *Schönheit* der Theorie. Damit meint er, dass eine kohärente und vereinheitlichende Weltformel sich auch durch eine gewisse Eleganz auszeichnet und denjenigen, die sie verstehen, ein Gefühl von Harmonie und Einheit vermittelt. Da sie uns tatsächlich auch ästhetisch anspricht, findet die Harmonie und Kohärenz der Theorie ein Echo in der Person, die darüber nachdenkt. Sie führt dazu, dass Dinge, die vorher nur vage erkennbar waren, plötzlich klare Gestalt annehmen und ein neues, erkennbares Ganzes ergeben. Kurzum, sie ist absolut einleuchtend.

Das erschien mir als ein sehr reizvolles Konstrukt. Und auch wenn ich glaube, dass die Psychologie noch sehr weit von einer endgültigen Theorie entfernt ist, haben wir in den letzten Jahrzehnten miterlebt, wie eine wahrhaft faszinierende theoretische Idee über die menschliche Entwicklung entstanden ist. Sie betrifft die Frage, wie wir zu den Menschen werden, die wir sind. Wie das Universum durchläuft die entstehende Persönlichkeit einen Prozess, in dem das, was vorher existierte, zur Grundlage für das Kommende wird, ganz gleich wie komplex die Transformation, die sich im Laufe der Zeit vollzieht, auch sein mag. Im Zentrum dieses Prozesses stehen enge zwischenmenschliche Beziehungen. Das ist vielen Wissenschaftlern im Laufe der Zeit aufgefallen, aber heute gibt es ein zusammenhängendes, übergreifendes Erklärungssystem, das uns verstehen lässt, wie die Persönlichkeit durch Beziehungserfahrungen hervorgebracht wird.

Die Aufstellung psychologischer Theorien ist mit gewissen Vor- und Nachteilen verbunden. Anders als in anderen Wissenschaftszweigen sind wir Menschen sowohl der Gegenstand der Theorie als auch die Theoretiker. Wir versuchen, uns selbst zu erklären. Das birgt zweifellos gewisse Gefahren, wenn Hybris oder andere Formen der Voreingenommenheit ins Spiel kommen. Wenn Psychologen Theorien aufstellen, fühlen sie sich möglicherweise von Ideen angezogen, durch die sie selbst gut oder zumindest besser als andere dastehen. Ein Paradebeispiel dafür ist meiner Ansicht nach, dass die Idee, der IQ sei das wichtigste Merkmal, eine große Anziehungskraft auf viele Psychologen ausübt. Da die Konzeption von IQ-Tests auf einen Zusammenhang mit dem schulischen und akademischen Erfolg zielt, ist es nicht überraschend, dass psychologische Forscher bei solchen Tests gut abschneiden. Das ist nur ein Beispiel dafür, dass Merkmale, die in psychologischen Theorien hervorstechen, manchmal dieselben sind, die psychologische Wissenschaftler kennzeichnen.

Andererseits ist eine gemeinsame Ausrichtung von Forschungsgegenstand und Forscher eindeutig von Vorteil. Jede Theorie, die wir aufstellen, sollte Sinn für uns selbst ergeben. Das gilt in der Psychologie mehr als in jeder anderen Disziplin. In der Vergangenheit gab es viele Theorien, die aus genau diesem Grund nicht befriedigend waren. Theorien, die behaupten, dass wir einfach durch die Belohnungen und Bestrafungen in unserem Umfeld angetrieben werden, dass wir Gefangene unserer inneren Triebe sind oder dass unser Charakter durch unsere Gene bestimmt wird, ergeben einfach keinen hinlänglichen Sinn. So wichtig diese Einflüsse sein mögen, liefern sie doch keine angemessene Erklärung für unser Verhalten oder für die Frage, wie wir zu der speziellen, einzigartigen Persönlichkeit wurden, die wir sind. Die entscheidende Bedeutung enger Beziehungen, wie sie in John Bowlbys Bindungstheorie und anderen Entwicklungserklärungen dargelegt wird, ist nicht nur empirisch nachweisbar, sondern entspricht auch unserer Intuition und unseren persönlichen Erfahrungen.

Die Kernidee ist, dass frühe zwischenmenschliche Beziehungen die Vorlage für die Entwicklung unserer Persönlichkeit liefern. Das ist eine ebenso einfache wie elegante Idee, die tatsächlich einen äußerst komplexen Entwicklungsprozess auf faszinierende Weise zusammenfasst. Es ist durchaus möglich, diesen Prozess so zu beschreiben, dass jeder, der ihn verstehen möchte, dazu in der Lage ist. Zudem bietet das Konzept die Kohärenz und Klarheit, die wir uns von unseren psychologischen Theorien wünschen. Die Entfaltung der Persönlichkeit ist etwas Wunderschönes.

Es gibt viele Möglichkeiten, eine Geschichte zu erzählen; der Autor kann zum Beispiel mit dem Ende der Geschichte beginnen und dann zurückgehen und zeigen, wie es zu diesem Ende gekommen ist oder er kann bestimmte Informationen zurückhalten, so dass bis zum letzten Kapitel offenbleibt, wie die Geschichte ausgeht. Im vorliegenden Buch wird um das Ende kein Geheimnis gemacht. Der Leser weiß von Anfang an, dass die Studie, die hier beschrieben werden soll, tatsächlich zu eindrucksvollen Ergebnissen geführt hat. Es gibt von Anfang an kurze Ausblicke auf die endgültigen Resultate. Gleichzeitig lege ich Wert darauf, die Entdeckungen Schritt für Schritt zu beschreiben – wie ein bestimmter Befund zur nächsten Frage führte und dann zum nächsten Befund. Immerhin geht es in dieser Geschichte um Entwicklung, und Entwicklung schreitet in geordneter Weise voran. Meine größte Hoffnung ist, dass die Leser und Leserinnen dieses Buches die Begeisterung fürs Entdecken teilen.

KAPITEL 1

Der Anfang

Wer sich seiner Vergangenheit nicht erinnert,
ist dazu verdammt, sie zu wiederholen.

George Santayana[4]

Mein Großvater mütterlicherseits hat meine Großmutter erschossen. Seltsamerweise wusste ich nichts davon, bis ich schon relativ erwachsen und meine Mutter bereits verstorben war. Es wurde nie darüber gesprochen. Genaugenommen habe ich nur durch Zufall davon erfahren. Mein Bruder war gemeinsam mit Ruby und Minnie, zwei älteren Tanten von uns, auf Besuch, und die beiden schwelgten in Erinnerungen. Eine von ihnen sagte: »Ach ja, das war ungefähr zur Zeit der Tragödie.« Mein Bruder fragte, was sie damit meinten – welche Tragödie? Überrascht, dass er nichts davon wusste, erzählten sie ihm die Geschichte.

Sogar nachdem ich davon erfahren hatte, wurde mir die volle emotionale Tragweite erst Jahre später bewusst. Das war, als mein Onkel Virgil, der zum Zeitpunkt des Mordes noch bei seinen Eltern lebte, meiner Frau und mir von seiner persönlichen Erfahrung berichtete. Nachdem er seine Mutter gefunden hatte, hatte Virgil sein Gewehr geholt und seinen Vater verfolgt, um Rache zu nehmen, was nur vereitelt wurde, weil sein Vater vorher von einigen Hilfssheriffs festgenommen wurde. Ich habe oft darüber nachgedacht, wie Virgil sich gefühlt haben muss. Obwohl etwa 60 Jahre vergangen waren, als er uns von den Vorkommnissen erzählte, lagen seine Gefühle blank und er war so aufgewühlt, als wäre es gestern gewesen. Ich stellte fest, dass ich seine Angst und seinen Zorn klar erkennen konnte. Es war etwas, das mir irgendwie schon als Kind vertraut gewesen war.

Viele Psychologen, die ich kenne, vor allem, wenn sie sich für klinische Fragen interessieren, erforschen mit großer Neugier, wie Menschen so werden, wie sie sind. Häufig interessieren sie sich auch brennend für psychische Störungen in ihren eigenen Familien. Auf mich traf das sicherlich zu. Die schreckliche Tragödie – und das ganze Elend, das ihr vorausgegangen war – hat Virgil und alle anderen Mitglieder meiner Familie mütterlicherseits geprägt. Bei uns zu Hause wurden ihre Probleme mit keinem Wort erwähnt. Wir wussten, dass alle acht Kinder aus der Familie meiner Mutter an unterschiedlichen Orten zur Welt gekommen waren, von Appalachia bis Oklahoma, aber wir wussten nicht, dass die Familie häufig auf der Flucht vor dem Vater gewesen war. Und wir hatten keine Ahnung von dem Missbrauch und der Tragödie, die unsere Mutter, unsere Tanten und Onkel erlebt hatten. Es wurde alles vor uns verheimlicht.

Als Jugendlicher kam ich einmal nach Hause und fand meine Mutter völlig aufgelöst vor, aber sie wollte nicht sagen, was los war. Viel später fand ich heraus, dass ihr Vater, damals aus dem Gefängnis entlassen, sie wiederholt am Telefon schikaniert und Geld von ihr verlangt hatte. Unsere Familiengeschichte illustriert nicht nur beispielhaft, wie ein Trauma von einer Generation an die nächste weitergegeben wird, sondern auch, dass Geheimnisse und der Versuch, die Kinder vor der Wahrheit zu schützen, sich häufig als schädlich erweisen.

Unsere Mutter war ein ausgesprochen sanfter, großzügiger Mensch und engagierte sich aktiv in der Kirche und in der Gemeinschaft, um anderen zu helfen. In vielerlei Hinsicht war sie auch sehr fürsorglich. Entfernte Verwandte oder Freunde von Verwandten, die mit einem Koffer in der Hand an die Tür klopften, wurden stets willkommen geheißen. Wenn ich während unserer Zeit in Cincinnati im Schnee tollte und zwischendurch ins Haus rannte, konnte ich immer auf ein Paar trockene, warme Fäustlinge zählen, die direkt von der Heizung kamen. Und als wir in San Diego lebten, lud sie an Thanksgiving immer einige Seeleute zum Essen ein. Auf ihrer Beerdigung drängten sich Scharen von dankbaren Menschen.

Doch wie wir alle hatte auch meine Mutter noch eine andere Seite. Sie hatte Angst vor starken Gefühlen, insbesondere vor Wut und Zorn und duldete keinerlei Wutäußerungen in ihrem Haus. Dass meine Mutter selbst in Rage geriet, habe ich tatsächlich nur erlebt, wenn sie darauf reagierte, dass ich meine Wut herausließ. Da ich als Kind leider Gottes häufig Wutanfälle bekam, sagte man mir, dass ich das hätte, was bei uns als »Nida«-Temperament bezeichnet wurde (nach dem Geburtsnamen meiner Mutter). Ich hatte natürlich keine Ahnung, warum ein Nida-Temperament etwas ganz Furchtbares und Schlechtes war, aber es wurde kein Zweifel daran gelassen, dass eine derartige Eigenschaft nichts Gutes verhieß. Manchmal wurde ich hart bestraft, wenn ich meine Wut zum Ausdruck brachte. Da es keine Gespräche oder Erklärungen gab, führten die Versuche meiner Mutter, uns vor der Wut und ihren potenziell tödlichen Folgen zu schützen, paradoxerweise dazu, dass sich dieselbe Angst vor aggressiven Gefühlen auf mich übertrug.

Mein Vater war in ganz anderen Verhältnissen aufgewachsen, die eher durch Entbehrung als durch Trauma gekennzeichnet waren. Er war eines der jüngsten von zehn Kindern, mit einer chronisch kranken und nicht voll funktionsfähigen Mutter. Eine ältere Schwester war die einzige, von der er ein gewisses Maß an Zuwendung erhielt, aber es war einfach nicht genug für alle da. Er entwickelte sich zu einem rechtschaffenen Mann mit starker Arbeitsmoral. Gleichzeitig war er ein sehr bedürftiger Mensch mit einigen eklatanten Schwächen. Aus irgendeinem Grund fühlte er sich gezwungen, seinen jüngsten Sohn häufig zu beschämen, vielleicht weil auch ich bedürftig war.

Sein Humor konnte ziemlich verletzend sein. Ich litt als Kind unter Harninkontinenz, und er genoss es, Besucher davor zu warnen, irgendwelche Süßigkeiten von mir anzunehmen, die sich in meiner Hosentasche befunden hätten (nicht, dass ich je Süßigkeiten in der Tasche gehabt hätte). Er fand es auch sehr erheiternd, mir zu sagen, dass andere Kinder von zu Hause wegliefen und warum ich eigentlich noch nie auf diese Idee gekommen sei. Wenn ich mit ihm arbeitete, scherzte er, dass er mir bezahlen würde, was ich wert sei, »aber es gibt ein Mindestlohngesetz«. Über lange Zeiträume war er emotional nicht verfügbar, und in einer wichtigen Phase meiner Kindheit war er auch körperlich abwesend. Zum Glück lebte er lange genug, um sich selbst zu einem reiferen Menschen zu entwickeln, und wir waren schließlich in der Lage, eine innigere Beziehung herzustellen. Letzten Endes gelang es ihm, seine Zuneigung zum Ausdruck zu bringen, und ich habe ihn lieben gelernt.

Beide Seiten meiner Großfamilie weckten große Neugier bei mir. Welche gleichartigen und unterschiedlichen Auswirkungen hatten diese familiären Erfahrungen auf den Einzelnen? Wie wirkte sich das, was *sie* erlebt hatten, letztlich auf mich und meine Geschwister aus? In diesem Zusammenhang ergaben sich zahlreiche Fragen, die sich sowohl darauf bezogen, was in ihrer Kindheit geschehen war, als auch auf die anhaltenden Sorgen und Entbehrungen. Eine Schwester meiner Mutter fasste das Problem der Armut in der Familie mit den Worten zusammen, ihre Mutter habe die Wäsche anderer Leute gewaschen. Das stigmatisierte sie offenbar als Personen, die in ihrer ohnehin sozial benachteiligten Gemeinschaft ganz unten standen. Hat dieser Hintergrund der Armut die Wirkung der traumatischen Erlebnisse noch verstärkt?

Es ging nicht nur darum, dass ich die Ursachen der Probleme und psychischen Störungen bei meinen Vorfahren (und mir) verstehen wollte; vielmehr wollte ich auch verstehen, wie es kam, dass diese Menschen trotz dieser widrigen Umstände gewisse Stärken entwickeln und ihren Kindern relativ gute Eltern sein konnten – Stärken, die man in der Entwicklungspsychologie später als »Resilienz« bezeichnen sollte.

Ich wusste, dass ich als Kind ängstlich, »hyperaktiv« und häufig bekümmert war, aber ich wusste überhaupt nicht, warum. Dieses Bedürfnis, mich selbst und meine Eltern zu verstehen, war einer der Hauptgründe, aus denen ich Psychologie als Hauptfach am College belegte, eine Graduiertenausbildung absolvierte und schließlich Professor wurde. Irgendwie wusste ich, dass es Antworten auf diese Fragen geben musste, so kompliziert das Ganze auch sein mochte. Wie sich herausstellen sollte, hingen die Antworten von einer einzigen faszinierenden Idee ab, auch wenn ich das damals noch nicht wissen konnte.

Mein spezieller Weg war natürlich voll von überraschenden Wendungen und wie alles im Leben stark beeinflusst von Zufallsereignissen. Wie Stephen Jay Gould in seinem Buch *Zufall Mensch: Das*

Wunder des Lebens als Spiel der Natur[5] *(Wonderful Life)* ausführt, wäre es unwahrscheinlich, dass sich jemals bewusstes menschliches Leben auf der Erde entwickeln würde, wenn wir die Uhr zurückdrehen und noch einmal von vorn beginnen könnten. Ähnlich unmöglich erscheint es mir, dass ich je wieder Teil von etwas sein könnte, dass sich als Revolution in der Psychologie erweisen sollte, wenn mein Leben noch einmal von vorne begänne.

Ich hatte eigentlich nicht ernsthaft in Betracht gezogen, ans College zu gehen. Meine Mutter hatte als einzige von acht Kindern in ihrer Familie einen Highschool-Abschluss gemacht. Mein Vater und der Großteil seiner neun Geschwister hatten zwar erfolgreich die Highschool absolviert, aber keiner von ihnen hatte anschließend ein College besucht. Von daher war es kein Ziel, das meine Eltern, so klug sie beide waren, aktiv gefördert hätten. Meine Mutter sagte mir allerdings, dass ein Jahr am College mir vielleicht helfen könnte, eine ausgewogenere Persönlichkeit zu entwickeln. Wenn man bedenkt, dass sie mit höherer Bildung kaum in Berührung gekommen ist, war das schon eine sehr unterstützende Äußerung von ihr. Mein älterer Bruder ging ans College, was durch ein Sportstipendium und viele Arbeitsstunden während der Schulzeit ermöglicht wurde. Sein Vorbild hat mich inspiriert.

Ein wichtiges unerwartetes Ereignis spielte ebenfalls eine Rolle. In meinem letzten Jahr an der Highschool erhielt ich eine Notiz, die besagte, dass ich mich sofort im Büro des Vertrauenslehrers melden solle. Ich überlegte angestrengt, was ich angestellt haben könnte und obwohl mir nichts einfiel, schwante mir nichts Gutes. Doch das war ein Irrtum! Damals hatte Kalifornien ein exzellentes staatliches Stipendienprogramm, das von den Ergebnissen eines Tests abhing. Der Vertrauenslehrer teilte mir mit, dass ich der einzige Schüler des Abschlussjahrgangs sei, der sich für eine Teilnahme am Test qualifiziert und ihn noch nicht absolviert habe. Am folgenden Morgen sei zudem die letzte Gelegenheit, diese Prüfung abzulegen. Es schien mir ratsam, an diesem Samstagmorgen aufzustehen und den Test zu machen. Tatsächlich erhielt ich ein vierjähriges Stipendium für ein College oder eine Universität meiner Wahl in Kalifornien! Ich bin mir nicht sicher, ob ich ohne diesen gewissenhaften Beratungslehrer irgendeine Möglichkeit gefunden hätte, ein Studium zu finanzieren, da mein Vater das Geld, das ich durch einen Job an der Tankstelle zusammengespart hatte, beim Glücksspiel verloren hatte und ich nicht so sportlich war wie mein Bruder.

Die nächste Aufgabe bestand darin, ein College auszuwählen. Ich hatte keine Ahnung, wo ich hingehen sollte, und entschied mich dann für das kleine Whittier College, ursprünglich eine Quäkerschule, weil ein Mädchen, das ich kannte und gern mochte, gesagt hatte, dass sie dort studieren würde. So landete ich in Whittier, obwohl das Mädchen, das meine Entscheidung bestimmt hatte, schließlich an ein anderes College ging. Whittier erwies sich als gute Wahl für mich. Ich lernte tolle Freunde kennen, die sowohl intellektuell anregend als auch sozial engagiert waren, und mit einigen bin ich bis heute befreundet. Mein Interesse an Psychologie wurde gefördert ebenso wie meine Forschungsbegabung. Einige meiner besten Lehrer waren fortgeschrittene Doktoranden an der University of California in Los Angeles. Sie waren voller Leidenschaft für ihre Projekte und drängten mich, gemeinsam mit ihnen an ihren Studien zu arbeiten. Letzten Endes erhielt ich eine Ausbildung, die sicherlich mit derjenigen einer prestigereicheren Ausbildungsstätte in Kalifornien vergleichbar war, und ich bekam zweifellos bessere Empfehlungsschreiben, als ich sie andernorts erhalten hätte. Damals wäre ich an einer großen Uni verloren gewesen.

Nach Abschluss meiner Collegeausbildung wurde ich an der weiterführenden Hochschule meiner Wahl nicht angenommen. Wie der Zufall es wollte, landete ich an genau dieser Uni später als Professor. (Hochschulen stellen ihre eigenen Studenten in der Regel nicht ein. Hätte ich dort studiert, wäre ich also höchstwahrscheinlich niemals an diese wundervolle Einrichtung gekommen.) Bei der University of Wisconsin, meiner zweiten Wahl, wurde ich angenommen. An diese Uni ging ich hauptsächlich, weil ich zwei Männer, die dort tätig waren, sehr bewunderte. Wie sich herausstellte, verließ der eine von ihnen die Uni in meinem ersten Semester und der andere war durch Alkohol größtenteils außer Gefecht gesetzt. Wieder kam mir der Zufall zu Hilfe. Die Menschen, mit denen ich dann tatsächlich zusammenarbeitete, vermittelten mir umfangreiche Kenntnisse in Forschungsmethoden und regten mein Interesse an der kindlichen Entwicklung an, was beides wohl nie geschehen wäre, wenn meine beiden Traummentoren geblieben wären.

Einer meiner Professoren drängte mich zudem, mein praktisches Jahr am Langley Porter Neuropsychiatric Institute in San Francisco zu absolvieren, das zur medizinischen Hochschule der University of California gehört. Dieses Institut hatte nicht nur eine starke Forschungsausrichtung, sondern erwies sich auch als der erste Ort, an dem ich auf eine faszinierende klinische Sichtweise traf. Außerdem lernte ich dort Louis Breger kennen, der großen Einfluss auf mein Denken hatte. Er begann gerade mit der Arbeit an seinem brillanten Buch *From Instinct to Identity*[6], in dem er Theorien der kognitiven Entwicklung, Bindungstheorie und moderne psychoanalytische Ideen miteinander verknüpfte. In den folgenden Jahren sollte ich mit dieser ganzen Materie sehr vertraut werden.

Mein praktisches Jahr begann im Sommer 1967. Das war der »Summer of love«, in dem eine halbe Million größtenteils idealistischer junger Menschen nach San Francisco strömte. Es war eine faszinierende Zeit. Man wurde überall mit offenen Armen empfangen und die Menschen teilten bereitwillig alles, was sie besaßen. Es gab zahllose kostenlose Konzerte und Straßentheater an jeder Ecke. Die Leute bezahlten sogar die Mautgebühren für das Fahrzeug, das hinter ihnen fuhr. Es herrschte die weitverbreitete Überzeugung, dass die Welt ein friedlicherer und harmonischerer Ort sein könnte und sollte.

Das war natürlich nicht von Dauer. Das Schöne ging im Sommer 1968 verloren, als einige anfingen, die Unschuld der Blumenkinder auszubeuten, harte Drogen die Oberhand gewannen und Konflikte und Kontroversen zunahmen.

Für mich bedeutete diese Zeit, dass ich als ausgebildeter Behaviorist, der von Statistiken und Forschungsmethoden durchdrungen war, auf einige kluge psychodynamische Denkansätze und eine Kultur des Idealismus stieß, die mich zu der Überzeugung führten, dass die Sozialwissenschaften zu einer besseren Gesellschaft beitragen sollten. Mit diesen Überzeugungen im Gepäck ging ich im Herbst 1968 an die University of Minnesota. Meine Kollegen dort hatten vor etlichen Monaten einen rigorosen, lupenreinen Behavioristen eingestellt und waren ein bisschen überrascht von der seltsamen Mischung aus Ideen und Haltungen, mit der ich jetzt bei ihnen auftauchte, ganz zu schweigen von den langen Haaren, dem Peace-Medaillon und der offenkundigen Affinität zur Drogenkultur. Dennoch wurde ich herzlich willkommen geheißen, und so begann meine Karriere als Sozialwissenschaftler.

KAPITEL 2

Die Psychologie gewinnt Herz und Verstand zurück

Mann: *Haben sie eine Stelle frei?*
Arbeitgeber: *Klar. Sie können sofort anfangen. Nehmen Sie diesen Besen und fegen Sie den Lagerraum aus.*
Mann: *Fegen? Aber ich bin Akademiker!*
Arbeitgeber: *Okay, ich zeige Ihnen, wie es geht.*

Das war einer der Lieblingswitze, den ein weiterer Bruder meiner Mutter, Alva, mir erzählte, bevor ich aufs College ging. Alva hatte die Schule nach der dritten Klasse abgebrochen und hart gearbeitet, um zum Lebensunterhalt seiner Familie beizutragen. Seine Jugend war kein Zuckerschlecken. Nicht nur, dass er in seiner Familie Armut und häuslicher Gewalt ausgesetzt war, ihm fiel auch noch die Aufgabe zu, seine ganzen jüngeren Geschwister vor dem Vater zu beschützen.

Diese Geschichte hinterließ eindeutig ihre Spuren: Alva war chronisch alkoholkrank und starb im Alter von nur 53 Jahren allein in seinem Haus an einem Herzinfarkt. Doch er hatte auch noch eine andere Seite. Er war kompetent und fleißig, und als Kind hatte ich immer den Eindruck, dass er praktisch alles bauen oder reparieren konnte. Dank der Gewerkschaft verdiente er sehr gut in einer großen Flugzeugfabrik, wo er sich wahrscheinlich wirklich viel besser auskannte als viele seiner studierten Vorgesetzten. Er war ein stiller Mann mit einem großen Herzen, der meiner Mutter half, mit uns Kindern nach Kalifornien zu ziehen. Er lebte in der Nähe und kam häufig bei uns vorbei, um nach dem Rechten zu sehen. Meine Geschwister und ich liebten ihn über alles – er war wirklich eine Art Ersatzvater für uns, vor allem in den Jahren, als meine Eltern getrennt lebten. Ohne ihn hätten wir vermutlich weiter in Cincinnati in der Armutsfalle festgesessen, und vielleicht wäre ich sogar nie ans College gegangen.

Was sein Witz zum Ausdruck bringt, ist natürlich kein besonders großer Respekt für eine höhere Schulbildung oder die höheren Abschlüsse, die mein Bruder, meine Schwester und ich alle drei machten. Aber ich glaube, wir alle verstanden seinen Standpunkt. Der mangelnde Respekt für eine höhere Schulbildung und sicherlich mangelndes Verständnis für deren Nützlichkeit waren in dieser Familie weitverbreitet. Einer meiner Verwandten fragte meine Mutter tatsächlich: »Ginny, sind deine Kinder vielleicht ein bisschen langsam? Wieso gehen sie immer noch zur Schule? Andere haben doch nach zehn oder zwölf Jahren alles gelernt, was man braucht.«

Dass ich nach und nach die verschiedenen Arten von Vorurteilen erkannte, die meine älteren Verwandten (in großer Zahl) hegten, war tatsächlich ein wichtiger Bestandteil meiner Erziehung. Ich glaube sogar, dass ihre skeptische Haltung gegenüber einer höheren Bildung mich ironischerweise gut dafür gerüstet hat, eine Laufbahn in den Sozialwissenschaften und insbesondere der Psychologie einzuschlagen. Um Psychologie zu betreiben und speziell um existierende Theorien vollständig auf den Kopf zu stellen, *muss* man selbst eine gewisse Skepsis mitbringen und darauf vorbereitet sein, dass andere einem mit großer Skepsis begegnen.

Praktisch jeder sieht die Psychologie kritisch. Es ist die Disziplin, die über viele Jahre hinweg immer wieder den *Golden Fleece Award* erhielt – eine Auszeichnung, die regelmäßig von Senator William Proxmire für die größte Verschwendung von öffentlichen Geldern verliehen wurde. Außerdem stehen Vertreter aller Naturwissenschaften der Psychologie kritisch gegenüber. Zum Teil ist das berechtigt. Die Psychologie hat sich gelegentlich mit lächerlichen Ideen hervorgetan.

Die Psychologie in den 1960er Jahren

Ich hatte das Privileg, meine Laufbahn in der Entwicklungspsychologie zu einem ganz besonderen und aufregenden geschichtlichen Zeitpunkt zu beginnen. Bis Mitte der 1960er Jahre hatte sich die Psychologie voll und ganz dem Behaviorismus verschrieben. Wissenschaftler hatten sich ausdrücklich von der Erforschung des Mentalen abgewandt und dem Verständnis von Gefühlen wurde kein spezieller Wert beigemessen. Damals war man der Auffassung, dass alle Verhaltensweisen erworben werden und der Charakter größtenteils durch die Verstärkung von bestimmten Handlungen oder durch die Verknüpfung zweier zeitlicher Ereignisse geformt wird. Demnach lächelt ein Säugling, weil er für sein Lächeln belohnt wird. Er schreit, weil sein Schreien Verstärkung erfährt. Das Baby entwickelt eine Bindung an seine Mutter, weil es sie mit Nahrung und anderen positiven Dingen assoziiert oder weil die Mutter es belohnt, wenn es ihre Nähe sucht usw.

An dieser Theorie war durchaus etwas dran, und viele Verhaltensweisen werden tatsächlich auf diese Weise verstärkt. Auf ein anstrengendes Kleinkind, das außer Rand und Band gerät, kann man mit Techniken der Verhaltensmodifikation erfolgreich eingehen. Ich bedaure meine behavioristische Ausbildung in keiner Weise, denn der Schwerpunkt der Verhaltensbeobachtung hat mir gute Dienste geleistet. Dennoch konnten diese Ansätze zahlreiche wesentliche Elemente der menschlichen Natur nicht angemessen erfassen und vor allem nicht sinnvoll erklären, wie Entwicklung stattfindet oder wie Verhaltensweisen entstehen. Neugeborene schreien gleich bei der Geburt; das ist nichts Erlerntes. Es ist eine angeborene Reaktion, die dem Überleben dient. Am Anfang lächeln Neugeborene ausschließlich im Schlaf! Wie soll das von Belohnungen abhängig sein? Später entwickelt das Kind sogar zu Eltern, die es misshandeln, eine Bindung. Das alles lässt sich durch bloße Verstärkung schwerlich erklären. Dafür ließen sich zahllose Beispiele finden, hier nur ein weiteres zur Veranschaulichung: Wie ist es möglich, dass ein Kind je laufen lernt? Es fällt immer wieder um, von daher müsste man annehmen, dass es den Versuch aufgibt, doch die Freude am Meistern der Aufgabe ist offensichtlich so groß, dass sie sofortige Belohnungen und Strafen aussticht.

Dass es dem Behaviorismus nicht gelang, derartige Fragen befriedigend zu erklären, führte mitunter zu einer Art Nihilismus. In einem 1968 veröffentlichten Buch wurde die These aufgestellt, dass so etwas wie Persönlichkeit im Grunde gar nicht existiere, weil Menschen sich in unterschiedlichen Situationen völlig unterschiedlich verhielten. Doch wenn man etwas genauer über die Persönlichkeit nachdenkt, erscheint es geradezu zwingend, dass Menschen ihr Verhalten unter unterschiedlichen Bedingungen abwandeln. Persönlichkeit kommt gerade in den unterschiedlichen Verhaltensmustern zum Ausdruck, die Menschen in unterschiedlichen Situationen zeigen. (Jahrzehnte nachdem ich meine eigene berufliche Laufbahn startete, hat unser Sohn Will Fleeson, heute Professor an der Wake Forest University, dies mit einer eleganten Studie nachgewiesen.)[7]

Neben der Idee, dass es so etwas wie Persönlichkeit überhaupt nicht gäbe, kursierten zu jener Zeit noch einige weitere haarsträubende Ideen, wie zum Beispiel: Bindung ist ein unsinniges Konzept, weil die Verhaltensweisen eines Säuglings nicht in allen Situationen gleich sind. Wer ein schreiendes Baby tröstet, verzieht es. Frühkindliche Erfahrungen spielen keine große Rolle, weil sie durch spätere Erfahrungen einfach gelöscht werden können. Kindesmisshandlung und Kindesmissbrauch haben nur minimale Auswirkungen. (Diese Behauptung wurde tatsächlich in mehreren Aufsätzen und Büchern aufgestellt). Meine Tante Ruby wäre überrascht gewesen, wenn sie von diesen Ideen gehört hätte, aber in den 1960er Jahren waren sie Ausdruck der allgemein anerkannten Wissenschaft.

Zur gleichen Zeit widmete sich die Psychologie fast ausschließlich der Erforschung des Individuums. Zu engen zwischenmenschlichen Beziehungen wurden praktisch überhaupt keine wissenschaftlichen Studien durchgeführt, obwohl sie in vielen klinischen Theorien im Mittelpunkt standen. Es gab natürlich immer kleine Inseln der Forschung und einzelne Wissenschaftler, die das Ziel hatten, soziale Beziehungen und ihre Bedeutung zu verstehen. Prominente Vordenker wie James Mark Baldwin und George Herbert Mead hatten schon vor langer Zeit argumentiert, dass das Individuum im Grunde das Produkt seiner Beziehungsgeschichte ist, doch Mitte des letzten Jahrhunderts stand diese Idee bei Psychologen nicht hoch im Kurs.

Schon bald sollte allerdings eine Fülle von Studien die Schwächen eines starren Behaviorismus nachweisen. Dazu gehörten Untersuchungen, die zum Beispiel zeigten, dass Affen sich enorm anstrengen, obwohl die einzige Belohnung darin besteht, dass sie die Möglichkeit erhalten, durch ein Fenster zu schauen. Andere Studien ergaben, dass Vögel ein Nest immer wieder neu aufbauen (ohne äußere Belohnung), wenn der Versuchsleiter es zerstört, und dass menschliche Säuglinge ein bewegliches Mobile anlächeln, nachdem sie es lange gemustert haben, obwohl niemand sie dafür belohnt. Am wichtigsten war vielleicht die 1958 veröffentlichte Studie von Harry Harlow, der nachwies, dass Rhesusaffen zu der weichen Mutterattrappe aus Stoff liefen, die sie umarmen konnten, anstatt zu der »Draht-Mutter«, die sie mit Futter versorgte. Dieses Ergebnis ließ es zweifelhaft erscheinen, dass Bindung durch den Zusammenhang mit dem Füttern erlernt wird.

Damit wurden wichtige Grundlagen geschaffen. Gegen Ende der 1960er Jahre entfaltete sich dann allmählich parallel zum Aufruhr in der amerikanischen Gesellschaft eine Revolution in der Entwicklungspsychologie. Es wurde wieder anerkannt, dass Gefühle eine zentrale Rolle spielen. Nachdem es dreißig Jahre lang verpönt gewesen war, galt ein Interesse am Mentalen wieder als legitim. Am wichtigsten war, dass die Erforschung von Beziehungen, einschließlich Bindungen, einen enormen Aufschwung erlebte. Ich hatte das Glück, Teil dieser wirklich total aufregenden Veränderung zu sein.

Frühe Einflüsse

Meine berufliche Laufbahn an der University of Minnesota fing an, nachdem ich meine Graduiertenausbildung an der University of Wisconsin, damals eine Hochburg des Behaviorismus, abgeschlossen hatte und dann nach San Francisco gegangen war, wo ich mein praktisches Jahr in klinischer Psychologie absolvierte, das im Sommer 1967 begann. Das war ein wichtiges Jahr in meinem Leben und in der Geschichte unseres Landes. Meine Zeit an einem klinisch orientierten neuropsychiatrischen Institut ließ allmählich erste Zweifel an meiner behavioristischen Ausbildung in mir keimen. Gleichzeitig wuchs in diesem Zeitraum die Protestbewegung gegen den Vietnamkrieg stark an. San Francisco und Berkeley waren pulsierende Zentren sozialer und politischer Aktivitäten. Es gab das weitverbreitete Gefühl, dass in der amerikanischen Gesellschaft schwere Missstände herrschten und dass tiefgreifende Veränderungen notwendig waren.

Als ich Ende 1968 meine Stellung in Minnesota antrat, war ich voller Zweifel darüber, ob die Psychologie, so wie sie damals angewandt wurde, für die drängenden Probleme der Zeit – Vietnamkrieg, Rassendiskriminierung und weitverbreitete Spannungen – von praktischem Wert war. Kurz, aus meiner Sicht bestand eine große Kluft zwischen der Psychologie und einer fürsorglichen, gerechten Gesellschaft. Immerhin investierte die American Psychological Association damals Kapital in Südafrika, wo das Apartheid-System herrschte, und veröffentlichte ihre Zeitschriften in einer Presse, die für ihre diskriminierenden Einstellungspraktiken berüchtigt war.

Trotz meiner Unruhe war ich in der Lage, einige Forschungsarbeiten durchzuführen, einige Aufsätze zu veröffentlichen und meinen Unterricht erfolgreich abzuhalten. Meine Kollegen am Minnesota Institute of Child Development waren kluge, fleißige und methodisch-exakte Wissenschaftler, so wie es auch die Fakultätsmitglieder in Wisconsin gewesen waren. Ich habe viel von ihnen gelernt und war auf dem Weg zu einer Festanstellung. Aber ich war mir nicht sicher, ob ich das wirklich wollte oder es vor mir selbst rechtfertigen konnte.

Schon während meiner Zeit in San Francisco hatte ich mich an der Gründung einer Gruppe namens Psychologists for Social Involvement beteiligt. In Minnesota organisierte ich einen Ableger dieser Gruppe, die sich damals Psychologists for Social Action nannte. So fingen wir unter anderem an, sogenannte »Ride-Arounds«, gemeinsame Touren mit der Polizei zu unternehmen, bei denen Psychologen die Polizeibeamten begleiteten, um sie bei der Schlichtung häuslicher Streitigkeiten zu unterstützen. Wir beteiligten uns auch an Antikriegs- und Antidiskriminierungsanstrengungen und starteten eine kostenlose psychologische Beratungspraxis. Dieses ambulante Beratungszentrum (»Walk-in Counseling Center«), gegründet von Gary Schoener, besteht bis heute und ist weltweit die älteste Einrichtung dieser Art.

Diese Aktivitäten trugen dazu bei, mein Gewissen zu beruhigen, aber schienen immer noch zu wenig. Ich schaffte es zwar, eine Kritik an einer ganzen Reihe von aktuellen Veröffentlichungen zu schreiben und auf die Klassenvorurteile hinzuweisen, die einen Großteil der Forschung zur kindlichen Entwicklung prägten, doch bei den Forschungsarbeiten, die ich selbst durchführte, kam es mir vor, als wären sie der alten Psychologie verhaftet – durchaus klug, aber zu weit entfernt von den tatsächlichen Problemen der Menschen.

Dann passierten mehrere Dinge, die eine lohnende Forschungs- und Lehrtätigkeit in Gang setzten, die über 45 Jahre währen sollte. Zunächst wurde meine Tochter Heather geboren, von der ich ungeheuer viel gelernt habe. Was ich bei ihr beobachtete, warf meinen behavioristischen Standpunkt über den Haufen. Belohnungen und Bestrafungen lieferten keine hinreichende Erklärung für ihre voranschreitende Entwicklung. In verschiedenen Altersphasen lächelte und lachte sie über ganz bestimmte Ereignisse, und zwar immer wieder, ohne »abzuschalten«. Dinge, die sie in einem bestimmten Alter überhaupt nicht erheiterten, lösten später wiederholte Lachanfälle aus. Als ich zum Beispiel so tat, als würde ich an ihrem Fläschchen nuckeln, schenkte sie mir mit sechs Monaten nicht das leiseste Lächeln, ganz gleich wie oft ich es tat oder wie sehr ich mich um Witzigkeit bemühte. Mit zehn Monaten löste derselbe Ulk immer wieder Heiterkeitsstürme aus. Warum? Nicht durch Verstärkung, sondern weil ihr Gedächtnis sich weiterentwickelte und sie den Witz jetzt »verstand«. Sie wusste, dass es *ihr* Fläschchen war und begriff, dass es unstimmig war, wenn ich so tat, als würde ich es benutzen. Als sie sechzehn Monate alt war, waren wir einmal in einem Haus zu Besuch, dessen Bewohner sie kannte, als plötzlich ein Hund hereinkam. Sie eilte sofort zur Frau des Hauses, obwohl sie dafür sicherlich noch nie belohnt worden war. Wäre ihre Mutter mit im Raum gewesen, wäre sie stattdessen zu ihr gelaufen, und wenn sie mich in der Tür gesehen hätte, wäre sie zu mir gekommen. Das ist zweifellos Lernen, aber es ist ein biologisch vorbereitetes Lernen, keine schrittweise erfolgende Verstärkung bestimmter Verhaltensweisen. Unsere Tochter hatte gelernt, ihr Verhalten so zu organisieren, dass sie angesichts einer Bedrohung die Hilfe des am besten geeigneten Erwachsenen suchte.

Das zweite wichtige Ereignis war, dass eine Forschungswelle einsetzte, die offenbarte, wie empfänglich Säuglinge für ihre Umwelt sind. Man erkannte, dass sie nicht nur kompetent im Verarbeiten von Erfahrungen sind, sondern aktiv nach Erfahrungen suchen und ihre Umwelt aktiv erforschen. Wenn man Neugeborene beispielsweise in einen komplett abgedunkelten Raum stellt (in dem man absolut nichts sehen kann), schauen sie sich immer wieder um und suchen nach visuellen Anreizen. Warum um alles in der Welt tun sie das? Einfach, weil sie Suchende sind. Wenn kleine Kinder von einem Nickerchen erwachen, brabbeln sie für lange Zeiträume vor sich hin, einfach weil es ihnen Spaß macht, mit der erwachenden Sprache zu spielen, auch wenn niemand da ist, um sie zu loben. Unsere Freude am Meistern von Aufgaben und unsere Neugier müssen nicht trainiert werden, obwohl man sie natürlich fördern kann.

Da Emotionen wieder als legitimer Forschungsgegenstand galten, wurde zudem das komplexe Gefühlsleben von Säuglingen gründlich untersucht. Man erfuhr sehr viel darüber, ab wann unterschiedliche Emotionen für den Säugling verfügbar werden, zum Beispiel stellte man fest, dass echte Angst und Wut im zweiten Lebenshalbjahr entstehen. Auf genau diese Phänomene wandte ich die Beobachtungsmethoden und physiologischen Messinstrumente an, die ich im Graduiertenstudium erworben hatte.

Zu dieser Welle der Emotionsforschung gehörte auch, dass ich im Jahr 1970 einige Studierende in meinem Einführungskurs zur kindlichen Entwicklungspsychologie dazu aufforderte, unsere gemeinsame Skepsis gegenüber den Sozialwissenschaften beiseitezuschieben, um eine neue Art von Studie durchzuführen – eine Studie, durch die wir erkennen könnten, wie echte Säuglinge sich entwickeln. Die Idee war simpel, lieferte aber profunde Ergebnisse. Wir erstellten eine Liste mit Ereignissen, bei denen Forschungsstudien und Pilotprojekte darauf hindeuteten, dass sie Säuglinge in unterschiedlichen Altersstufen zum Lachen brachten. Wir testeten die Liste durch, überarbeiteten sie und führten dann eine großangelegte Studie durch.

Es war eine ungewöhnliche Studie. Vor den späten 1960er Jahren wurden die meisten Studien über Säuglinge in Universitätslaboratorien durchgeführt und umfassten ein oder zwei Beobachter. Unsere Studie fand in der häuslichen Umgebung der Kinder statt, und die 20 studentischen Beobachter, die daran teilnahmen, suchten allesamt viele verschiedene Settings auf. Das ermöglichte uns, mehr als 100 Säuglinge in ihrer natürlichen Umgebung zu untersuchen; einen Großteil von ihnen sahen wir während ihres ersten Lebensjahres einmal pro Monat. Wir erfuhren eine Menge über Säuglingsverhalten und fingen an, einen kleinen Einblick in den außergewöhnlichen Prozess der Entwicklung zu gewinnen.

Wir gelangten zu einer Reihe bemerkenswerter Ergebnisse. Zunächst stellten wir fest, dass bei fast allen Säuglingen ab dem Alter von etwa vier Monaten zuverlässig ein echtes erwachsenenähnliches Lachen auftrat, auch wenn ein breites Lächeln mit gurgelnden Geräuschen schon früher zu beobachten ist. Warum gerade in diesem Alter und was ging diesen ersten echten Lachern voraus? Interessanterweise hatten die Ereignisse, die das erste echte Lachen auslösten, das Baby einen Monat zuvor noch zum Weinen gebracht (zum Beispiel, dass die Mutter laute Geräusche macht oder das Baby zwischen die Knie fallen lässt). Frühes Lachen erforderte immer recht starke Reize, und ab dem Alter von vier Monaten, aber nicht vorher, können Säuglinge diese Stimulation ertragen. Erst spät im zweiten Halbjahr konnten rein visuelle Ereignisse (zum Beispiel, dass die Mutter watschelt wie ein Pinguin) erfolgreich ein Lachen hervorrufen, weil die Stimulation in diesem Alter von der eigenen kognitiven Anstrengung des Säuglings ausgeht.

Das wichtigste Ergebnis war, dass viele der Dinge, die die Babys zum Lachen brachten, dieselben Dinge waren, die ihnen unter anderen Umständen bekanntermaßen Angst machten. Wenn die Mutter zum Beispiel eine bunte Maske aufsetzte und sich zu ihrem zehn Monate alten Säugling herunterbeugte, löste das häufig krähendes

Gelächter beim Kind aus. Wie ließ sich erklären, dass dieses vermeintlich furchterregende Objekt das Baby zum Lachen brachte? Die Beantwortung dieser Frage sollte direkt zu der faszinierenden Idee führen, die wir später verfolgen würden. Unsere Beobachtungen zogen eine ganze Serie von systematischen Studien nach sich, die ich im folgenden Kapitel beschreiben werde. Doch bereits 1970 wusste ich, dass wir auf dem Weg zu einer völlig neuen Sichtweise frühkindlicher Emotionen waren.

Das dritte Ereignis, das sich auf meinen weiteren Weg auswirkte, war, dass ich John Bowlbys Bindungstheorie kennenlernte. Im Jahr 1970 las ich den ersten Band von Bowlbys Bindungstrilogie. Im selben Jahr las ich einen Aufsatz von Mary Ainsworth über Bindung und Abhängigkeit, der klar machte, dass sich hinter dem Begriff der Bindung ein ganz anderes Konzept verbarg als das, was Psychologen bis dahin untersucht hatten. (Auch Louis Berger fasste diese Ansätze in seinem Buch *Instinct to Identity* zusammen und verknüpfte sie mit weiteren klugen entwicklungstheoretischen Ideen.) Mit diesen Arbeiten wurde eine völlig neue Auffassung von Psychologie und menschlicher Entwicklung eingeführt.

Zuvor stellte man sich die Persönlichkeit als eine Ansammlung von statischen Merkmalen vor, von denen man zu viel oder zu wenig besitzen konnte. Abhängigkeit war eines dieser Merkmale, und die Forschung versuchte, die Stärke der Abhängigkeit bei Säuglingen zu messen, um herauszufinden, ob sich dadurch eine spätere zu große Abhängigkeit vorhersagen ließ. Das war natürlich nicht der Fall. Säuglinge sind zwangsläufig abhängig. Tatsächlich sagte Bowlby voraus, dass Kinder, wenn sie zu früh zur Unabhängigkeit gedrängt werden, später eine stärkere Abhängigkeit entwickeln (eine Vorhersage, die wir ein Jahrzehnt später in der Minnesota-Studie bestätigten).

Die Bindungstheorie unterschied sich in vielerlei Hinsicht von den damals bekannten Verhaltenstheorien. Der Mensch wurde nicht mehr als völlig losgelöstes Individuum, sondern als ein Wesen betrachtet, das von Anfang an vollständig in Beziehungen eingebettet ist. Auch das Konzept der Triebreduktion, das die meisten lern- und psychoanalytischen Theorien beherrschte, spielte kaum eine Rolle bei der Erforschung von Bindung. Wenn es ein übergeordnetes Motiv gab, war es nicht die Triebreduktion, sondern eher etwas wie das Meistern von Aufgaben, die Suche nach Bedeutung und die Organisation von Verhalten.

Eine jahrtausendelange Evolutionsgeschichte hat den Menschen auf die Anpassung an die zu erwartenden Umstände seiner Geburt vorbereitet. Menschliche Säuglinge kommen relativ hilflos zur Welt und bleiben jahrelang unfähig, für sich selbst zu sorgen. Bindung ist das System, das dem menschlichen Säugling dazu dient, Schutz zu finden und sein Überleben zu sichern. Um diese Ziele zu erreichen, muss ein Neugeborenes anfangs nur anziehend auf fürsorgliche Erwachsene wirken. Glücklicherweise fühlen sich praktisch *alle* Erwachsenen von Babys angezogen. Auch wenn dies vielleicht für Mütter in noch stärkerem Maße gilt, weil sie physiologisch auf Schwangerschaft und Stillzeit reagieren, sind alle Menschen von kleinen hilflosen Babys mit ihren relativ großen Köpfen und klaren Augen entzückt. Das Schreien eines Säuglings rührt unser Herz und führt dazu, dass stillende Mütter Milch absondern. Später, wenn die Babys acht bis zehn Wochen alt sind, fangen sie an, regelmäßig zu lächeln, wenn sie ein menschliches Gesicht sehen, vor allem, wenn sie auf die Augen schauen, und im Alter von fünf Monaten richtet sich dieses Lächeln bereitwilliger auf ihre Bezugspersonen als auf Fremde. Im Alter von etwa sieben Monaten zeigt das Baby dann ein »Begrüßungsverhalten«. Wenn man hört, wie es von einem Nickerchen erwacht, und kommt, um es hochzunehmen, wird man mit hochgestreckten Ärmchen so strahlend und überschwänglich begrüßt, dass es herzerwärmend ist. All diese anziehenden Merkmale von Säuglingen fördern das Gefühl der Nähe beim Erwachsenen und deshalb den Schutz und das Überleben des Säuglings.

Später, wenn die Kinder mobiler werden, ist mehr vonnöten. Das Kind ist in der Lage, sich von seiner Bezugsperson wegzubewegen, und in vielen Kulturen sind die Bezugspersonen bereit, dies zu erlauben. Wenn ein einjähriges Kind sich gestresst oder bedroht fühlt, ist es wichtig für seine Sicherheit, dass es fähig ist, schnell zu handeln, um die Nähe zur Bezugsperson wiederherzustellen. Es gibt einige Dinge, die ein kleines Kind tun kann: Es kann dem Elternteil durch

Laute, Schreien oder ausgestreckte Arme ein Zeichen geben oder zu ihm krabbeln oder laufen. Notfalls kann das Baby von einer Taktik zur anderen wechseln, bis das angestrebte Ziel erreicht ist. All diese Mittel bedeuten natürlich, dass das Kind ständig im Blick behalten muss, wo die Bezugsperson sich aufhält, und von der Erwartung ausgeht, dass sie auf sein Zeichen reagieren wird. Gleichzeitig muss die Bezugsperson auf das Kind achten und auf die Bedeutung seiner Signale eingestimmt bleiben. Was sich hier im normalen Lauf der Dinge vollzieht, ist das entscheidende Lernen des ersten Lebensjahres – das Baby lernt, sein Verhalten zu organisieren, um das Ziel der Sicherheit zu erreichen. Das erfordert lediglich die Reifung des Kindes und laufende Interaktionen zwischen dem Säugling und einer feinfühligen Bezugsperson. Es erfordert nicht, dass man dem Baby beibringt zu lächeln, Laute zu bilden oder zu krabbeln, und es erfordert nicht einmal, dass eine spezielle Betreuungsperson den Säugling füttert. Auch wenn das Füttern ein wunderbarer Kontext ist, um die gegenseitige Einstimmung zu üben, können auch Mütter, die zum Stillen nicht in der Lage sind, oder Väter, die das Kind nicht füttern, oder auch Großeltern allesamt Bindungspersonen sein.

Bowlby bewahrte bestimmte psychoanalytische Ideen, wie die Bedeutung der frühen Erfahrungen, die Schlüsselrolle von Gefühlen und die Vorstellung, dass ein Großteil der dokumentierten Erfahrungen außerhalb der bewussten Wahrnehmung liegt. Gleichzeitig stellte Bowlby Freuds Ansatz im Grunde völlig auf den Kopf. Freud setzte beim gestörten Verhalten an und versuchte dann, ein allgemeines Entwicklungskonzept zu erstellen, während Bowlby bei der Frage ansetzte, wie sich normale Entwicklung vollzieht. Welche Bedingungen sind für eine gesunde Entwicklung unbedingt erforderlich? Wie entfaltet sich der Prozess? Erst dann kommt die Frage, was dabei schiefgehen kann. In Anbetracht der ganzen Erkenntnisse, die aus Beobachtungsstudien gewonnen wurden, schien die Beantwortung dieser Fragen ein erreichbares Ziel zu sein.

Bowlby stellte die These auf, dass der Säugling durch die konkret erlebte Responsivität oder mangelnde Responsivität der Bindungsperson bestimmte Erwartungen hinsichtlich der elterlichen Zuwendung herausbildet, die er erhalten wird. Macht das Kind die Erfahrung, dass die Bezugsperson verlässlich und feinfühlig auf seine Signale eingeht, entwickelt es Bowlby zufolge Vertrauen in seine Bezugspersonen und dadurch eine sichere Bindung. Macht es hingegen die Erfahrung, dass sie nicht auf seine Kommunikationssignale antworten, entwickelt es eine unsichere Bindung. Diese Sicherheit oder Unsicherheit wird dann zur Grundlage für die sich entwickelnde Persönlichkeit. Diese Thesen und die spezifischeren Prognosen, die daraus abgeleitet wurden, ließen sich hervorragend überprüfen. Da geeignete Messmethoden für die elterliche Responsivität und die Bindungsqualität zur Verfügung standen, brauchte man nur noch Langzeitstudien, um die Entwicklung von Säuglingen und Kindern zu verfolgen.

Endlich gab es eine überprüfbare Theorie, deren Komplexitätsgrad dem menschlichen Leben angemessen war. Wie in der Astronomie oder Paläontologie ist es auch in der Psychologie häufig schwierig, Experimente durchzuführen, wenn es um die wirklich wichtigen Fragen geht. Wir können Säuglinge nicht willkürlich auf Eltern verteilen, die sie entweder unterstützen oder misshandeln. Trotzdem kann man solche Fragen durch sorgfältige Messungen und umfassende Studien wissenschaftlich angehen. Eine wahre Sternstunde für einen Entwicklungspsychologen mit umfassender Ausbildung in methodischer Forschung! Schon damals spürte ich, dass derartige Studien von wesentlicher Bedeutung für meine Suche nach persönlichen Erkenntnissen sein würden. Alles, was ich für meinen Teil noch brauchte, war ein Ort, an dem ich anfangen konnte …

Bindung als Beziehungskonzept

Im Jahr 1972 kam ein angehender Doktorand am Institute of Child Development namens Everett Waters in mein Büro und sagte, er habe einen Vorschlag für mich. Everett hatte als Student mit Mary Ainsworth zusammengearbeitet (die das Standardverfahren zur Bindungsmessung entwickelt hat) und wurde schließlich einer der Co-Autoren von Ainsworths bahnbrechendem Buch *Patterns of Attachment*[8]. Everett, der – aus gutem Grund – nicht an mangelndem

Selbstbewusstsein litt, bot mir einen Deal an. Er erklärte, er werde mir beibringen, wie Ainsworth ihre Laboreinschätzungen der unterschiedlichen Bindungsbeziehungen durchführe. Im Gegenzug sollte ich ihn in die physiologischen Gefühlsmessungen einführen, die ich anwandte, wie zum Beispiel die Aufzeichnung von Herzschlag, Hautleitfähigkeit oder Atmungsfrequenz. »Dann könnten wir vielleicht gemeinsam ein paar Studien durchführen«, meinte er. Das war keck, aber ich war klug genug, sein Angebot anzunehmen, und während seiner gesamten Promotionszeit haben wir auf diese Weise zusammengearbeitet.

Wir führten Untersuchungen über die Determinanten der emotionalen Reaktionen bei Säuglingen in unterschiedlichen Situationen durch sowie einige der ersten empirischen Tests der Bindungstheorie. Wir haben sogar speziell untersucht, wie sich die Herzfrequenz bei Kindern verändert, die an Ainsworths Verfahren der »Fremden Situation« teilnehmen. Wie wir feststellten, wiesen die Kinder, die bei der Rückkehr ihrer Mütter nach einer kurzen Trennung vermeidend reagierten, tatsächlich eine erhöhte Herzfrequenz auf, auch wenn sie nicht weinten. Das widerlegte die These, dass sie einfach abgelenkt oder gleichgültig sein könnten. Vielmehr waren sie emotional aufgewühlt, aber gehemmt bei der Suche nach dem, was sie brauchten. Das entsprach genau dem, was Bowlby zufolge angesichts chronischer Zurückweisung und Ablehnung geschehen würde. Damit lieferten wir einen ersten empirischen Nachweis der primitiven Abwehr bei kleinen Kindern.

Einen Teil dieser Arbeit werde ich in späteren Kapiteln genauer beschreiben. An dieser Stelle möchte ich kurz auf die Dissertationsforschung von Waters eingehen, weil wir bei deren Abschluss bereits ziemlich gut wussten, wie profund die Theorie von Bowlby und Ainsworth war. Everetts Doktorarbeit basierte auf der Idee, dass die Beziehungsmessungen über längere Zeit stabil bleiben müssten, wenn das Verfahren von Ainsworth tatsächlich die Qualität der Bindungsbeziehung und nicht nur kindliche Verhaltensweisen erfasste. Sicher gebundene Kinder müssten bei späteren Messungen größtenteils immer noch sicher gebunden sein, unabhängig von eingetretenen Entwicklungsveränderungen. Die Verhaltensweisen würden sich verändern, aber die Beziehungsqualität würde stabil bleiben. Ähnlich müssten auch unsicher gebundene Kinder bei späteren Messungen ebenfalls noch unsicher gebunden sein. Der Grund ist, dass das Vertrauen oder der Mangel an Vertrauen in die Responsivität der Bezugsperson sich ohne Veränderungen beim Elternteil eigentlich nicht verändern dürfte, auch wenn das Kind sich weiterentwickelt.

Ainsworth hatte festgestellt, dass die meisten Kinder bei einer Wiederholung des Verfahrens nach nur zwei Wochen unsicher gebunden wirkten, auch solche, die man vorher als sicher gebunden eingestuft hatte. Einige Kritiker behaupteten, dies sei ein Beleg dafür, dass Ainsworths Verfahren unzulänglich sei oder sogar, dass die Theorie falsch sei, da stabile Messungen ein Grundstein wissenschaftlicher Forschung sind. Doch Waters war sich ziemlich sicher, dass es eine andere Erklärung gab. Es handelte sich um zwölf Monate alte Kinder, deren Erinnerungsvermögen sich rasant entwickelte. Sie hatten das Verfahren nach diesen beiden Wochen im Gedächtnis behalten und deshalb waren fast alle emotional aufgewühlt und schwer zu beruhigen, manchmal sogar schon vor den beiden kurzen Trennungen, zu denen es während des Verfahrens kommt. Sie wussten, was sie erwartete.

In gewisser Weise setzte Waters seine Karriere für die Idee aufs Spiel, dass der Mangel an Stabilität auf diesen Gedächtnisaspekt zurückzuführen war und dass die Beziehungstheorie und das Bewertungsverfahren valide waren. Sein Plan war, die Kinder zunächst im Alter von zwölf Monaten und dann erneut im Alter von achtzehn Monaten zu beobachten, wenn die Erinnerung an das vorherige Verfahren wahrscheinlich verblasst war.

Das war eine überzeugende Überprüfung der Stabilitätsfrage, weil jeder weiß, dass sich Kinder in dieser Phase sehr schnell entwickeln. Ihr gesamtes Verhalten verändert sich. Sie weinen weniger, sie sind viel leichter zu beruhigen, sie können sich viel besser umherbewegen und haben kognitiv einen Riesensprung nach vorn gemacht. Wenn die Mutter sagt: »Ich bin gleich wieder da«, verstehen sie jetzt besser, was das bedeutet. Tatsächlich hat Waters gezeigt, dass nahezu keine der besonderen Verhaltensweisen von Kindern im Alter zwischen zwölf und achtzehn Monaten stabil blieb. Das Ausmaß der

Vokalisierung war nicht stabil (das heißt, die Kinder, die im Alter von zwölf Monaten die meisten Laute äußerten, gaben im Alter von achtzehn Monaten nicht zwangsläufig die meisten Lautäußerungen von sich), die Häufigkeit des Lächelns war nicht stabil, das Ausmaß des Weinens war nicht stabil und das Ausmaß der körperlichen Nähe zur Mutter war ebenfalls nicht stabil. Dagegen erwies sich die gemessene Qualität der Bindungsbeziehung erstaunlicherweise als höchst stabil. Die Kinder, die im Alter von zwölf Monaten aktiv und erfolgreich den Kontakt zur Mutter wiederhergestellt hatten (häufig indem sie eilig ihre körperliche Nähe gesucht und sich eine Weile an sie geklammert hatten), waren auch im Alter von achtzehn Monaten bei den Wiedervereinigungen aktiv und erfolgreich (auch wenn sie der Mutter jetzt vielleicht ein Spielzeug übergaben oder sie überschwänglich begrüßten). Bei den Kindern, die im Alter von zwölf Monaten eine unsicher-vermeidende Bindungsqualität gezeigt hatten, zeigte sich diese Qualität auch im Alter von achtzehn Monaten, wenn vielleicht auch in etwas abgewandelter Form – genau im Moment der Wiedervereinigung ignorierten sie die Mutter, wandten sich von ihr ab oder brachten die Vermeidung auf andere Weise zum Ausdruck. Und Kinder, die sich im Alter von zwölf Monaten nur sehr schwer beruhigen ließen und sich dem Kontakt häufig wütend widersetzt hatten, taten dies auch mit achtzehn Monaten in der einen oder anderen Form, wenn die Mutter nach den kurzen Trennungen wieder zurückkehrte.

Dieses Ergebnis war eine gewichtige Errungenschaft. Erstens bewies es die Stärke einer Beziehungsperspektive. Beziehungen können gemessen werden, was bedeutet, dass sie genauso »real« sind wie das Verhalten einzelner Menschen. Trotz weitverbreiteter Behauptungen des Gegenteils belegte dieser Befund zweitens, das Verhalten und Entwicklung kohärent sind. In einem weiteren Teil der Studie zeigte Waters, dass diese stabilen Varianten der Bindungsqualität durch unabhängige Beobachtungen der elterlichen Feinfühligkeit in der häuslichen Umgebung von sechs Monate alten Säuglingen vorhersagbar waren. Aus elterlicher Feinfühligkeit entsteht sichere Bindung. Das bestätigte einen Befund von Ainsworth und lieferte eine starke Untermauerung von Bowlbys Theorie. Keine vorherige

Theorie der frühen sozialen Entwicklung hatte diesen Grad an prognostischem Erfolg erreicht.

Bindungsmuster

Im Verlauf dieses Buches verwende ich immer wieder die Begriffe »sichere Bindung« und »unsichere Bindung«, ebenso wie die Begriffe »unsicher-ambivalent (resistent)« und »unsicher-vermeidend«. Das sind die von Mary Ainsworth geprägten Begriffe, die auf Ergebnissen ihres Laborverfahrens, der sogenannten »Fremden Situation«, basieren. Es sind Kürzel für die Qualität der Beziehung zwischen Säugling und Bezugsperson. Wenn wir von einem »sicheren Säugling« oder »sicheren Kind« sprechen, ist das ein Kürzel dafür, dass der Säugling oder das Kind in der Beziehung mit einer bestimmten Bezugsperson sicher gebunden ist oder sichere Bindungserfahrungen gemacht hat. Bei diesem Kürzel bedeutet der Begriff »sicher« nicht »fest verbunden«, sondern eher »zuversichtlich auf die Beziehung vertrauend«. Wenn wir von einem sicher gebundenen Säugling sprechen, so bezieht sich das auf Eigenschaften der Beziehung des Kindes zur Bezugsperson, nicht auf Merkmale des Kindes.

Das Ainsworth-Verfahren ermöglicht Beobachtern, die Muster im Verhalten eines zwölf bis achtzehn Monate alten Säuglings in verschiedenen Episoden, die immer schwieriger werden, zu beobachten. Mutter und Kind halten sich zunächst für drei Minuten in einem unbekannten Spielzimmer auf (was in der Regel nur leichten Stress verursacht). Eine fremde Person kommt herein, setzt sich eine Minute hin, plaudert eine Minute mit dem Elternteil und versucht dann, mit dem Baby zu spielen. Dann geht die Mutter aus dem Raum und lässt das Kind (für bis zu drei Minuten, je nach Stressbelastung beim Kind) bei der jetzt vertraut gemachten fremden Person zurück. Die Mutter kehrt zurück, und die fremde Person verlässt sofort den Raum. Nach drei Minuten geht die Mutter erneut aus dem Zimmer, und dieses Mal bleibt das Kind allein zurück. Da das für viele Kinder Stress bedeutet, wird diese Trennung häufig abgekürzt. Dennoch kommt immer zuerst die fremde Person zurück und erst dann die

Mutter. Es gibt viele Möglichkeiten, wie das Kind sein Vertrauen in die Bezugsperson bei diesem Verfahren zum Ausdruck bringen kann. Einige reagieren vielleicht sehr bekümmert auf die Trennungen, suchen aber aktiv den körperlichen Kontakt und fühlen sich dadurch schnell getröstet. Andere reagieren möglicherweise weniger bekümmert, insbesondere bei der ersten Trennung. In diesem Fall zeigen sie ihre Sicherheit, indem sie den Elternteil freudig begrüßen und eine Interaktion aus der Entfernung initiieren. Was alle sicher gebundenen Kinder gemeinsam haben, ist, dass sie aktiv auf die Wiedervereinigung mit dem Elternteil hinwirken, und diese erneuerte Verbindung trägt dazu bei, dass das Kind sein Spiel wiederaufnimmt. Unabhängig vom Ausmaß der Stressbelastung, die sie zeigen, ist ihr Verhalten so organisiert, dass sie umso mehr psychischen oder physischen Kontakt mit dem Elternteil suchen, je gestresster oder besorgter sie sind, und diese Kontaktaufnahme ist erfolgreich. Es ist dieses organisierte Verhaltensmuster, das ihre Sicherheit widerspiegelt.

Ähnlich gibt es vielerlei Möglichkeiten, wie eine unsichere Bindung (mangelndes Vertrauen) zum Ausdruck kommen kann. Ainsworth fand es sinnvoll, die unsicheren Bindungsmuster, die in ihrer Laborsituation zu beobachten waren, in zwei allgemeine Kategorien zu ordnen: »unsicher-vermeidend« und »unsicher-ambivalent (resistent)«. Bei den Kindern mit dem ambivalenten Muster tritt die Unsicherheit deutlicher zutage. Schon vor den Trennungen zeigen sie ein reduziertes Spielverhalten. Mitunter bleiben sie in der Nähe der Mutter und suchen schon bei kleinsten Provokationen den Kontakt zu ihr. Vor der fremden Person sind sie auf der Hut. Sie geraten leicht in Stress und lassen sich nach den Wiedervereinigungen mit der Mutter nur schwer beruhigen. Auffallend ist, dass viele sich dem Kontakt mit der Bezugsperson widersetzen, obwohl sie ihn gleichzeitig suchen. Sie wirken sehr ambivalent.

Kinder, die das vermeidende Muster zeigen, sind in gewisser Weise komplexer. Sie beschäftigen sich angeregt mit den Spielsachen, haben keine Angst vor der fremden Person und wirken weniger gestresst, wenn die Bezugsperson den Raum verlässt. Wenn die Mutter nach einer kurzen Trennung zurückkehrt, zeigen sie wenig

Interesse oder fangen vielleicht an, sich der Mutter anzunähern und wenden sich dann plötzlich deutlich von ihr ab. Sie gehen nicht auf die Annäherungsversuche der Mutter ein und reagieren genau in diesem Moment mit aktiver Vermeidung. Ainsworth sah darin ein Abwehrverhalten und war überzeugt, dass diese Kinder, wie alle Kinder, den Kontakt wünschten, aber diese Gefühle von sich abtrennten (wie unsere Studie der Herzfrequenz nachwies). Am bedeutsamsten war, dass diese Kinder, wenn die Mutter den Raum zum zweiten Mal verließ und zurückkehrte, ihr gegenüber eine noch stärker ausgeprägte Vermeidung zeigten, nicht jedoch gegenüber der fremden Person. Mit anderen Worten, ihre Verhaltensorganisation ist das genaue Gegenteil der sicher gebundenen Kinder. Wie bei den Kindern in der unsicher-ambivalenten (resistenten) Gruppe war ihr Spielverhalten im Anschluss an diese Wiedervereinigungen mit der Bezugsperson eingeschränkt. Ainsworths Beobachtungen in der häuslichen Umgebung der Kinder ergaben, dass sie bei ihrer Suche nach körperlicher Nähe auf chronische Zurückweisung gestoßen waren. Das ist der Grund, aus dem sie in der Laborsituation keinen Kontakt suchen. Sie haben gelernt, dass sie zurückgewiesen werden, wenn sie ein starkes Bedürfnis nach liebevoller Zuwendung haben und die Nähe der Bezugsperson suchen. Der Verzicht auf die Annäherung ermöglicht ihnen, diese schmerzliche Reaktion zu vermeiden.

Die Kinder, die beim Laborverfahren als unsicher-vermeidend oder als unsicher-ambivalent eingestuft wurden, weinten in der häuslichen Umgebung häufiger als die Kinder aus der sicher gebundenen Gruppe. Die Bedürfnisse der Kinder aus beiden unsicher gebundenen Gruppen werden nicht angemessen erfüllt. Für beide Gruppen ist mangelndes Vertrauen in liebevolle elterliche Zuwendung kennzeichnend.

Ein neuer Ansatz

Natürlich gab es noch viel für uns zu tun, um die Implikationen der Bindungstheorie für eine normale und gestörte Entwicklung zu überprüfen und um den Prozess der Persönlichkeitsentwicklung zu verfolgen. Doch bereits Mitte der 1970er Jahre war klar, dass wir jetzt eine überzeugende Theorie an der Hand hatten, die eine neue Herangehensweise an Entwicklung darstellte. Was wir brauchten, waren prospektive Längsschnittstudien, das heißt, Studien, in denen man eine große Gruppe von Kindern von der frühen Kindheit bis zur Jugendzeit und ins Erwachsenenalter hinein wissenschaftlich begleitet und genau beobachtet. Derartige Studien ordnungsgemäß durchzuführen, würde eine schwierige und herausfordernde Aufgabe werden, aber im Prinzip war es jetzt möglich.

Dabei handelte es sich tatsächlich um einen ganz neuen Ansatz in der Psychologie. Psychologen waren daran gewöhnt, Forschungsgegenstände so zu definieren und so zu messen, dass man einfach zusammenzählen konnte, wie häufig ein bestimmtes Ereignis auftrat. Doch diese Vorgehensweise erfordert riesige Datenmengen und kann trotzdem noch unzulänglich sein. Die Bindungstheorie besagte, dass man auf die *Bedeutung* von Verhalten achten muss, nicht nur darauf, ob es auftritt, sondern auch, wann es auftritt und was damit einhergeht, vorher und nachher. So ist es zum Beispiel von großer Bedeutung, wenn sich ein kleines Kind in einer unbekannten Umgebung befindet und seine Mutter im Anschluss an eine kurze Trennung nicht begrüßt oder nicht zu ihr geht. Wenn hingegen keinerlei Gefahr droht, ist es ein zu erwartendes Verhalten, dass das Kind einfach spielt und nicht auf seine Mutter achtet. Auf ähnliche Weise bedeutet es auch etwas völlig anderes, wenn ein Baby weint und nicht von einer fremden Person gehalten werden will, sobald die Mutter weggeht, als wenn es weint und nicht von seiner Mutter gehalten werden will, wenn sie zurückkommt.

Das Ainsworth-Verfahren zur Bestimmung der Bindungsqualität nimmt nur 21 bis 22 Minuten in Anspruch, was eine zu kurze Zeitspanne ist, um die Häufigkeit irgendeiner spezifischen Verhaltensweise zu messen. Dass ein solches Verfahren valide sein kann, war in den 1970er Jahren für die meisten Psychologen schwer zu begreifen. Eine meiner Studentinnen, die aus einem anderen Fachbereich kam, wollte die Kinder aus Waters' Studie im Rahmen ihrer Doktorarbeit bis zum Alter von zwei Jahren wissenschaftlich begleiten. Sie sagte voraus, dass diejenigen Kinder, die sichere Bindungserfahrungen gemacht hätten, in einer Problemlösesituation erfolgreicher abschneiden würden. Außerdem erwartete sie, auch das Verhalten der Mütter vorhersagen zu können, weil die Bewertungen der Bindungsqualität sehr wahrscheinlich die Beziehung zwischen Mutter und Kind erfassen würden. Auf der Sitzung des Ausschusses, dem sie ihren Dissertationsvorschlag unterbreitete, erklärte der Vorsitzende (und Leiter ihres Studiengangs), dass ihre Arbeit von vornherein zum Scheitern verurteilt sei, weil zwanzig Minuten zu wenig wären, um zuverlässige Messungen vorzunehmen. Er verwarf alle Argumente, die sie dagegen vorbrachte, und konnte einfach nicht verstehen, dass es sich um einen neuen Ansatz handelte. Wird ein kleines Kind in einer unbekannten Umgebung von seiner Bindungsperson getrennt, so ist das eine besonders markante Situation für eine Evaluierung der Beziehung; es ist nicht nur ein willkürliches Experiment. Zur Ehrenrettung dieses Psychologen sei gesagt, dass er letztendlich nachgab und seine Zustimmung für das Projekt erteilte. Die Doktorarbeit war ein großer Erfolg und bestätigte die hohe Vorhersagekraft hinsichtlich des Verhaltens von Mutter und Kind.

Dennoch mussten wir diese ganze Untersuchung noch mit einer weiteren, größeren Gruppe wiederholen und die Studie über mehrere Jahre hinweg durchführen. Das sollten wir in einer späteren Studie über in Armut geborene Kinder tun. Die Kinder, die daran teilnahmen, sind heute alle weit über 40 Jahre alt, und die Studie läuft immer noch weiter. Es war ein Mammutprojekt, aber wir wussten von Anfang an, dass es die Mühe wert sein würde. Waters' Dissertation und unsere anderen frühen Forschungsarbeiten machten deutlich, dass die Theorie von Bowlby und Ainsworth der Psychologie eine neue Richtung geben würde. Die volle Tragweite dieser faszinierenden Idee begriffen wir trotzdem erst viel später.

KAPITEL 3

Das Erkunden des Gefühlslebens von Säuglingen und Kleinkindern

Wie die liebende Mutter das Kind allein gehen lehrt: Die Mutter steht vor dem Kinde, so weit entfernt, daß sie wirklich das Kind nicht halten kann, doch sie breitet die Arme aus, macht alle Bewegungen des Kindes nach; es schwankt, schnell beugt sie sich, als griffe sie's – drum glaubt das Kind, daß es nicht allein geht.

Søren Kierkegaard[9]

Vor mehr als 150 Jahren streifte Kierkegaard mit seinen Worten die faszinierende Idee, die wir verfolgen sollten. Nach der Säuglingszeit kann das Kind sicher und vertrauensvoll in die Selbständigkeit der Kindheit aufbrechen, *wenn* es von liebevollen Eltern emotional unterstützt und gehalten wird. So faszinierend und überzeugend diese Vorstellung zweifellos ist, ist sie doch gleichzeitig sehr schwer zu beweisen, sowohl auf persönlicher als auch auf allgemeiner Ebene. Um zu verstehen, wie ich zu dem Menschen wurde, der ich bin, wäre es hilfreich, wenn ich wüsste, welche Erfahrungen ich in den ersten zwei oder drei Jahren meines Lebens gemacht habe. Doch das ist nicht möglich. Keiner von uns kann sich tatsächlich an diese Zeit erinnern. Wenn wir nicht regelmäßig in vielen verschiedenen Situationen gefilmt wurden oder jemanden hatten, der unser Leben in anderer Form dokumentiert hat, werden wir niemals mit Sicherheit wissen, was wir in unserer frühen Kindheit erlebt haben.

Dennoch kann man vieles herausfinden: Wir können erkennen, wie es um das Gefühlsleben von Säuglingen und Kleinkindern bestellt ist, was sie brauchen, welche Entwicklungsphasen sie durchlaufen, wie sie Erfahrungen mental verarbeiten und organisieren und sogar wie sich Unterschiede im Pflegeverhalten auf diesen Prozess auswirken. Wenn frühe Erfahrungen tatsächlich grundlegend für die Entwicklung der Persönlichkeit sind, war es entscheidend für mich, das emotionale Leben von Säuglingen und Kleinkindern umfassend zu verstehen. Ich hatte das Gefühl, dass ich alles darüber in Erfahrung bringen musste. Gewinnen Kinder durch die liebevollen Arme, die sie auch aus der Distanz halten, an eigener Stärke, wie Kierkegaard behauptet? Was, wenn diese Unterstützung fehlt? Das war tatsächlich genau der Punkt, an dem meine Arbeit ansetzte und über den ich mich erstmals mit der Bindungstheorie verband.

Wie alle Aspekte organischen Lebens und alle Aspekte menschlicher Funktionsfähigkeit ist auch das Gefühlsleben etwas, das sich entwickelt. Die Fähigkeit, unterschiedliche Emotionen zu empfinden, die besonderen Gefühle, die wir in unterschiedlichen Situationen erleben, wie intensiv sie sind und wie gut das einzelne Kind sie regulieren kann – das alles entsteht und entwickelt sich in den ersten Lebensjahren. Das macht deutlich, warum unsere frühen Erfahrungen so wichtig sind und warum unsere Aufgabe als Bezugspersonen kleiner Kinder so bedeutungsvoll ist.

Ein Neugeborenes ist nicht fähig, die volle Bandbreite an Gefühlen zum Ausdruck zu bringen. Das mag nicht sofort offensichtlich sein, denn immerhin schreit es, manchmal ausgesprochen intensiv, es lächelt, es runzelt die Stirn und kann sich erschrecken. Doch sorgfältige Studien haben gezeigt, dass das Schreien eines Neugeborenen und sogar mimische Ausdrücke tatsächlich rein reflexhafte Verhaltensweisen sind, die vom Hirnstamm ausgehen. Es sind keine emotionalen Reaktionen auf wahrgenommene Ereignisse. Um Angst vor etwas zu haben, muss man eine Bedrohung wahrnehmen; um wütend zu werden, muss man ein Ziel haben, das vereitelt wird, oder eine potenzielle Schadensquelle entdecken. Und um überrascht zu sein, muss man begreifen, dass etwas im Widerspruch zu klaren Erwartungen steht. Neugeborene sind zu keinem dieser spezifischen

Gefühle fähig, auch wenn sie über diese Fähigkeit verfügen werden, bevor sie ihr erstes Lebensjahr vollendet haben.

Was sich bei einem Neugeborenen beobachten lässt, sind Unterschiede in der Art, wie es schreit: Manchmal ist es eher ein Jammern, manchmal ein allmählich lauter werdendes Weinen und manchmal auch ein eher plötzlich einsetzendes Schreiweinen. Wir Eltern bezeichnen diese letzte Form des Schreiens mitunter als »Wutgeschrei« oder als »ernstzunehmendes Weinen« unseres Babys, und das ist gut so. Es veranlasst uns, das Problem zu lösen oder zu lindern. Diese Art des Weinens tritt allerdings jedes Mal auf, wenn der Säugling einen starken Reiz erlebt (sei es ein Hungergefühl, den plötzlichen Schmerz eines Nadelstichs oder ein jähes Erschrecken). Der Auslöser spielt keine Rolle, und das ist einer der Gründe, weshalb dieser Reflex tatsächlich nicht dasselbe ist wie spätere Wut oder Angst.

Einige Forscher haben behauptet, dass sehr junge Säuglinge überrascht sein können, weil sie länger auf Ereignisse schauen, von denen der Versuchsleiter annimmt, sie seien etwas Unerwartetes. Doch die Reaktion, dass die Augen sich weiten und der Mund offensteht, die als Ausdruck der Überraschung gilt, tritt erst spät im ersten Lebensjahr auf. Mein Kollege William Charlesworth hat uns mit einem genialen Mittel geholfen, den Nachweis dafür zu erbringen. Er entwarf einen Hochstuhl mit einer kleinen Fallklappe, die in das Tablett eingebaut war. Wir konnten ein kleines Spielzeug vor dem Säugling aufstellen, es mit der Hand bedecken und dann mittels eines Pedals verschwinden lassen, bevor wir die Hand wieder hochhoben. Babys bis zum Alter von sechs Monaten zeigten minimale Reaktionen darauf, in ihrer Mimik spiegelte sich keine Überraschung wider und sie suchten auch nicht nach dem Gegenstand. Auch bei ihrer aufgezeichneten Herzfrequenz ergab sich keine Reaktion. Doch ab diesem Alter und eindeutig im Alter von zehn Monaten beobachteten wir eindrucksvolle Beispiele für ein überraschtes Verhalten, zum Beispiel klar erkennbare Veränderungen des Gesichtsausdrucks, Veränderungen der Herzfrequenz sowie suchende Blicke auf unsere Hände und auf den Boden. Eines der Babys hämmerte sogar auf das Tablett ein!

Auch das Lächeln ist etwas, das sich entwickelt.* Neugeborene lächeln nur im Schlaf oder beim Einschlafen. Dieses Lächeln umfasst lediglich ein Verziehen des Mundes, aber kein Kräuseln der Augenwinkel oder ein Öffnen des Mundes. Wenn das Neugeborene kurz vorm Aufwachen ist und dann wieder in einen tieferen Schlaf zurückfällt, taucht dieser Vorläufer eines Lächelns auf, und wenn das Kind längere Zeit auf der Schwelle des Wachseins steht, erscheint es unter Umständen mehrmals hintereinander. Auch wenn das Baby gefüttert wurde und allmählich einschläft, ist dieses Lächeln häufig zu beobachten. Was für ein wunderbarer Trick der Natur!

So wie zahlreiche weitere Reflexe des Neugeborenen verschwindet auch das Schlaflächeln im Laufe der ersten Lebensmonate. Gleichzeitig entwickelt sich das Lächeln im Wachzustand. Die ersten zarten Ansätze dieses Lächelns treten am ehesten bei sehr sanfter Stimulation auf, aber sie zeigen sich, wenn das Baby wach und aufmerksam ist. Sehr bald erzeugt eine stärkere Stimulation ein breiteres Lächeln, begleitet von einem Kräuseln der Augenwinkel. In der achten bis zehnten Lebenswoche fängt der Säugling an, bei ganz bestimmten Ereignissen regelmäßig zu lächeln, d. h. das Lächeln erfolgt aus einem bestimmten Grund und erhält Bedeutung.

Dabei handelt es sich um eine echte emotionale Reaktion, und der Grund, aus dem wir das wissen, ist folgender: Wenn ich einem zehn Wochen alten Säugling einen neuen Gegenstand zeige (zum Beispiel einen Spielzeugclown), schaut er ihn mit gespannter Aufmerksamkeit an. Nachdem ich ihm das Objekt mehrere Sekunden hingehalten habe, entferne ich es aus seinem Blickfeld. Dann halte ich es abermals eine Weile hin und nehme es erneut weg, und das Baby schaut wieder aufmerksam zu. Bemerkenswert ist, dass es dann bei der vierten, fünften oder sechsten Wiederholung zu lächeln beginnt. Dieses Lächeln hält an, während ich den Vorgang noch einige weitere Male wiederhole, bis es allmählich verblasst und das Baby das Interesse verliert. Was geschieht, ist Folgendes: Weil der Clown etwas Neues für das Baby ist, kann es sich keinen Reim darauf machen und ihn

* Forschungsbelege für alle im Folgenden dargelegten Informationen finden sich in meinem Buch *Emotional Development.*

nicht wiedererkennen, obwohl es ihn intensiv mustert, aber nach mehrmaligem Hinhalten des Spielzeugs ist der Säugling in der Lage, es mit gewisser Anstrengung wiederzuerkennen. (Hielte ich jedes Mal ein neues Objekt hoch, würde das Baby nicht lächeln). Dieser forschende Blick des Säuglings, gefolgt von einem Wiedererkennen, führt durch die eigenen kognitiven Anstrengungen des Kindes, durch sein Interesse an der Welt, zu Veränderungen im Erregungsniveau. Deshalb lächelt es. Nach einer Weile muss das Baby sich nicht mehr anstrengen, um den Clown wiederzuerkennen, deshalb schwankt der Erregungszustand nicht mehr und das Baby hört auf zu lächeln. Da das Lächeln beim Wiedererkennen dieses speziellen Ereignisses auftritt und nicht einfach als Reflex beim Einschlafen, können wir von der begründeten Annahme ausgehen, dass es sich um eine Emotion handelt, die der Säugling auf die gleiche Weise erlebt wie Sie oder ich. Etwa im selben Alter entlockt praktisch jedes menschliche Gesicht dem Baby ein Lächeln. Warum? Weil es inzwischen schon sehr viele Gesichter gesehen hat und mit einer gewissen Anstrengung sofort erkennen kann, dass es sich um ein menschliches Antlitz handelt.

Die Entwicklung des Lächelns macht deutlich, dass die emotionale und kognitive Entwicklung miteinander verbunden und organisiert sind. Sie gehen Hand in Hand. Wer die emotionale Entwicklung erforscht, erforscht gleichzeitig die kognitive Entwicklung.

Nehmen wir folgendes Beispiel: Die Mutter steckt sich ein Tuch in den Mund und schwingt den Kopf in Reichweite des Babys hin und her. Ein sechs Monate alter Säugling wird sich das ansehen, systematisch nach dem Tuch greifen und es sich sehr wahrscheinlich selbst in den Mund stecken, ohne dabei besonders starke Gefühle auszudrücken. Ein zehn Monate alter Säugling wird die Mutter lächelnd anschauen und dann lächelnd oder lachend nach dem Tuch greifen. Quietschend vor Vergnügen wird ein Baby dieses Alters anschließend versuchen, der Mutter das Tuch wieder in den Mund zu stopfen. Es versteht, dass »Mutter-mit-Tuch« etwas Unstimmiges ist; es weiß, dass es »Mutter-ohne-Tuch« wiederherstellen kann, und die Vorfreude auf die abermals wiederhergestellte Unstimmigkeit bringt es zum Lachen. Das ist ein eindrucksvolles Beispiel für die erweiterte kognitive Fähigkeit des zehn Monate alten Säuglings gegenüber dem sechs Monate alten.

Die Verbindung zwischen emotionaler und kognitiver Entwicklung wurde anschaulich von Dante Cicchetti, einem weiteren außergewöhnlichen Studenten der University of Minnesota, nachgewiesen. Cicchetti hat ein großes Herz und eine unglaubliche Arbeitsmoral. Er führte eine äußerst umfangreiche Studie über die Entwicklung von Säuglingen mit Down-Syndrom durch, die praktisch jeden Fall im Staate Minnesota miteinschloss. Sein Forschungsinteresse richtete sich unter anderem auf die Themen Lächeln, Angst, Bindung und Selbsterkenntnis. Seine Ergebnisse decken sich vollständig mit unseren Untersuchungen zu Säuglingen ohne Entwicklungsverzögerungen. Die Veränderungen bei den Emotionen und die Herausbildung von Bindungsmustern traten in genau der gleichen Reihenfolge auf und entsprachen exakt dem Grad der kognitiven Entwicklungsverzögerung der Kinder. Je größer die kognitive Entwicklungsverzögerung, desto größer auch die Verzögerung beim Auftreten der verschiedenen Emotionen.

Veränderungen im Gefühlsleben decken sich natürlich auch mit Veränderungen im reifenden Gehirn. Bei der Geburt ist der frontale Cortex des Kindes kaum entwickelt. Der Cortex ist diejenige Hirnregion, die den Menschen besonders auszeichnet, und zuständig für Denken, Urteilen, Planen und zahllose weitere wichtige Fähigkeiten des Menschen ist. Obwohl der Cortex zum Teil bereits bei der Geburt vorhanden ist, ist er noch nicht gut vernetzt mit anderen Hirnregionen, zum Beispiel jenen, die entscheidend für Emotionen sind. In der zweiten Hälfte des ersten Lebensjahres haben sich diese Verbindungen herausgebildet, von daher ist es logisch, dass dann die elementaren Emotionen wie Angst, Wut und Überraschung auftauchen. Weitere Emotionen wie Scham, Stolz und Schuld erfordern sogar eine noch weitere Hirnreifung. Damit diese Gefühle entstehen, muss das Kind ein gewisses Verständnis für Regeln und für deren Einhaltung oder Verletzung entwickeln.

Ein grundlegender Punkt ist, dass Gefühle und Gehirn sich parallel entwickeln. Noch wichtiger für unsere Belange ist, dass die wichtigste neurowissenschaftliche Entdeckung der letzten Jahrzehnte darin besteht, dass die Hirnreifung »erfahrungsabhängig« ist. Das bedeutet, dass die Entwicklung des Gehirns im Allgemeinen und die Entwicklung jedes einzelnen Gehirns im Besonderen stark vom Wesen der angebotenen Erfahrungen beeinflusst wird. Das bestätigt einmal mehr die große Bedeutung, die der Qualität der frühen Fürsorge zukommt.

Emotionsregulation

Wenn die verschiedenen Gefühle in den ersten Lebensjahren auftauchen, lernen kleine Kinder allmählich auch, ihre Emotionen zu regulieren. Es gehört alles zum selben Prozess. Das lässt sich durch unsere frühen Studien über die Beziehung zwischen Angst und Freude veranschaulichen. Dabei handelt es sich natürlich um sehr unterschiedliche Gefühle, aber sie entwickeln sich parallel und haben im Kern etwas gemeinsam, wie wir in unseren Studien über die Reaktionen von kleinen Kindern auf maskierte Gesichter feststellten.

Bei unseren Studien zum Lachen in der häuslichen Umgebung der Kinder fiel uns zunächst auf, dass es ein sehr eindrucksvolles Ereignis sein konnte, wenn die Mutter eine bunte Maske aufsetzte (während das Baby sie beobachtete) und sich dann in Reichweite des Kindes vorbeugte. Im Alter von zehn Monaten erzeugte dieses Verhalten regelmäßig ein breites Lächeln und Gejuchze bei den Säuglingen. Das war ein bisschen überraschend, weil allgemein berichtet worden war, dass Masken bei Kindern dieses Alters Angst auslösen. Bei diesen früheren Untersuchungen hatte es sich bei der Person, die die Maske aufgesetzt hatte, allerdings um den Versuchsleiter gehandelt; zudem hatte der Versuch im Labor, also an einem unbekannten Ort stattgefunden. Da wir davon ausgingen, dass diese Unterschiede in der Vorgehensweise entscheidend sein könnten, starteten wir eine Reihe systematischer Studien. Wir führten den Vorgang im Zuhause der Kinder und im Labor durch, mit der Mutter und mit einer fremden Person, und wir veränderten die Anordnung, so dass manchmal die Mutter als Erste die Maske aufsetzte, dann die fremde Person und manchmal umgekehrt.

Wir stellten fest, dass diese Variationen bei Säuglingen, die jünger als sechs Monate waren, allesamt keine große Rolle spielten. Weder lächelten sie noch zeigten sie Angst, sondern einfach nur gespannte Aufmerksamkeit. Sie verstanden nicht wirklich, was vor sich ging, aber sie fanden es ganz interessant. Im Alter von zehn Monaten dagegen kam es zu sehr starken Reaktionen.

Was geschah, war erstaunlich! Im Zuhause der Kinder wurde die Mutter, die eine Maske trug, immer positiv aufgenommen, während der Fremde, wenn er die Maske als Erster aufsetzte, eine gedämpftere Reaktion erhielt. Das Baby reagierte positiver auf den Fremden-mit-Maske, wenn vorher die Mutter eine Maske angelegt hatte, und weniger positiv auf die Mutter, wenn die unbekannte Person den Anfang machte. Auch im Labor reagierten die Babys überwiegend positiv, wenn die Mutter die Maske aufsetzte; sie lachten allerdings erheblich weniger als bei sich zu Hause. Und wenn zuerst der Fremde die Maske aufsetzte, hatten die Kinder für gewöhnlich eindeutig Angst und suchten die Nähe der Mutter. In diesem Fall gefiel es ihnen auch überhaupt nicht, wenn die Mutter dann als Nächste die Maske aufsetzte. Wir haben diese Verfahren mit zahlreichen Säuglingen durchgeführt. Bei einer Variante des Experiments kam die fremde Person mit der Maske im Eingangsbereich der Universität auf drei Säuglinge zu, während die Mutter direkt in der Tür, aber außer Sichtweite der Kinder stand. Alle drei fingen sofort an zu schreien und hatten eindeutig Angst. Aus ethischen Gründen haben wir diesen Teil des Experiments gestrichen (und haben die Mütter natürlich sofort ihre Kinder trösten lassen).

Diese Untersuchung sagte uns viel über Säuglinge und das Wesen von Entwicklung. Sie eröffnete tatsächlich eine ganz neue Perspektive auf die emotionalen Reaktionen von kleinen Kindern. Vorher hatte man angenommen, dass das Lachen durch ein mittleres Maß an neuen Reizen oder eine moderate »Spannung« ausgelöst wurde: Ist der Reiz des Neuen zu gering, hat das Kind kein Interesse. Ist er zu groß, bekommt das Kind Angst. Das wurde als »Hypothese der moderaten Diskrepanz« bezeichnet. Doch wie sich zeigte, traf das offenkundig nicht zu. Es ergibt keinen Sinn, zu sagen, dass der Reiz des Neuen bei der Maske größer wird, wenn die fremde Person sie nach der Mutter aufsetzt. Der Reiz des Neuen müsste dadurch eher abnehmen, weil das Baby die Maske bereits gesehen hat, dennoch geht die Tendenz hier von der Freude in Richtung Angst. Die Maske bei der fremden Person im Eingangsbereich der Universität ist nicht neuer als die Maske der fremden Person im Zuhause des Kindes, dennoch erzeugt sie weitaus negativere Reaktionen. Und wenn die Mutter im Labor zwar in Sichtweite der Kinder, aber einige Meter entfernt sitzt, haben sie viel mehr Angst vor dem maskierten Unbekannten, als wenn sie bei der Mutter auf dem Schoß sitzen. Ob die Maske neuer oder weniger neu ist, kann nicht davon abhängig sein, wo der Säugling sich befindet.

Wesentlich wichtiger als die Neuheit eines Ereignisses ist, wie »sicher« der Kontext ist. Wenn die Mutter im vertrauten Zuhause die Maske aufsetzt, fühlt sich der Säugling sicher und geborgen und kann von daher unter Umständen ein höheres Maß an Neuheit oder Spannung ertragen. Tatsächlich scheinen sowohl krähendes Gelächter als auch Angst dasselbe Niveau an Erregung oder Spannung zu erfordern. Damit ein Lachen ausgelöst wird, muss ein starker Reiz vorhanden sein, äußerlich oder innerlich (da das Kind das Ereignis verarbeitet). Wenn eine Anpassung an diese Spannung möglich ist, setzt das Lachen ein. Kann das Kind die Spannung hingegen nicht ertragen, ist das Ergebnis ein negatives Gefühl. Das ist der Grund, aus dem Kinder bei einem Spiel, das sie häufig zum Lachen bringt, zum Beispiel wenn sie in die Luft geworfen werden, mitunter auch zu weinen anfangen, wenn sie genug davon haben. Es ist also nicht das Ausmaß der Erregung oder Spannung per se, das darüber bestimmt, ob ein Säugling mit Freude oder Furcht reagiert; entscheidend ist vielmehr, wie das Kind das Ereignis *bewertet*. Wenn es sich sicher fühlt, hat es eine höhere Toleranzschwelle für Bedrohliches.

Eine zweite Erkenntnis, zu der wir gelangt sind, betrifft das komplexe Denken von Kindern, die sich ihrem ersten Geburtstag annähern. Diese Säuglinge beschäftigen sich nicht nur mit ihrem Umfeld, sie bewerten es auch unablässig. Anders als ein Baby in den ersten sechs Monaten, das nur auf Ereignisse im gegenwärtigen Augenblick zu reagieren scheint, reagiert ein Einjähriger auch hinsichtlich einer Vergangenheit und einer antizipierten Zukunft, nach dem Motto:

Dies könnte meine Mutter mit einer Maske sein, aber es ist eine Maske, die mir gerade Angst gemacht hat, als der Fremde sie getragen hat.

Diese Studien zu unterschiedlichen emotionalen Reaktionen bei Säuglingen im Allgemeinen haben uns schließlich zu der Frage geführt, welche Unterschiede bei den Reaktionen einzelner Babys bestehen. Bei allen Säuglingen werden die Reaktionen auf neue Ereignisse davon beeinflusst, wie geborgen, sicher und beschützt sie sich fühlen. Der Wohlfühl-Level verändert die Toleranzschwelle für Bedrohliches. Wichtig für das Gefühl der Sicherheit ist die Anwesenheit eines Elternteils oder einer anderen sehr vertrauten Bezugsperson. Diese Bezugsperson ist eine bewegliche Quelle der Vertrautheit und Sicherheit. Man darf allerdings nicht vergessen, dass Einjährige schon ein hohes kognitives Niveau erreicht haben. Sie wissen nicht nur, wo die Bezugsperson ist, sie wissen auch, wie hoch die Wahrscheinlichkeit ist, dass sie sich um sie kümmert und ob sie nötigenfalls bereit ist, Hilfe zu leisten oder Trost zu spenden. Das wissen sie durch ihre gelebte und innerlich gespeicherte Erfahrung. Von daher hat die Anwesenheit einer vertrauten Bezugsperson für alle Babys etwas Beruhigendes, aber einige fühlen sich sicherer, weil sie auf die Zuverlässigkeit und Feinfühligkeit ihrer Bezugsperson vertrauen.

Das allgemeinste Fazit dieser Arbeit lautete, dass Säuglinge in starkem Ausmaß von der Unterstützung ihrer Umgebung abhängig sind, um ihre Gefühle zu regulieren. Für den Bereich der Entwicklungspsychologie erbrachte diese Forschung wichtige Erkenntnisse, die zu einem neuen Verständnis des Gefühlslebens von Säuglingen und dessen Eingebettetheit in die Umwelt beitrugen. Auch für mich persönlich war diese Arbeit sehr bedeutsam. Als kleines Kind war ich sehr ängstlich. Ich zeigte vielfältige Zeichen der Angst, kaute wie wild an den Nägeln und geriet leicht in Stress. Die allgemeine Erklärung, die sich aus dieser Untersuchung der frühen Emotionsentwicklung ergab, war, dass ich mich als Kind nicht sicher fühlte. Meine Welt kam mir eindeutig nicht stabil und verlässlich vor. Ich vertraute nicht darauf, dass stets Unterstützung verfügbar war. Warum das so gewesen war, konnte ich zu diesem Zeitpunkt unserer

Forschungen noch nicht genau wissen. Aber weitere Antworten sollten folgen.

Durch die sorgfältige Beobachtung der Säuglinge in diesen Emotionsstudien erhielten wir einen ersten Eindruck davon, wie einflussreich liebevolle Beziehungen in der frühen Kindheit für die Formung der Persönlichkeit sind. Die Anfälligkeit für Stress und eine reibungslose Regulation oder eine Fehlregulation von Gefühlen hängen davon ab, wie stark ein Kind darauf vertraut, dass seine Bezugsperson prompt und angemessen auf seine Bedürfnisse reagiert. Diese Erkenntnis machte es möglich, die Bindungstheorie und Studien zur emotionalen Entwicklung zusammenzuführen.

Weitere Zufallsereignisse

Wie Stephen Gould beschrieben hat, hat das Zusammenspiel zahlreicher glücklicher Umstände zur Entstehung des menschlichen Lebens auf der Erde beigetragen. Dasselbe gilt für das Leben jedes Einzelnen. Durch einen glücklichen Umstand nahm ich an einem Test teil und besuchte das College, machte meinen Abschluss, ging nach San Francisco, wurde in Minnesota eingestellt, erhielt Besuch von Everett Waters in meinem Büro und bekam genau in dem Moment eine Tochter, als ich anfing, Säuglinge zu studieren. Viele weitere glückliche Zufälle haben die Forschung, die noch folgen sollte, mitgeprägt. Von einigen dieser glücklichen Umstände möchte ich hier berichten.

Kurz vor meinem dreißigsten Geburtstag, drei Jahre nachdem ich nach Minnesota gekommen war, wurde ich gebeten, Mitglied eines wissenschaftlichen Prüfungsausschusses des National Institute of Mental Health zu werden, was mich zur jüngsten Person machte, die diese Funktion je übernommen hatte. Das gehörte zu einer Welle der Diversifikation. Das NIMH war gerade zu Recht als Seilschaft alter (weißer) Männer in die Kritik geraten, und die Organisation war eifrig bemüht, Frauen, Angehörige von Minderheiten und junge Menschen einzustellen, um dieser Kritik entgegenzuwirken. Man rief mich an, bevor ich Geburtstag hatte, und fragte, ob ich in der Folgewoche zu einem Treffen in San Francisco kommen und anschließend an den Besuchen bei verschiedenen Forschungsteams in der Bay Area teilnehmen wolle. Auf diese Weise konnte man behaupten, dass man einen »unter Dreißigjährigen« miteinbezogen hatte. Wäre ich einen Monat früher zur Welt gekommen, hätte sich mir diese Chance womöglich nie geboten. Und eine großartige Chance war es auf alle Fälle, denn in dem Ausschuss saßen zahlreiche Koryphäen, ich machte die Bekanntschaft vieler berühmter Wissenschaftler und konnte ungeheuer viel aus den Forschungsbewertungen lernen, die diese herausragenden Leute vornahmen.

Schon der Besuch der Bay Area als solcher erwies sich als unglaublicher Einschnitt, weil ich während dieses Besuchs Jeanne und Jack Block sowie Gordon und Wanda Bronson kennenlernte, die alle wichtiger Förderer meiner Arbeit wurden. Es wird Sie vermutlich nicht überraschen, wenn ich berichte, dass viele prominente Leute einen links liegen lassen, wenn man selbst nicht prominent ist. Und im Jahr 1971 war ich Welten von jeder Prominenz entfernt. Aus meiner Sicht hatte ich noch keinen einzigen wichtigen Aufsatz veröffentlicht.

Außerdem war ich nicht nur jung, ich sah auch noch so aus (und ging leicht als Highschool-Schüler durch). Als ich einmal mit einigen Ausschussmitgliedern zum Essen in einem Restaurant in Washington war, musste ich meinen Ausweis vorzeigen, was ich umso empörender fand, als ich erfuhr, dass das Mindestalter für Alkoholkonsum in Washington damals bei 18 Jahren lag. Etwa zur gleichen Zeit sprach der Leiter meines Fachbereichs mit einem Studenten aus meinem Kinderpsychologie-Kurs. Der Student erklärte, der Kurs sei großartig, außer dass der Professor selbst nie da sei – immer nur sein junger Lehrassistent. (Der Leiter des Fachbereichs bat mich daraufhin, allen Studenten am ersten Unterrichtstag mitzuteilen, dass ich der Professor sei.) Wenn unser Team vom NIMH Besuche bei Leuten machte, die sich für Fördermittel bewarben, wurde ich keines Blickes gewürdigt und niemand richtete das Wort direkt an mich, sondern immer nur an die älteren Mitglieder des Ausschusses. Das passierte sogar dann, wenn ich eine direkte Frage stellte. Worauf ich hier stieß, war das Vorurteil, dass ein junger Mensch unmöglich wissen kann, wovon er redet – und daraus habe ich eine Menge gelernt. Ich wusste immer, dass meine Studenten mir viel beibringen können.

Als Menschen wie die Blocks mich unter ihre Fittiche nahmen, mich in ihr Haus und ihre Berghütte einluden, mir zuhörten, Ideen mit mir diskutierten, mir ihre eigene Arbeit zur Durchsicht schickten oder auch andere Arbeiten, die sie entdeckten und inspirierend fanden, hat mir das sehr viel bedeutet. Außerdem waren wir in der Lage, viele ihrer Ideen und Methoden in die Minnesota-Studie aufzunehmen. Ihre Ergebnisse hatten eine Schlüsselstellung in unseren Untersuchungen von Kindern im Alter zwischen 3 und 13 Jahren.

In dem Jahr, nachdem ich die Blocks kennengelernt hatte, hatte ich per Post meinen ersten Kontakt mit John Bowlby, dem »Vater« der Bindungstheorie. Ich war übers Wochenende mit meiner damals dreijährigen Tochter auf einer Farm gewesen und kam zu einer Erkenntnis, die sich meiner Ansicht nach aus John Bowlbys Theorie ergab. Obwohl ein kleines Kind offensichtlich keinen großen Schutz bieten kann, fiel mir auf, dass ich mit meiner Tochter zusammen viel weniger Angst hatte, als wenn ich allein auf der Farm gewesen wäre. Die bloße Anwesenheit eines anderen Menschen, der mir am Herzen lag, machte einen großen Unterschied. Dadurch konnte ich einen der, wie Bowlby sagt, »natürlichen Schlüsselreize für ein gesteigertes Gefahrenrisiko« – das Alleinsein – umgehen (Bowlby 2006, S. 144). Ich schrieb Bowlby von dieser Erfahrung und erhielt einen begeisterten handschriftlichen Brief als Antwort, obwohl er sicherlich noch nie etwas von mir gehört hatte.

Niemand kann große Herausforderungen ohne die Hilfe und Unterstützung anderer meistern. Das gilt zweifellos für die akademische Welt. Ich wurde durch meine KollegInnen in Minnesota unterstützt und ermutigt, einschließlich aller DirektorInnen, die das Institute of Child Development im Laufe der Jahre geleitet haben. Inspiriert und gefördert wurde ich auch von mehreren führenden WissenschaftlerInnen in diesem Bereich. Dazu gehörten sowohl John Bowlby als auch Mary Ainsworth, die mich beide von Anfang an unterstützt haben.

KAPITEL 4

Die Ursprünge der überzeugenden Idee

Es wäre festzuhalten, dass wir erst durch andere wir selbst werden.

Lev S. Vygotskij[10]

Die Grundidee der Bindungstheorie, unserer eigenen Sichtweise der emotionalen Entwicklung und der gesamten Forschung, die ich über 40 Jahre lang ausführen sollte, war recht leicht zu formulieren, aber sehr schwer nachzuweisen. Sie lautet, dass die Qualität der engen Beziehungen in unserer frühen Kindheit, vor allem im Hinblick auf die Verlässlichkeit und Feinfühligkeit des Pflegeverhaltens die Grundlage der individuellen Persönlichkeit bildet.

Zum Selbst oder zur Persönlichkeit gehört eine sehr komplexe Organisation von Haltungen, Erwartungen und Verhaltensweisen, ebenso wie das anhaltende Gefühl einer zeitlichen Kontinuität dieses Selbst. Ein zentraler Teil von dem, was wir sind, besteht darin, wie wir die Welt und unseren Platz darin sehen. Dazu gehört unser Gefühl der Verbundenheit mit anderen und das Gefühl von Sinn und Bedeutung. Über all das verfügt ein Neugeborenes noch nicht. Tatsächlich sind Neugeborene praktisch nicht fähig, sich an Erfahrungen zu erinnern und sie auf die Zukunft zu übertragen, um künftige Ereignisse zu antizipieren, um zu planen oder ihr Verhalten an bestimmte Bedingungen anzupassen. Ein Neugeborenes hat auch noch kein Gefühl für »Objektpermanenz«, das heißt dafür, dass Gegenstände und Personen etwas Dauerhaftes sind und unabhängig von seiner eigenen Wahrnehmung existieren. Von daher liegt es auf der Hand, dass es bei der Geburt noch kein »Selbst« geben kann.

Das stellt uns vor ein großes Problem. Wenn es am Anfang noch kein Selbst gibt, wie entsteht es? Von nichts kommt nichts – das ist eine Grundvoraussetzung von Entwicklung. Woher also kommt das Selbst? Wie entsteht es?

Die Entstehung des Selbst

Louis Sander, der Grand Old Man der Entwicklungstheorie, hatte eine unglaublich klare Vorstellung von der faszinierenden Idee, der wir nachgingen. Obwohl er eine Koryphäe auf seinem Gebiet und ich ein Neuling war, hat er sich stets als freundlicher und großzügiger Förderer unserer Arbeit erwiesen. Ihm verdanken wir eine bahnbrechende Idee. In Gesprächen und in seinen Veröffentlichungen wies er darauf hin, dass tatsächlich von Geburt an eine Organisation existiert, die von hinreichender Komplexität ist, um die Entstehung des Selbst zu erklären. Diese Organisation befindet sich allerdings nicht beim Säugling. Sie ergibt sich vielmehr, wenn man den Säugling und das Fürsorgeverhalten des Umfeldes als gemeinsames Ganzes betrachtet. Die Bezugsperson ist eine organisierte Persönlichkeit, mit der Fähigkeit ein organisiertes System aufzubauen, das den Säugling miteinschließt. Diese Organisation ist es, die das Muster für das entstehende Selbst vorgibt.

Ähnliches gilt für die Fähigkeit zur Selbstregulation, über die Säuglinge noch nicht verfügen, die aber durch die Unterstützung der Bezugsperson möglich wird. Babys können ihr Verhalten nicht sehr flexibel organisieren, aber mit Hilfe ihrer Bezugspersonen können sie eine flexible Organisation erreichen und diese Organisation aufrechterhalten (oder sie im Anschluss an eine Störung wiederherstellen). Mit Sanders eigenen Worten: »Durch Verinnerlichung wirken angenommene Strategien, die anfangs die regulatorischen Beziehungen zur Bezugsperson kennzeichneten, nun als Merkmale der Selbstregulation und kennzeichnen schließlich die individuelle Persönlichkeit.«

Wie das funktioniert, veranschaulicht das folgende Alltagsbeispiel eines Vaters, der mit seinem vier Monate alten Baby spielt:

Hallo, mein Schatz. Jetzt kommt der Papa und holt dich. Ja, er wird… Papa wird dich gleich kitzeln. Was hältst du davon? (Kurze

Pause.) *Na los. Komm schon, du kleiner Racker. Zeig mir dein Lächeln. Hmmm?* (Pause). *Genau. So ist es gut … seeeehr gut.* (Der Säugling zeigt ein breites Lächeln und wackelt mit dem Kopf. Der Vater tut es ihm gleich und sagt): *Jaaa, jetzt willst du was sagen, nicht wahr?* (Pause. Kopfnicken und geweitete Augen beim Vater) *Na los. Dann mach mal!* (Pause) *Na, komm!* (Das Baby fängt an, kreisende Bewegungen mit den Armen zu machen und mit den Füßen zu strampeln). *Na komm!* (In die Länge gezogen, dann längere Pause.) *Jaaah!* (Das Baby stößt einen gurgelnden Laut aus, der Vater lacht und schmust mit dem Kind.)

Der Vater in diesem Beispiel hilft dem Baby auf entscheidende Weise dabei, sein emotionales und vokales Verhalten zu organisieren. Ohne das Engagement des Vaters und ohne die gut abgepassten Pausen, die dem Baby die Möglichkeit geben, sich umzuorganisieren und eine neue Richtung einzuschlagen, hätte das Verhalten des Säuglings nicht in dieser geordneten Weise stattfinden können.

Wie unser Freund, der Kinderpsychiater Daniel Stern beschrieben hat, helfen die Bezugspersonen dem Säugling durch zahllose spielerische und fördernde Interaktionen dabei, dass er lernt, sein Verhalten zu organisieren. Häufig nimmt dies die Form an, dass die Bezugsperson das Verhalten des Kindes so »liest«, als ob es ein beabsichtigtes Signal wäre, und dadurch Bedeutung in der wechselseitigen Beziehung erzeugt. Zum Beispiel: Eine Mutter spielt mit ihrem fünf Monate alten Sohn. Irgendwann dreht der Kleine den Kopf weg. Das ist einfach eine automatische Reaktion, wenn die Stimulation zu stark wird. Doch die Mutter, die auf ihr Kind eingestimmt ist, versteht die Bedeutung, lehnt sich zurück und wartet ab. Wenn der Kleine bereit ist, wendet er sich der Mutter wieder zu, die dann die Stimulation erneut aufbauen kann, was möglicherweise einen Ausdruck überschwänglichen Affekts nach sich zieht. Mit der Zeit erwirbt der Säugling mehr und mehr die Fähigkeit, die Verhaltensorganisation auch in Anbetracht eines immer höheren Erregungslevels aufrechtzuerhalten. Würde die Mutter das Kind bedrängen, wenn es sich abwendet, und ihm weitere Reize aufzwingen, so würde das zum Weinen und zu einem Zusammenbruch der Organisation führen.

Wären derartige Erfahrungen die Norm, würde das die spätere Regulationsfähigkeit des Säuglings beeinträchtigen.

So fängt es an. In den ersten Lebensmonaten ist die Verhaltensorganisation ein Konstrukt, das die Bezugsperson um den Säugling herum aufbaut, ohne dass dieser wirklich intentional daran teilnimmt. In der zweiten Hälfte des ersten Lebensjahres erfolgt ein weiterer Schritt, wenn das Baby anfängt, der Bezugsperson seine Absichten gezielt zu signalisieren. Wird dieses Signal nicht wahrgenommen, wiederholt das Baby es oder wechselt zu einem anderen Verhalten, bis es sein Ziel erreicht. Angenommen, es geschieht etwas leicht Beunruhigendes; der elf Monate alte Säugling macht eine besorgte Miene und sucht Blickkontakt mit der Mutter, aber sie reagiert nicht. Daraufhin macht sich das Kind durch eine Lautäußerung bemerkbar. Die Mutter reagiert immer noch nicht, also krabbelt das Baby zu ihr und hebt die Arme, um hochgenommen zu werden. Jetzt versteht sie, hebt es hoch und verschafft ihm die erwünschte Beruhigung. Dann setzt sie das Kind wieder auf den Boden, und es spielt weiter. Das ist wirksame Regulation, die aus dem Zusammenwirken der beiden Partner entsteht. Der Elternteil leitet den Prozess und folgt dabei der Führung des Kindes, aber das Kind übernimmt inzwischen eine aktivere Rolle. Trotz dieser Veränderung wird das *Muster* der Organisation wahrscheinlich dasselbe sein, das schon vorher existierte.

Und so geht es weiter: Die Rolle des Kindes weitet sich mit zunehmendem Alter immer mehr aus. Im Alter von zwei Jahren kann das Kind die Verhaltensorganisation innerhalb bestimmter Grenzen oft aufrechterhalten, solange reichlich Hilfestellung und Unterstützung von der Bezugsperson vorhanden ist. Das bedeutet, dass die Bezugsperson bereit ist, sofort einzuschreiten, wenn die Fähigkeiten des Kindes überfordert werden. Sie wartet nicht, bis das Kind von Frustration überwältigt wird. Das kann man als »angeleitete Selbstregulation« bezeichnen, weil diese frühe Selbstregulation immer noch weitreichender Unterstützung bedarf. Sie ist der Vorläufer der echten Selbstregulation, die wir von den meisten Kindern im Vorschulalter erwarten können. Doch wie die späteren individuellen Muster der Selbstregulation aussehen, lässt sich durch die ihnen vorausgehende angeleitete Regulation, die dyadische Regulation und die von der Bezugsperson orchestrierte Regulation vorhersagen.

In dieser Vorstellung, dass Säuglinge und Kleinkinder bei der Regulation auf die Hilfe der Eltern angewiesen sind, steckte der Ansatz einer Erklärung für einige meiner persönlichen Kämpfe. Ich war definitiv ängstlich, vielleicht weil ich mich nicht sicher genug fühlte, und als kleines Kind war ich ziemlich häufig bekümmert oder »dysreguliert«, um den Fachausdruck zu benutzen. Zum Beispiel galt ich als sehr wählerisch beim Essen. Es gab jede Menge Nahrungsmittel, die ich nicht mochte (was relativ normal ist), aber ich konnte es auch nicht ertragen, wenn sich verschiedene Arten von Lebensmitteln auf meinem Teller berührten. Wenn das passierte, empfand ich es als quälend und geriet aus der Fassung. Ich konnte nichts dagegen tun. Ich konnte es einfach nicht. Meine Mutter reagierte natürlich verärgert, meine Tante Minnie schrie mich an, und ich wurde mit einer gewissen Regelmäßigkeit vom Tisch verbannt. Das war eindeutig nicht beruhigend. Es half mir nicht bei der Regulation. Was das bedeutete, sollte ich wesentlich besser verstehen, als wir unsere Forschung zur frühkindlichen Entwicklung fortsetzten.

Die Idee war also folgende: Das Muster und die Qualität des organisierten Systems von Säugling und Bezugsperson wird zum Kern des entstehenden kindlichen Selbst, wenn es nach und nach zum aktiveren Teilnehmer in Beziehungen wird und die Rollen verinnerlicht, die vorher von der Bezugsperson übernommen wurden. Ein flexibles, gut reguliertes System von Bezugsperson und Kind ist die Grundlage für ein selbstbewusstes, gut reguliertes, resilientes Kind. Das ähnelt einem Konzept, das von anderen Psychologen wie Erik Erikson und Margaret Mahler propagiert wurde, die argumentierten, dass die Nähe zur Bezugsperson die spätere Autonomie fördert, aber es ist präziser und bietet bessere Anleitung für Messungen und Tests. Damit wollten wir jetzt loslegen.

Von der Bindung des Säuglings zur Autonomie des Kleinkindes

Bis zum Jahr 1974 hatten wir in unserer früheren Studie über Mittelschichtsfamilien die Qualität der Bindungsbeziehungen bei 70 Säuglingen und ihren primären Bezugspersonen (in dieser Studie allesamt Mütter) ermittelt. Diese Messungen, die wir mittels des von Mary Ainsworth entwickelten Testverfahrens durchführten, erfassten das Ausmaß, in dem das Kind fähig war, die Mutter als sichere Basis für die Erkundung der Spielsachen in einer fremden Umgebung zu nutzen, das Ausmaß des emotionalen Austauschs bei den beiden Partnern und die Leichtigkeit, mit der sich das Kind von der Bezugsperson trösten ließ, wenn es bekümmert war. Mit anderen Worten, diese Messungen zielten darauf, die Organisation oder die Wirksamkeit der Beziehung zwischen Kind und Bezugsperson im Hinblick auf die Gefühlsregulation des Kindes zu bestimmen.

Aus Waters Dissertationsstudie wussten wir bereits, dass sich diese Bindungsvariationen mittels der Sensitivität, Feinfühligkeit und Einstimmung der Bezugsperson im Umgang mit dem sechs Monate alten Baby vorhersagen ließen. Von daher war die dyadische Regulation, die wir bei den Kindern im Alter von zwölf Monaten beobachteten, tatsächlich ein Ergebnis der von der Bezugsperson orchestrierten Regulation beim sechs Monate alten Baby. Jetzt war die Frage, ob solche Muster Prognosen über die spätere Verhaltensorganisation zuließen oder ob wir einfach nur Merkmale der Bezugsperson oder vielleicht das Temperament des Kindes maßen, wie zahlreiche Kritiker vermuteten. Vielleicht brachten entspannte Mütter einfach entspannte Kinder zur Welt, und es hatte gar nichts damit zu tun, was zwischen den beiden passierte. Ich war definitiv anderer Meinung. Wir waren überzeugt, dass wir ihre Beziehung maßen, aber wir brauchten Nachweise.

Der nächste Schritt bestand darin, die Kinder in der Kleinkindphase zu untersuchen, der Übergangsphase, die zwischen dyadischer Emotionsregulation in der frühen Kindheit und der Selbstregulation des Vorschulalters liegt. Wir verwendeten zwei Hauptverfahren. Beim ersten wurde der Elternteil angewiesen, das Kind bei einem vorher festgelegten Signal dazu zu veranlassen, die Spielsachen wegzulegen und in einigen Regalen zu verstauen. Das Kind hatte mit den tollen Spielsachen nur zehn Minuten spielen dürfen, deshalb wollte praktisch kein Kind damit aufhören. Das stellte also die Fähigkeit zur Gefühlsregulation auf die Probe. Das andere Verfahren bestand aus einer Reihe von vier Problemsituationen mit Werkzeugen: Die ersten beiden Situationen waren leicht zu lösen, das dritte Problem war ein bisschen schwieriger und das vierte war für zweijährige Kinder nur mit Hilfe eines Erwachsenen zu bewältigen. Zu diesem vierten Problem, das meine Kollegen William Charlesworth und Mervin Bergman konzipiert hatten, gehörte, dass man das Ende einer Holzwippe nach unten drücken musste, um an eine Belohnung zu gelangen, die durch ein Loch in einer Box nach oben gedrückt wurde. Doch von dem Ort aus, von dem die Kinder die Holzwippe nach unten drückten, war die Belohnung außer Reichweite für sie. Sie mussten das Brett der Wippe mit einem Holzblock beschweren, der oben auf der Box lag und dann losgehen, um sich die Belohnung zu holen. Das übersteigt die kognitiven Fähigkeiten von Zweijährigen, deshalb würden sie bei dieser Aufgabe irgendwann Hilfe brauchen.

In diesen Situationen konnten wir genau beobachten, wie Eltern Unterstützung bei den Aufgaben leisteten und sowohl die emotionalen Hilfestellungen gaben als auch die Grenzen setzten, die die Kinder brauchten. Bei der Aufräum-Aufgabe waren emotional unterstützende Eltern klar und entschieden, aber nicht rigide. Beim Grenzensetzen rückten sie oft näher an das Kind heran und verwickelten es in einen kooperativen Prozess. Bei den Werkzeugproblemen ließen sie dem Kind genügend Raum, um eigene Lösungen zu finden, und gaben Hinweise und Unterstützung, die genau dem entsprachen, was das Kind brauchte, um erfolgreich weiterzumachen. Außerdem waren sie aufmerksam und emotional verbunden. Sie verhielten sich aktiver und stellten größere körperliche Nähe her, wenn das Kind Schwierigkeiten bekam. Sie sahen seine Frustration voraus und ergriffen Maßnahmen, um ihm bei der Aufrechterhaltung seiner Organisation zu helfen. Wenn das Kind ein Problem gelöst hatte, teilten sie seine Freude (»Toll gemacht! Du hast es geschafft!«). Die Gesamtheit dieses Verhaltens ist das, was wir mit »angeleiteter Selbstregulation« meinen. Die Bezugsperson tut, was notwendig ist, damit das Kind reguliert bleibt, während das Kind aktiv an der Aufgabe arbeitet.

Andere Eltern boten ihren Kindern wenig Unterstützung. Einige waren schlichtweg erfolglos, verpassten Signale oder zweifelten offenbar daran, dass sie das Kind überhaupt anleiten oder ihm helfen könnten. Einige wurden wütend oder reagierten mit Spott. Manche griffen zu schnell ein und lösten das Problem für das Kind, bevor es die Möglichkeit hatte, es selbst zu versuchen. Andere griffen zu spät ein, wenn das Kind bereits frustriert und völlig desorganisiert war, und reagierten dann gelegentlich mit Kritik oder Bestrafungen, was die Frustration des Kindes noch weiter verstärkte.

Als ich einige dieser Eltern beobachtete, kamen mir einige meiner eigenen Kindheitserfahrungen in den Sinn. Mir fiel insbesondere das Timing dieser Verhaltensweisen auf. Genau in dem Moment, in dem das Kind – weil es bereits überreizt war – besonders dringend die Anwesenheit einer entspannten, unterstützenden und beruhigenden Bezugsperson brauchte, reagierte der Elternteil häufig mit Strafe, Kritik oder Spott oder einer anderen Form zusätzlicher Stimulation, was dann das Fass zum Überlaufen brachte und zur Desorganisation führte. Es war wie praktischer Anschauungsunterricht in Regulationsproblemen! Auf so etwas war ich in der Literatur zur kindlichen Entwicklung noch nie gestoßen, und es erinnerte mich an meine eigenen Erfahrungen am Abendbrottisch. Kein Wunder, dass ich all das so klar erkannte. Ich hatte die einprägsame Erfahrung gemacht, dass ich, wenn ich überreizt war, noch überreizter wurde und schließlich unweigerlich zusammenbrach. Es war leicht, diesen Mechanismus bei anderen zu erkennen, und es war ein Muster, durch das sich spätere Regulationsprobleme, die unter der Bezeichnung Aufmerksamkeits-/Hyperaktivitätsstörung (ADHS) zusammengefasst werden, vorhersagen ließ.

Die Testverfahren verschafften uns auch einen guten Überblick über die Kinder. Wir konnten erkennen, wie gut sie Frustrationen ertrugen und angesichts von Schwierigkeiten weitermachten, wie sie Probleme angingen und wie kooperationsbereit und erfolgreich sie die Hilfe ihrer Eltern nutzten. Manche Kinder gingen mit Begeisterung und positiven Gefühlen an die Probleme heran. Manche legten die Belohnung sogar zurück in die Kiste, um das Problem ein zweites Mal zu lösen! Sie gaben sich große Mühe und probierten ausdauernd erst eine Strategie und dann eine andere aus. Wenn sie nicht weiterkamen, gelang es ihnen, die benötigte Hilfe zu suchen und ohne Gejammer oder Wutausbrüche auf die dargebotenen Vorschläge einzugehen. Andere Kinder zeigten in der Aufräum-Situation keinerlei Kooperationsbereitschaft und waren bei den Werkzeugproblemen passiv, frustriert und wütend. Manche versuchten gar nicht erst, das Problem zu lösen und warteten darauf, dass die Eltern es für sie übernahmen. Andere weigerten sich, elterliche Vorschläge zu befolgen. Einige wichen den Eltern nicht von der Seite, andere suchten überhaupt keine Hilfe bei den Eltern, obwohl sie ohne diese Hilfe nicht weiterkamen.

Die Ergebnisse dieser Studie waren glasklar. Diejenigen Kleinkinder, die man in der Säuglingszeit als sicher gebunden eingestuft hatte, waren jetzt tatsächlich zu einem autonomeren Verhalten fähig. Sie ließen sich mit mehr Begeisterung und positiven Gefühlen auf die Aufgaben ein. Sie bemühten sich angestrengt und ausdauernd um eine Lösung, ohne übertriebene Frustration zu zeigen, und sie reagierten kooperationsbereiter auf Vorschläge und Aufforderungen als Kinder mit unsicherem Bindungshintergrund. Sie zeigten, was Grazyna Kochanska als »engagierte Compliance« bezeichnet, das heißt, die Kinder befolgten elterliche Anregungen nicht aus Angst vor Strafe, sondern aus engagiertem Interesse für die Bewahrung einer harmonischen Beziehung zum Elternteil. Wenn sie doch einmal ansatzweise aus der Fassung gerieten, ließen sie sich schnell beruhigen und machten dann mit der Aufgabe weiter.

Das Verhalten der Mütter war ebenfalls vorhersagbar. Die Mütter der sicher gebundenen Säuglinge boten den Kindern jetzt mehr Unterstützung in den oben beschriebenen Formen, und sie zeigten viel seltener Desinteresse oder Feindseligkeit, wenn die Kinder Schwierigkeiten mit den Aufgaben hatten. Die Mütter und die Kleinkinder wurden von unterschiedlichen Beobachtern bewertet, die keinerlei Informationen über den Bindungshintergrund hatten. Von daher lassen sich diese Ergebnisse nicht durch die Voreingenommenheit der Beobachter erklären.

Die Befunde lieferten eine überzeugende Bestätigung der Bindungstheorie. Insbesondere zeigten diese Ergebnisse, dass die Bindungsmessungen von Ainsworth das Wesen der Beziehung zwischen Kind und Bezugsperson erfassten. Bei der Anwendung des Ainsworth-Testverfahrens richtet man den Fokus ausschließlich auf das Verhalten des Kindes, und doch lässt sich anhand dieser Messungen vorhersagen, wie das Verhalten von Mutter und Kind ein Jahr später ausfallen wird. Der Grund ist, dass das kindliche Verhalten die Geschichte der Interaktionen zwischen Elternteil und Kind widerspiegelt.

Eine Welle der Begeisterung erfasste unser Team, als sich die Ergebnisse dieser Untersuchungen allmählich abzeichneten. Schon damals spürten wir, dass Bowlbys Theorie einen Neuanfang in der Entwicklungspsychologie markierte, dass das gesamte Gebiet sich verändern würde und dass wir tatsächlich auf dem Weg waren, die Entwicklung der Persönlichkeit zu verstehen. Als Wissenschaftler soll man vorsichtig und kritisch bleiben, aber wir konnten uns des Gefühls nicht erwehren, dass die Varianten der Bindungsqualität, die wir in der frühen Kindheit beobachteten, sich die ganze Entwicklung hindurch auswirken würden.

Persönliche Lehren

Durch die Beobachtung der Regulationsmuster von Kleinkindern erweiterte sich mein Verständnis für meine eigene Entwicklung. Diejenigen Kleinkinder, die bei den Werkzeugproblemen schnell frustriert waren und Schwierigkeiten hatten, sich von ihren ineffektiven Eltern beruhigen zu lassen, erinnerten mich sehr stark an mich selbst. Wie es tatsächlich war, lässt sich nicht mit Sicherheit sagen, weil wir uns nicht wirklich erinnern können, wie wir in unseren frühen Kindheitsjahren behandelt wurden. Ich erinnere allerdings, dass ich im Vorschulalter und frühen Schulalter häufig frustriert war, und damit dann meine Mutter und meine Tante Minnie, die oft bei uns zu Besuch war, verärgerte. Zweifellos hätte ich eine andere Reaktion gebraucht, die nicht zur Dysregulation geführt hätte. Ich erinnere mich auch, dass ich als Kind von etwa acht oder neun Jahren beobachtete, wie meine Mutter mit Babys umging, einschließlich meiner eigenen kleinen Schwester. Sie machte das großartig und spielte auf sehr feinfühlige Weise mit ihnen. Mir kam der Gedanke, dass meine ausgeprägten Probleme mit der Frustrationstoleranz und Gefühlsregulation vielleicht zumindest teilweise auf die Kleinkindphase zurückzuführen waren, als ich kein Säugling mehr war, sondern ein kleiner Junge, der obendrein noch leicht verdrießlich und gereizt war. Diese Herausforderungen und dazu noch die Belastungen in der Ehe meiner Eltern machten es möglicherweise schwierig für meine Mutter, mir in jener Zeit das zu geben, was ich gebraucht hätte (und mein Vater hielt sich sehr wahrscheinlich aus allem heraus). Natürlich ist es möglich, sogar wahrscheinlich, dass meine Erfahrungen als Säugling und als Kleinkind wichtige Ursachen meiner Schwierigkeiten waren. Vielleicht herrschten andere Bedingungen, als meine Schwester ein Baby war, so dass meine Mutter besser auf sie eingehen konnte. Oder vielleicht hatte es auch damit zu tun, dass ich ein Junge war und sie ein Mädchen. Im weiteren Verlauf unserer Forschungen sollte ich auch in dieser Hinsicht neue Einsichten gewinnen.

Neue Fragen

An diesem Punkt in unserer Arbeit Mitte der 1970er Jahre gelangten einige andere Entwicklungspsychologen wie Jay Belsky und Eleanor Maccoby zu der Überzeugung, dass wir einer großen Sache auf der Spur waren. Dennoch blieben viele weiterhin skeptisch. Immerhin sprachen wir bislang nur über Entwicklung bis zum Alter von zwei Jahren. Würden diese Effekte anhalten? Außerdem waren die Mütter bei beiden Einschätzungen anwesend gewesen. Vielleicht erklärt sich die Begeisterung und Kooperationsbereitschaft einiger Kinder einfach dadurch, dass die Mutter so gute Arbeit leistet und ihnen erfolgreich bei den Problemen hilft. Vielleicht hat das Ganze gar nichts mit der früheren Bindungsbeziehung zu tun. Oder vielleicht ist auch alles wieder eine Frage der Vererbung – mit anderen Worten, vielleicht liegt es an den gemeinsamen Genen, dass kompetente Eltern kompetente Säuglinge und Kleinkinder haben.

Wir waren in der Lage, einen Teil dieser Fragen sehr schnell zu beantworten. Wir begleiteten die Kinder aus Waters Mittelschichtsstichprobe und eine weitere Mittelschichtsgruppe in den Kindergarten, wo unabhängige Beobachtungen zeigten, dass die Kinder mit sicherem Bindungshintergrund emotional positiver und sozial kompetenter waren als Kinder mit unsicherem Bindungshintergrund. Dieses Ergebnis widerlegte ziemlich eindeutig die These, dass die beobachtete Vorhersagbarkeit des Verhaltens auf die Anwesenheit der Eltern zurückzuführen sei. Damit waren wir in unserer Arbeit jetzt bei den Fünfjährigen angelangt. Auch wenn Fünfjährige in entwicklungsmäßiger Hinsicht Lichtjahre von Einjährigen entfernt sind, könnte man immer noch argumentieren, dass die Effekte früher Bindungserfahrungen mit der Zeit verblassen (und einige prominente Psychologen führten genau dieses Argument an).

Auch war es möglich, dass die Theorie ausschließlich für eine der Mittelschicht angehörende Untergruppe der Bevölkerung galt. Das Wichtigste war, dass viele entscheidende Merkmale des Lebens und der Entwicklung noch nicht mit eingeschlossen waren. Vielleicht ließen sich all diese Ergebnisse auf einen bislang nicht gemessenen Einfluss zurückführen. In unseren ersten Studien gab es keine Messungen des elterlichen IQs, der familiären Lebensbelastungen, der sozialen Unterstützung, der elterlichen Persönlichkeit, des Temperaments des Kindes, der pränatalen Versorgung oder anderer potenzieller Einflüsse auf die Entwicklung. Wir brauchten also eindeutig eine neue Art von Studie, eine großangelegte, umfassende Untersuchung. Die Studie müsste gleich bei der Geburt ansetzen und die Entwicklung einer größeren Anzahl von Kindern und ihrer Eltern über einen längeren Zeitraum sehr genau verfolgen. Das geschah durch die Minnesota-Längsschnittstudie zu Risiken und Anpassung von der Geburt bis zum Erwachsenenalter (Minnesota Longitudinal Study of Risk and Adaptation), die 1974 ihren Anfang nahm.

KAPITEL 5

Die Minnesota-Studie zur Entwicklung der Persönlichkeit

Freud war auf eine tiefe Wahrheit über den Menschen gestoßen. Der menschliche Geist ist von Anfang bis Ende unfähig, sich selbst von seinen Erfahrungen zu trennen und kann nur auf ihnen aufbauen.

Norma Rosen

Wie so häufig im Laufe der Jahre spielte auch bei der Entfaltung dieses Forschungsprojektes und meiner Karriere ein Zufallsereignis eine große Rolle. Im Jahr 1973 kam ein schulpsychologischer Wissenschaftler namens Byron Egeland von der Syracuse University an die University of Minnesota. Egeland interessierte sich dafür, wie man die Merkmale kleiner Kinder messen und wie man ermitteln kann, was unterschiedliche Kinder in die Schulumgebung mitbringen. Vor allem interessierte er sich für die Folgen früher Misshandlungserfahrungen. Wie der Zufall es wollte, brachten unsere gemeinsamen Interessen uns im Folgejahr zusammen, und so begann eine vierzigjährige Zusammenarbeit – die Minnesota Längsschnittstudie zu Risiken und Anpassung von der Geburt bis zum Erwachsenenalter, eine umfassende Untersuchung der individuellen Entwicklung. Dazu sind einige Hintergrundinformationen erforderlich.

Ende der 1960er Jahre hörte man immer öfter die These, dass Kinder das Verhalten ihrer Eltern viel stärker beeinflussen als umgekehrt. Das führte zu einem traurigen Tiefpunkt in der Haltung gegenüber der Misshandlung von Kindern, als zwei Wissenschaftsautoren ein Papier herausbrachten, das nahelegte, Kinder seien selbst für ihren Missbrauch oder ihre Misshandlung verantwortlich. Der

Artikel erschien in *Psychology Today*, damals eine viel gelesene Zeitschrift, und erregte einiges Aufsehen. Nach Ansicht der Autoren riefen manche Kinder aufgrund ihrer erblichen Veranlagung bei den Eltern ein Missbrauchsverhalten hervor. Die Autoren hatten weder Daten, die derartige genetische Einflüsse belegten, noch Daten dafür, dass sich anhand irgendwelcher gemessener Unterschiede bei Säuglingen ein Missbrauch vorhersagen ließ. Vielmehr stützten sie ihre Idee auf die Beobachtung, dass misshandelte Kinder später mitunter auch von Pflegeeltern misshandelt wurden, sowie auf die allgemeinere Binsenweisheit, dass Eltern unterschiedliche Kinder, einschließlich Geschwister, unterschiedlich behandeln. Davon ausgehend gelangten sie mit einem großen Sprung zu ihrer Schlussfolgerung, dass die Kinder die Misshandlungen selbst verursachten.

Die Argumentation dieses Artikels wies gravierende Mängel auf. Natürlich behandeln Eltern ihre Kinder unterschiedlich, und das ist auch gut so. Eltern reagieren entsprechend der unterschiedlichen Bedürfnisse und Stimmungen ihrer Kinder, aber das ist etwas völlig anderes als die Behauptung, dass einige Kinder zum Missbrauch oder zur Misshandlung herausfordern. Zu argumentieren, dass wiederholte Misshandlungen ein Beweis dafür seien, dass bestimmte Kinder geborene Missbrauchsopfer seien, ist sowohl unlogisch als auch entwicklungspsychologisch naiv. Es ist mindestens genauso plausibel, dass Misshandlungserfahrungen zu negativen Beziehungserwartungen und einer eingeschränkten emotionalen Regulationsfähigkeit führen. Es sollte niemanden überraschen, dass Kinder, die misshandelt wurden, schwierig im Umgang sind. Wie einer meiner Kollegen gern zu sagen pflegte, entsprach die Argumentation dieser Autoren dem Motto »Giving bull a bad name«*.

Schon bevor diese Denkweise auftauchte, war Egeland sehr besorgt über die schlechte Qualität der Forschung zu Ursachen und Folgen von Kindesmisshandlungen. Ein populäres Buch jener Zeit gelangte zu dem Schluss, dass Misshandlung keinerlei negative Folgen für die Kinder hätte, da sich der IQ von missbrauchten Kindern

* (Anm. d. Red.) Amerikanisches Sprichwort; gemeint ist hier, dass die Argumentation dieser Autoren darauf hinaus lief, die betroffenen Kinder in Verruf zu bringen und sie selbst für ihre Lage verantwortlich zu machen.

in der Regel nicht vom IQ anderer Kinder unterschied. (Das ist ein Beispiel für die Überbewertung des IQs in der Psychologie, so als könnte es überhaupt keine Probleme geben, solange der IQ nicht eingeschränkt ist.) Niemand hatte eine detaillierte Studie durchgeführt, in der die Geschichte der Eltern, ihre Persönlichkeit, ihre Erwartungen und ihr Verständnis für Kinder sowie die vielen Aspekte des Kontextes, in denen Eltern agieren, untersucht und in Verbindung mit der pränatalen Geschichte, dem neurologischen Status bei der Geburt, gesundheitlichen Problemen und dem Temperament des Kindes betrachtet wurden. Niemand hatte ein breites Spektrum an Ergebnissen erforscht. Mit anderen Worten, es gab keine umfassende Studie. Nur durch eine derartige Untersuchung konnte geklärt werden, ob ein späterer Missbrauch durch elterliches Verhalten, chronischen Stress, frühkindliche Merkmale oder andere Faktoren vorhersagbar ist. Und nur eine derartige Studie konnte erste Erkenntnisse über die Folgen von Missbrauch und Misshandlung erbringen. Egeland gewann die Unterstützung unseres Studenten Dante Cicchetti, der sich außerordentlich gut in der Literatur über Kindesmisshandlungen auskannte, und gemeinsam erhielten sie ein Forschungsstipendium vom neu gegründeten National Center on Child Abuse and Neglect, um genau so eine Studie in die Wege zu leiten.

Wir hatten das Glück, dass die Bindungsmessung, mit der wir arbeiteten, zur Verfügung stand, als Egeland seine Studie konzipierte. Außerdem entsprach die Art von Stichprobe, die er rekrutierte, genau der Gruppe von in Armut aufwachsenden Kindern, die wir als Nächstes untersuchen wollten. Es passte einfach alles perfekt zusammen, und so begann unsere Zusammenarbeit. Egeland borgte sich zwei weitere Doktoranden aus meinem Projekt aus, Brian Vaughn und Everett Waters, um mit der Datensammlung zu beginnen. Vaughn und Waters waren bereits versiert darin, die elterliche Feinfühligkeit und Responsivität mittels des Ainsworth-Verfahrens und Beobachtungen in der häuslichen Umgebung zu bestimmen. Sie konnten andere in den Methoden schulen und die Sammlung dieser entscheidenden Informationen überwachen. Außerdem reisten die beiden nach Boston, um sich von dem Kinderarzt Berry

Brazelton in seiner Methode zur neurologischen Beurteilung Neugeborener ausbilden zu lassen. Von weiteren Forschungsteams wurden Messinstrumente für das frühkindliche Temperament, elterliche Erwartungen und Persönlichkeit sowie für familiären Stress und soziale Unterstützung übernommen, und so kam die Studie in Gang.

Das ursprüngliche Studiendesign war nur auf die frühe Kindheit ausgelegt, aber die Ergebnisse brachten so viele Aufschlüsse über die Ursachen und frühen Auswirkungen von Misshandlungen, dass neue Fördermittel für die Vorschuljahre beantragt wurden. Dann mussten wir natürlich den Werdegang der Kinder in der Schule und letztendlich durch Kindheit und Adoleszenz weiterverfolgen. Wir haben nicht einmal aufgehört, als sie erwachsen wurden, Partnerschaften eingingen und selbst Kinder bekamen. Heute sind sie über 40, und die Studie läuft immer noch.

Merkmale der Minnesota-Studie zu Risiken und Anpassung

Die Minnesota-Studie zeichnete sich durch einige einzigartige, wirklich beispiellose Merkmale aus. Zum einen war es eine Untersuchung von Kindern, die in Armut geboren wurden. Vorher hatten sich größere Entwicklungsstudien überwiegend mit Mittelschichtsfamilien beschäftigt. Wir und andere Forscher nach uns stellten fest, dass die Art von Armut, wie sie meine Familie mütterlicherseits erlebte, tatsächlich mit mehr Stress, mehr Härten und mehr Kindesmisshandlungen verbunden ist als in Mittelschichtsfamilien. Trotzdem kommen einige Familien natürlich trotz Armut sehr gut zurecht. Das waren ideale Voraussetzungen für uns, um die Gründe zu erforschen, die zu einem besseren oder schlechteren Entwicklungsverlauf führen.

Es gab noch weitere wichtige Merkmale. Wir hatten eine angemessene Anzahl von Kindern (am Anfang 250 und 40 Jahre später immer noch 170), so dass wir vielfältige Einflüsse erforschen und trotzdem jedes Kind und jede Familie sehr genau untersuchen konnten. Die Studie begann vor der Geburt und umfasste zahlreiche detaillierte

Einschätzungen in den ersten Wochen und Monaten des Lebens. Im Alter von 18 Monaten hatten in jedem Einzelfall elf direkte Beobachtungen stattgefunden. Niemand hatte je zuvor eine so gründliche Untersuchung bei mehr als einer Handvoll Kinder durchgeführt.

Die Studie war detailliert und umfassend. Wir erforschten alle Aspekte der kindlichen Entwicklung: kognitive Entwicklung, Sprachentwicklung, schulische Leistung, soziales Verhalten, Beziehungen zu Gleichaltrigen und viele weitere Faktoren. Wir setzten viele verschiedene Messmethoden für Temperament, schulische Leistung und Verhaltensprobleme ein. Wir nahmen häufig Messungen des elterlichen Verhaltens gegenüber den Kindern vor, und wir bewerteten die Haltungen, Erwartungen und individuellen Merkmale der Eltern, einschließlich Persönlichkeit, Bildungsgrad und Intelligenz. Außerdem nahmen wir immer mehrere Blickwinkel ein. Wir verwendeten Interviews, Berichte verschiedener Leute und direkte Beobachtungen. Alle Messungen erfolgten unabhängig voneinander und von anderen Zeiträumen, um jede Voreingenommenheit auszuschließen. Das bedeutet, dass die Kinder in jeder Altersstufe von neuen Personen beurteilt wurden. Testleiter, Beobachtende, ErzieherInnen, LehrerInnen und BetreuerInnen erhielten keine zusätzlichen aktuellen oder früheren Informationen zu den Kindern. Bei dem im vorangegangenen Kapitel beschriebenen Test mit den Werkzeugproblemen zum Beispiel wurden die Kinder und die Eltern von unterschiedlichen Personen bewertet und keine von ihnen wusste etwas über frühere Bindungsmessungen oder andere Testergebnisse.

Ich erzähle all diese Dinge, weil sie wichtig für die Bewertung unserer Ergebnisse sind, ebenso wie für die Bewertung aller anderen Studienergebnisse, von denen Sie hören. Es werden ständig Behauptungen aufgestellt, doch um eine Behauptung bewerten zu können, muss man wissen, ob und welche anderen Einflüsse berücksichtigt und miteinbezogen wurden. Hier ein paar Beispiele: Man hat behauptet, dass die Masernimpfung Autismus verursacht; dass Erwachsene, die ein Kind gegen seinen Willen festhalten, Verhaltensprobleme und »Bindungsstörungen« heilen; oder dass Kinder durch harte körperliche Bestrafungen lernen, sich respektvoll und gesittet zu verhalten. Für keine dieser Behauptungen liegen Nachweise aus kontrollierten Studien vor, und alle tatsächlich existierenden Nachweise widerlegen jede einzelne dieser Thesen.

Werfen wir jetzt einen Blick auf eine Behauptung unserer Studie. Wir haben zum Beispiel festgestellt, dass sich anhand von Messungen des elterlichen Verhaltens in den ersten drei Lebensjahren des Kindes – lange vor Schulbeginn – mit 77-prozentiger Genauigkeit vorhersagen ließ, welche dieser Kinder schließlich die Schule abbrechen würden. Das ist ein verblüffendes Ergebnis. Bevor man diesen Befund akzeptiert, könnte man allerdings mehrere Fragen stellen. Eine Frage wäre, woher man weiß, dass es nicht einfach daran liegt, dass schlauere oder besser gebildete Eltern schlauere Kinder haben, die die Schule natürlich nicht schmeißen. Wir wissen das, weil wir diese Einflussfaktoren gemessen und kontrolliert haben. Tatsächlich war ein niedriger kindlicher IQ kein guter Prädiktor für einen späteren Schulabbruch, vor allem verglichen mit Messungen des elterlichen Verhaltens in der frühen Kindheit. Im Allgemeinen brechen Kinder die Schule nicht deshalb ab, weil sie dumm sind. Man könnte auch fragen, woher man weiß, dass das frühe Elternverhalten so wichtig war, um eine Grundlage für den schulischen Erfolg zu schaffen. Vielleicht gelingt es Eltern, die es nicht schaffen, ihre kleinen Kinder zu unterstützen, auch später nicht, ihre Kinder zu unterstützen, und dieses spätere Elternverhalten ist ausschlaggebend dafür, dass die Kinder die Schule abbrechen. Natürlich ist auch das Elternverhalten in den späteren Jahren der Kindheit wichtig, aber auch wenn man statistische Techniken nutzt, um diesen Faktor zu berücksichtigen, lässt das frühe elterliche Verhalten dennoch zuverlässige Prognosen zu. Ob Kinder glauben, dass sie wertvoll sind, dass sie Probleme erfolgreich lösen, dass sie wirksam handeln können und dass sie nötigenfalls die Hilfe anderer in Anspruch nehmen können, sind allesamt Überzeugungen, die sich lange vor der Einschulung herausbilden, und diese Merkmale sind offenbar von entscheidender Bedeutung.

In späteren Kapiteln finden sich zahlreiche Beispiele für den Wert einer umfassenden Studie. An dieser Stelle möchte ich mich mit einem einzelnen weiteren Beispiel begnügen: Viele Menschen haben argumentiert, dass Kinder, die Probleme mit der Aufmerksamkeit, der Impulskontrolle oder der Selbststeuerung haben, an einer angeborenen Störung namens ADHS (Aufmerksamkeitsdefizit-/Hyperaktivitätsstörung) leiden. Zu Beginn meiner beruflichen Laufbahn habe auch ich diese Ansicht geteilt. In meinen Kursen führte ich als Beweis die sogenannte »paradoxe Medikamentenwirkung« an, das heißt die Idee, dass stimulierende Medikamente bei hyperaktiven Kindern beruhigend wirken, weil ihr Gehirn anders funktioniert.

Stimmte das alles? Die Frage hatte möglicherweise besonderes Interesse für mich, weil ich viele der Merkmale besaß, die unter dieses Etikett fallen, was für sehr viele ängstliche, bekümmerte und unreife Jungen gilt. Vielleicht wurde ich nicht in diese Schublade gesteckt, weil ich gut in der Schule war und den Lehrern keine Probleme bereitete, aber ich war zweifellos »hyperaktiv«. Ich war nervös, kaute auf den Nägeln, zappelte auf meinem Stuhl, war immer auf dem Sprung und es hieß, dass ich zu laut redete (mein Vater zuckte gelegentlich zusammen).

Woher wissen wir also, dass dieses (oder irgendein anderes) Problem ein neurologisches Defizit widerspiegelt, mit dem das Kind geboren wurde? Sicher nicht, indem wir die Physiologie oder Hirnaktivität eines Kindes messen, das diese Diagnose erhalten hat. Natürlich besteht ein Zusammenhang zwischen Verhalten und Hirnaktivität. Diese Kinder haben Mühe, sich zu konzentrieren und gut aufzupassen; von daher liegt es auf der Hand, dass ihr Gehirn bei langweiligen Aufmerksamkeitstests anders aufleuchtet. Wie könnte es anders sein? Doch sowohl die Verhaltensauffälligkeit als auch die Neurophysiologie könnten ein Ergebnis von Erfahrung sein.

Die Ursache des Problems lässt sich nur finden, wenn man eine umfassende Studie durchführt, die mit der Geburt beginnt und dann eine Fülle von unterschiedlichen Messungen vergleicht. Möglicherweise haben frühe Messungen des neurologischen Status oder des Temperaments einen prognostischen Wert für ADHS (und sogar für damit verbundene Probleme des elterlichen Verhaltens). Aber solche Messungen müssen zu diesem frühen Zeitpunkt vorgenommen werden. Erstaunlicherweise hatte niemand je eine solche Studie durchgeführt. Als wir es taten, stellten wir fest, dass sich anhand des frühkindlichen Temperaments, der pränatalen Versorgung und des neurologische Status des Neugeborenen *keine* ADHS-Prognose stellen ließ. (Später zeigten wir, dass auch keines der Gene, die angeblich ADHS hervorrufen, dies in unserer Studie taten.) Hingegen stellten wir fest, dass der Grad der familiären Stressbelastung, ein Mangel an sozialer Unterstützung und verschiedene Fürsorgemuster (vor allem intrusive, überstimulierende Interaktionsformen, die bereits im Alter von sechs Monaten einsetzten) durchaus Prädiktoren für ADHS waren. Nichts von dem, was ich ursprünglich für wahr gehalten hatte, bestätigte sich, nicht einmal die Idee der paradoxen Medikamentenwirkung. Studien haben gezeigt, dass Stimulanzien den Herzschlag bei Kindern, die das Etikett ADHS erhalten haben, erhöhen und ihren Appetit verringern – so wie bei jedem Menschen. Für eine Weile steigern sie tatsächlich die Konzentrationsfähigkeit, so wie ebenfalls bei jedem von uns. Studien sind jedoch durch die Bank daran gescheitert, langfristige Vorteile dieser Medikamente für die Schulleistung, für Beziehungen zu Gleichaltrigen oder irgendeinen anderen Bereich zu belegen. Das alles hat zwar meinen Glauben an die wissenschaftliche Forschung bestärkt, aber ich wünschte, ich könnte noch einmal mit all den Studierenden sprechen, die ich Anfang der 1970er Jahre unterrichtete, und mich für meine damalige Unwissenheit entschuldigen.

Es gibt viele Entwicklungspfade, die zu Störungen wie zum Beispiel ADHS führen können. Einige Kinder werden sicherlich mit neurologischen Problemen geboren und auf eine Untergruppe von ihnen wird eine ADHS-Diagnose zutreffen. Dennoch war in unserer Studie die klare Mehrheit der Kinder, die ADHS-Symptome zeigte und/oder stimulierende Medikamente erhielt (mit wenig langfristigem Nutzen), nicht mit ADHS geboren. Sie haben diese Probleme in Reaktion auf ihre Lebensumstände entwickelt. Gut möglich, dass das auch bei mir der Fall war.

Ein weiteres Merkmal der Studie war unsere Aufmerksamkeit für die Lebensumstände der Familien. Dabei wurden wir von Arnold Sameroff beeinflusst, der gerade sein »Transaktionsmodell« der Entwicklung eingeführt hatte ebenso wie von dem »ökosystemischen Ansatz« nach Urie Bronfenbrenner. Diese Ansätze beziehen vielschichtige Kontextebenen mit ein und gehen davon aus, dass Kind und Umwelt sich kontinuierlich wechselseitig beeinflussen.

Aus unserer Sicht bietet elterliches Verhalten den Kontext für die kindliche Entwicklung, aber die Qualität des elterlichen Verhaltens wird wiederum durch den Umgebungskontext der Familie beeinflusst. Ein Prädiktor für die Qualität des Elternverhaltens in unserer Studie war zum Beispiel ihre eigene Entwicklungsgeschichte. So zeigte etwa eine Doktorarbeit von David Morris, dass die Eltern in unserer Studie ihre Kinder bei dem Test mit den Werkzeugproblemen umso besser unterstützen konnten, je besser das Familienleben in ihrer eigenen Kindheit organisiert gewesen war (hatte die Familie zusammen zu Abend gegessen; gab es klare Verpflichtungen und Regeln usw.). Die Qualität des elterlichen Verhaltens ließ sich auch anhand der aktuellen Lebensumstände unserer Studieneltern voraussagen. Wir haben laufend den Stress gemessen, dem die Familien ausgesetzt waren, ebenso wie den Grad der ihnen zur Verfügung stehenden sozialen Unterstützung, und haben festgestellt, dass beide Einflüsse enorm wichtig waren.

Anhand von Veränderungen in der familiären Stressbelastung und sozialen Unterstützung ließen sich zum Beispiel regelmäßig Veränderungen im Verhalten des Kindes vorhersagen. Zur Veranschaulichung: Die meisten Kinder, die man im Alter von zwölf Monaten als unsicher gebunden einstuft, zeigen auch mit 18 Monaten ein unsicheres Muster, wie wir in dieser Studie bestätigt haben. Dennoch stellten wir bei einigen unsicher gebundenen Kindern auch fest, dass sie im Alter von 18 Monaten eine sichere Bindung entwickelt hatten. Als stärkster Vorbote für eine derart positive Veränderung erwies sich eine Verringerung der familiären Stressbelastung während dieses Zeitraums. Eltern, die unter weniger Stress leiden, können feinfühliger auf ihre Kinder eingehen, die dann ihrerseits mehr Sicherheit gewinnen können. Desgleichen zeigen viele Kinder mit unsicherer Bindung in der frühen Kindheit auch Verhaltensprobleme im Kindergarten oder in der Vorschule, aber einige nicht. Der stärkste Prädiktor für diese positive Veränderung war ein Anwachsen der sozialen Unterstützung, die den Eltern in den dazwischenliegenden Jahren zur Verfügung stand.

Diese Ergebnisse waren aus zwei Gründen sehr bedeutsam für uns. Erstens wollten wir wissen, wie man Kindern helfen kann, und derartige Befunde eröffnen wichtige Interventionsansätze. Zweitens wirken diese Ergebnisse der Neigung entgegen, Schuldvorwürfe gegen die Eltern, einschließlich meiner eigenen, zu erheben, was nicht nur kontraproduktiv, sondern auch ungerecht wäre. Dieses Wissen hat mir geholfen, mehr Verständnis für meine Eltern aufzubringen und zu erkennen, dass ihre Unzulänglichkeiten angesichts der Härten in ihrem Leben gar nicht so schlimm waren. Verständnis ist Schuldzuweisungen weit überlegen. Versteht man die große Bedeutung der sozialen Unterstützung, wird klar, dass wir alle Verantwortung für das Wohl von Kindern tragen. Die meisten Eltern geben ihr Bestes und tun alles, was ihnen angesichts der Unterstützung, die ihnen zur Verfügung steht, möglich ist. Wir als Gesellschaft müssen viel mehr tun, um Eltern und Kinder zu unterstützen, als wir es in der Vergangenheit und insbesondere in den letzten Jahren getan haben.

Frühe Entdeckungen

Diese Merkmale der Studie, die zu Beginn festgelegt und die gesamte Untersuchung hindurch bewahrt wurden, haben sich bewährt. Schon in den ersten beiden Jahren haben wir Dinge gelernt, die weitreichende Auswirkungen auf den Bereich der Entwicklungspsychologie haben sollten. Die Antwort auf Egelands Frage, ob Kindesmisshandlung vorhersagbar ist, war ein klares Ja! Die groben Maße, die man in der Vergangenheit angewandt hatte, wie elterliche Psychose oder niedriger IQ, erlaubten keine zuverlässigen Vorhersagen. Von prognostischem Wert waren dagegen unsere Messungen der verzerrten elterlichen Erwartungen, des mangelnden Verständnisses für den Säugling, der hohen Stressbelastung und der geringen sozialen Unterstützung sowie der eigenen Entwicklungsgeschichte der Eltern.

Im Hinblick auf unsere Frage, ob wir bei der Gruppe von Kindern aus einkommensschwachen Familien ähnliche Ergebnisse über die

Ursprünge und Folgen von Bindung erhalten würden wie bei unserer früheren Stichprobe aus der Mittelschicht, war die Antwort ebenfalls ein eindeutiges Ja. Wieder erlaubten die elterliche Responsivität und Feinfühligkeit in den ersten sechs Lebensmonaten des Kindes Vorhersagen über die Bindungssicherheit im Alter von einem Jahr; das gleiche galt für die familiäre Stressbelastung und die soziale Unterstützung. Genauso wie bei der Stichprobe aus der Mittelschicht ließ sich durch die Unterschiede in der Bindungsqualität auch prognostizieren, wie sich Mütter und zweijährige Kinder beim Testverfahren der Werkzeugprobleme verhalten würden.

Bei der Armutsstudie führten wir bei den Zweijährigen eine neue Bewertungsskala ein, die wir »die Erfahrung des Kindes in der Sitzung« nannten. Diese Skala ermöglichte dem Beurteilenden, die gesamte Werkzeugproblemsitzung zu beobachten und dann eine zusammenfassende Bewertung darüber abzugeben, wie positiv oder negativ das Erleben des Kindes während dieser Aufgaben gewesen war. Das obere Ende der Skala entsprach einer sehr positiven Problemlöseerfahrung. Wäre diese Situation ein Mikrokosmus der täglich gelebten Erfahrungen des Kindes, würde sie dazu führen, dass das Kind darauf vertraut, Herausforderungen meistern zu können, dass es Freude an Entdeckungen hat und fest davon überzeugt ist, auf Unterstützung zählen zu können. Der niedrigste Skalenwert wurde vergeben, wenn das Kind eine niederschmetternde Erfahrung machte, die positive Gefühle bezüglich des Selbst und jedes Gefühl von Selbstwirksamkeit zunichte machte und das Kind daran zweifeln ließ, dass es Hilfe finden würde. Bei diesen Werten bestand nicht nur ein starker Zusammenhang mit dem Bindungshintergrund; sie hatten auch prognostischen Wert für Unterschiede der Funktionsfähigkeit in den kommenden Jahrzehnten.

Weder durch den elterlichen IQ noch durch das kindliche Temperament ließen sich die spätere Bindungsqualität oder die Ergebnisse im Alter von zwei Jahren vorhersagen. Manchmal wird nicht verstanden, warum das kindliche Temperament nicht mit der Bindung zusammenhängt. Doch Bindung und Temperament sind sehr unterschiedliche Konzepte. Sie wirken auf verschiedenen Ebenen. Das wird klar, wenn man versteht, was mit sicherer Bindung gemeint ist und wie die Bindungsbewertungen durchgeführt werden. Sicher gebunden zu sein bedeutet, dass das Kind auf die Verfügbarkeit und Feinfühligkeit der Eltern vertraut. Ein Kind mag sehr aktiv oder weniger aktiv sein, leicht oder schwer erregbar – zwei Schlüsseldimensionen des Temperaments – und kann dennoch Vertrauen zur Bezugsperson haben.

Solche Unterschiede zeigen sich bei Ainsworths Fremde-Situations-Test. Einige sicher gebundene Babys sind vorsichtiger und brauchen mehr Kontakt, um sich sicher zu fühlen, aber sie suchen den Kontakt, den sie brauchen und lassen sich schnell beruhigen (weil sie wissen, dass der Kontakt zur Bezugsperson erfolgreich wirken wird). Andere sicher gebundene Kinder geraten durch das Verfahren überhaupt nicht in Stress und suchen keinen körperlichen Kontakt. Doch sie zeigen ihre Verbindung zur Bezugsperson, indem sie sie nach den kurzen Trennungen begrüßen und aktiv in eine Interaktion verwickeln. Eltern erzeugen dieses Vertrauen, indem sie prompt und angemessen auf die Bedürfnisse des einzelnen Kindes eingehen. Wenn ein Kind schnell übererregt ist, wird eine feinfühlige Bezugsperson ihr Verhalten so anpassen, dass sie das Baby nur leicht stimuliert und für sanfte Übergänge sorgt. Von daher gilt also, dass das Temperament durchaus wichtig ist; es bestimmt einige Variationen in der *Art* der Responsivität, die unterschiedliche Kinder brauchen. Doch alle Kinder brauchen aufmerksame Responsivität; das ist die Grundlage von Vertrauen und Sicherheit. Inzwischen haben mehrere Studien gezeigt, dass zwischen Temperament und Bindungssicherheit kein Zusammenhang besteht.

Erwartungsgemäß haben wir zudem festgestellt, dass Misshandlungen von Säuglingen im Zusammenhang mit unsicherer Bindung standen. Eine Form der Misshandlung, die als körperliche Vernachlässigung bezeichnet wird (wenn die Grundbedürfnisse des Kindes nicht erfüllt werden und die Fürsorge willkürlich erfolgt), stand im Zusammenhang mit unsicher-ambivalenter (resistenter) Bindung, dem Muster, bei dem das Kind sich nur schwer von der Bezugsperson beruhigen lässt, trotz Trost weiterhin quengelt oder sich sogar gegen den Kontakt wehrt. Körperliche Misshandlung und vor allem eine Form der Misshandlung, die Byron »emotionale Unerreichbarkeit«

genannt hat, standen im Zusammenhang mit der unsicher-vermeidenden Bindung, bei der das Kind keinen Kontakt zur Bezugsperson sucht, obwohl offensichtlich ist, dass es diesen Kontakt braucht.

Desorganisierte Bindung

Die drei von Mary Ainsworth beschriebenen Bindungsmuster – sicher, unsicher-ambivalent (resistent) und unsicher-vermeidend – sind alle »organisiert«. Das heißt, es sind allesamt kohärente und verständliche Reaktionsweisen. Sie lassen sich als Formen der Anpassung an bestimmte Arten von Erfahrung beschreiben. Die als sicher gebunden eingestuften Kinder haben die Erfahrung feinfühliger Fürsorge gemacht, deshalb erwarten sie, dass die Bezugsperson verfügbar ist und feinfühlig auf sie eingeht; das zeigen sie, indem sie frei und ungezwungen spielen, wenn kein äußerer Stress besteht, und indem sie den Kontakt zur Bezugsperson und deren Nähe suchen, wenn der Stress zunimmt. Die unsicher-ambivalent (resistent) gebundenen Kinder, die die Erfahrung unbeständiger, zufälliger oder chaotischer Fürsorge gemacht haben, können sich nicht auf die Aufmerksamkeit und Feinfühligkeit einer Bezugsperson verlassen und sind daher sogar bei geringer Stressbelastung ängstlich auf sie fixiert und misstrauisch gegenüber der fremden Person. Es ist vollständig vorhersagbar, dass sie durch die Trennungen stark gestresst sind und sich nur schwer beruhigen lassen. Da sie davon ausgehen, dass die Bezugsperson sie möglicherweise nicht »hört«, müssen sie sich bei der leichtesten Provokation laut bemerkbar machen und durch ihr »schreiendes« Verhalten auf sich aufmerksam machen. Diese Verhaltensorganisation ist so ausgeprägt, dass wir die Reaktionen der Kinder anhand ihrer Schwierigkeiten häufig bereits vor der Trennung und den Wiedervereinigungen prognostizieren können. Wie im letzten Kapitel ausgeführt, liegt bei der unsicher-vermeidenden Gruppe schließlich eine Organisation vor, die das Gegenteil der sicher-gebundenen Gruppe ist: Sobald der Stress während des Testverfahrens zunimmt, suchen diese Kinder *weniger* Kontakt und vermeiden größere Nähe. Da sie die Erfahrung gemacht haben, dass sie immer wieder zurückgewiesen wurden, wenn sie Nähe suchten, haben sie gelernt, sich von ihren Gefühlen abzuschneiden. Mary Main hat darauf hingewiesen, dass diese »Strategie« sie davor bewahrt, die ablehnende Bezugsperson noch weiter zu verärgern, und sie vor dem Schmerz der Ablehnung schützt. Dieses Verhalten lässt die Möglichkeit offen, dass ihre Bezugsperson ihnen in dringenden Notfällen vielleicht doch hilft (was sie aller Wahrscheinlichkeit nach tun würde).

Von daher sind sichere Bindungsmuster – ebenso wie beide Muster der unsicheren Bindung – organisiert. Es gibt allerdings einige Umstände, in denen es schwierig, wenn nicht unmöglich für ein kleines Kind ist, ein organisiertes Bindungsmuster zu formen oder aufrechtzuerhalten. So haben insbesondere Mary Main und Erik Hesse argumentiert, dass dies unmöglich für das Kind ist, wenn die Bezugsperson furchterregend ist. Ein kleines Kind, das sich ängstigt, hat die angeborene Neigung, vor der Quelle der Angst zu *fliehen* und *die Nähe* einer Bindungsperson zu *suchen*. Wenn die Bindungsperson selbst die Quelle der Angst ist, steht das Kind vor einem unlösbaren Widerspruch. Es kann nicht beides tun und verstrickt sich dann in der Fremden Situation in eine Vielzahl widersprüchlicher und seltsam anmutender Verhaltensweisen (fängt an, sich um die eigene Achse zu drehen, wirft sich flach auf den Boden, nähert sich dem Elternteil mit abgewandtem Kopf usw.). Es gibt keine organisierte »Strategie«, die das Problem löst.

Mit Hilfe eines von Mary Main und Judith Solomon entwickelten Scoring-Systems waren wir in der Lage, unsere Videoaufzeichnungen im Hinblick auf die »desorganisierte Bindung« neu auszuwerten. Wir stellten fest, dass sich dieses Muster durch grobe Unsensibilität, körperliche Misshandlung und emotionale Unerreichbarkeit prognostizieren ließ. Viele weitere Wissenschaftler haben dieses Ergebnis bestätigt. Neuere Untersuchungen, zum Beispiel durch unsere ehemalige Studentin Deborah Jacobvitz, dokumentierten in Beobachtungsstudien im Zuhause der Kinder, dass ein beängstigendes oder dissoziatives Verhalten der Eltern tatsächlich die Vorhersage einer späteren desorganisierten Bindung beim Kind erlaubt. Dieses Muster ist nachweislich ein Vorbote für recht negative Entwicklungsergebnisse.

Grenzverletzungen in der Eltern-Kind-Beziehung

Angeregt durch die Familienforschung entdeckten wir eine zusätzliche Form unangemessenen Elternverhaltens gegenüber Zweijährigen, das wir »Auflösung von Generationengrenzen« nannten. Dazu kommt es, wenn die Bezugsperson die übliche Elternrolle, die darin besteht, dass die Eltern die Bedürfnisse des Kindes erfüllen, verzerrt. Ursprünglich hatten wir uns lediglich auf eine Form dieser Rollenverzerrung konzentriert, nämlich dass der Elternteil das Kind als emotionalen oder sexuellen Partner behandelt. Das bezeichneten wir als »verführerisches Verhalten«, weil der Elternteil sinnliche Reize benutzte, um das Kind zu manipulieren und in eine unangemessene Rolle zu drängen. Ein Beispiel dafür wäre, dass eine Mutter, die ihr Kind bei unserem Aufräumtest dazu bewegen will, die Spielsachen wegzuräumen, in klagendem Ton sagt: »Johnnnny, komm, gib Mami einen Kuss.« Nach einem ausgedehnten sinnlichen Kuss sagt sie dann zuckersüß: »So, jetzt räum die Spielsachen für Mama weg.« Solche Verhaltensmuster standen in krassem Gegensatz zu den Müttern, die klar und bestimmt auftraten, auch wenn sie das Kind vielleicht umarmten oder lobten, nachdem sie es zum Aufräumen angeleitet hatten.

Ich hatte nicht erwartet, viel von diesem Verhalten zwischen Müttern und Zweijährigen zu entdecken und hätte vielleicht nicht einmal Ausschau danach gehalten, wäre ich nicht von meiner Frau June dazu aufgefordert worden. June ist Klinikerin und hat ein untrügliches Gespür für Beziehungsdynamiken. Bowlby zufolge entwickelt das Kind durch die Interaktionen mit der Bezugsperson innere Modelle von der Bezugsperson und sich selbst. June ging noch einen Schritt weiter und stellte die These auf, dass das Selbst, der Andere *und* die Beziehung verinnerlicht werden. Wenn Kinder ausgebeutet werden, lernen sie nicht nur, Opfer zu sein, sondern auch etwas über das Wesen von Beziehungen, in denen jemand zum Opfer gemacht wird. Als ich meinte, dass ein verführerisches Verhalten von Müttern gegenüber so kleinen Kindern wohl eher selten sei, erklärte June: »Nun, du bist Wissenschaftler. Solltest du es nicht überprüfen?« Also habe ich es gemeinsam mit der Studentin Mary Jo

Ward überprüft und wir haben festgestellt, dass es in 18 Prozent der Fälle von Müttern mit Söhnen auftrat. Dabei handelte es sich überwiegend um alleinerziehende Mütter mit starker Stressbelastung, und das ist einer der Gründe für diesen hohen Prozentsatz. Zudem bestand (bei jedem Fall) ein starker Zusammenhang mit der eigenen Geschichte der Mutter, die in ihrer frühen Kindheit sexuell und emotional von Männern ausgebeutet worden war. Die Mutter verhielt sich natürlich nicht so wie die Vaterfigur es ihr gegenüber getan hatte, aber sie übernahm eine geschlechtsspezifische Variante dieser Art von Beziehung. Die Interviews zur eigenen Geschichte erfolgten unabhängig von unseren Verhaltensbeobachtungen und hatten alle stattgefunden, lange bevor das Kind zwei Jahre alt war.

Als wir diese Ergebnisse erstmals für eine Veröffentlichung vorlegten, wurden sie anfangs nicht nur abgelehnt, sondern lösten eindeutig auch eine starke persönliche Reaktion bei den Gutachtern aus. Nie zuvor oder danach habe ich erlebt, dass ein Aufsatz eine derartige Reaktion auslöste. Vielleicht wirkten diese Ideen bedrohlich oder vielleicht fürchteten die Gutachter einfach, wir könnten zu dem Schluss kommen, dass es falsch sei, kleine Kinder zu umarmen und zu küssen. Wie ich im letzten Kapitel darlegen werde, kenne ich das Vermächtnis fehlenden körperlichen Kontakts aus persönlicher Erfahrung. Es ist gut, seine Kinder zu küssen und zu umarmen, wenn man dadurch auf sie eingeht und sie selbst auch ein echtes Bedürfnis danach haben. Es ist nicht gut, die eigenen Bedürfnisse auf Kosten des Kindes zu befriedigen oder das Kind durch körperliche Zärtlichkeiten zu manipulieren. Das Muster, das wir als »verführerisch« bezeichnet haben, hatte keinen Bezug zu unabhängigen Bewertungen der emotionalen Wärme oder Unterstützung. Es sollte nicht mit liebevoller Zuneigung für das Kind verwechselt werden. Nachdem wir das mit einer Fülle weiterer Daten gegenüber den Gutachtern klargestellt hatten, stimmten sie einer Veröffentlichung unserer Ergebnisse zu.

Nach unserer Überzeugung waren wir einer wichtigen generationsübergreifenden Familiendynamik auf der Spur und in gewisser Weise fühlten sich diese Ideen für mich recht persönlich an. Ich wollte wirklich verstehen, wie Probleme weitergegeben und über

Generationen hinweg neu gestaltet werden, weil ich irgendwie bereits wusste, dass die Erfahrungen meiner Eltern in mir weiterlebten. Damals konnten wir nur Mutmaßungen darüber anstellen, wie diese Frauen mögliche Töchter oder weitere Söhne behandeln würden. Wird ein ganzes Beziehungssystem verinnerlicht? Um das herauszufinden, mussten wir warten, bis Geschwister geboren wurden.

KAPITEL 6

Eine Unterbrechung meiner Reise

Es ist eine alte und widersinnige menschliche Angewohnheit, schneller zu laufen, wenn wir uns verirrt haben.

Rollo May

Mitte der 1970er Jahre war eine aufregende Zeit. Ich war Anfang Dreißig und meine Studenten waren noch jünger, dennoch wussten wir, dass wir einer großen und vielleicht sogar historisch bedeutsamen Sache auf der Spur waren. Es war die Art von Unternehmung, die dich jeden Tag begeistert zur Arbeit gehen lässt, sogar an den Wochenenden. Wir waren ein großartiges Team. Die fortgeschrittenen Studierenden betreuten die jüngeren, und alle kooperierten für ein gemeinsames Ziel. Wir arbeiteten hart, aber fühlten uns wohl dabei. »So weit, so gut«, sagte der Optimist auf seinem Weg nach unten, als er vom Dach fiel.

Das Ganze hatte natürlich auch eine Kehrseite. Dies war das Leben, keine Fiktion, und es lief nicht immer alles glatt. Tatsächlich war es häufig schwierig und manchmal allzu kräftezehrend. Die Durchführung einer Längsschnittstudie, bei der man dieselben Kinder über einen langen Zeitraum beobachtet, hat viele Vorteile. Es war die einzige Möglichkeit, die Fragen, die uns antrieben, tatsächlich zu beantworten, und zu verstehen, wie einzelne Kinder sich entwickeln. Doch so eine Studie stellt die Beteiligten auch vor enorme Herausforderungen.

Logistische und ethische Herausforderungen

Da es unser Ziel war, den sich entwickelnden Aufbau der individuellen Persönlichkeit zu verstehen, war jede Phase der Studie sehr wichtig. Wir brauchten solide Messungen in jeder Altersstufe. Wir konnten uns keine Schwächen oder schlecht konzipierten Bewertungsziele erlauben, sonst würde es gravierende Lücken in unserem Verständnis geben. Wenn man feststellt, dass man eine schlechte Messmethode konzipiert oder gewählt hat, sucht man sich bei den meisten Forschungsanstrengungen einfach eine anderes Instrumentarium, rekrutiert eine neue Gruppe oder Teilnehmerschar und fängt noch einmal von vorne an. Diese Möglichkeit besteht bei einer Längsschnittstudie leider nicht. Die Kinder sind nur ein einziges Mal drei Jahre alt; man kann sie nicht für einen zweiten Versuch zurückholen. Wenn möglich, nutzten wir Messmethoden, die sich bereits als valide erwiesen hatten, viele durch unsere eigene Arbeit bei der Studie zu den Kindern aus Mittelschichtsfamilien. Doch häufig entwickelten wir auch im laufenden Prozess neue Methoden und Verfahren. Das hieß, dass wir der Zeit voraus sein mussten und die neuen Methoden bei anderen Kindern ausprobieren mussten, bevor die Teilnehmer unserer Langzeitstudie die betreffende Altersstufe erreicht hatten.

Es gab eine weitere Herausforderung. Bei den meisten Studien, in denen die Forscher ihre Teilnehmer nur ein- oder zweimal sehen, spielt es keine Rolle, ob die Leute das Interesse verlieren oder später schwer ausfindig zu machen sind. Doch bei unserer Studie mussten wir dafür sorgen, dass dieselben Mütter und Kinder sich weiterhin beteiligten, Monat für Monat, Jahr um Jahr. Dass die meisten Teilnehmer früherer Studien zur kindlichen Entwicklung aus der Mittelschicht stammten, hatte größtenteils praktische Gründe. Angehörige der Mittelschicht führen ein relativ stabiles Leben, und für Eltern aus der Mittelschicht sind wissenschaftliche Umwelten nichts völlig Fremdes. Studien zu Kindern oder Menschen, die in Armut leben, sind dagegen mit Unbequemlichkeiten verbunden. Menschen, die in Armut leben, begegnen Personen aus dem Establishment häufig mit Misstrauen, und sie leben häufig nicht in stabilen Verhältnissen. Eine beträchtliche Anzahl der Familien in unserer Studie ist mehrmals im Laufe eines Jahres umgezogen. Sie ausfindig zu machen, Besuche mit ihnen zu vereinbaren oder den Transport zu organisieren, wenn sie zu uns kommen sollten – das alles war sehr schwierig. Eine Maßnahme, die wir in den ersten Monaten, als die Familien uns gerade erst kennenlernten, ergriffen, bestand darin, dass wir uns nicht auf dem Campus, sondern im staatlichen Gesundheitszentrum mit ihnen trafen. Dort waren viele von ihnen bei dem Kinderarzt Amos Deinard in Behandlung, und unsere Zusammenarbeit mit diesem außergewöhnlichen und bemerkenswert empathischen Mann war ein Schlüsselfaktor in den frühen Phasen des Projekts. Es trug dazu bei, dass die Familien sich mit uns verbunden fühlten.

Sie fragen sich vielleicht, warum überhaupt irgendjemand Interesse daran haben sollte, sich über Jahre in ein so anstrengendes Projekt verwickeln zu lassen. Was hat man davon? Es gab mehrere Gründe, aus denen die Familien bei uns blieben. Erstens: sie verstanden, dass sie einen Beitrag zum Verständnis von Kindern leisteten und glaubten, dass das dadurch erzeugte Wissen anderen helfen würde. Dass jemand arm ist oder keine höhere Bildung hat, bedeutet zweifellos nicht, dass er nicht auch einen Beitrag zur Gesellschaft leisten möchte, und genau das wollten unsere Teilnehmenden tun. Sie empfanden ihre Teilnahme als bedeutungsvoll. Zweitens: sie wussten, dass wir echtes Interesse an ihnen und ihrem Leben hatten. Zwei bemerkenswerte Frauen, Michelle Dodds und Judy Cook, die gemeinsam unsere Teilnehmer im Auge behielten und über 40 Jahre lang für die Terminplanung sorgten, haben viel von diesem echten Interesse und dieser aufrichtigen Fürsorge vermittelt. Sie haben es nie versäumt, Geburtstagskarten an jedes Kind und Festtagsgrüße an die Familien zu schicken. Sie hielten regelmäßigen telefonischen Kontakt und nahmen sich immer Zeit für ein Gespräch über die neuesten Ereignisse. Schließlich setzten sich alle Mitarbeiter des Projekts dafür ein, die Teilnehmenden mit Respekt zu behandeln. Ja, wir überreichten gelegentlich kleine Geschenke, wie ein T-Shirt mit der Aufschrift »Institute of Child Development«, und wir haben moderate finanzielle Aufwandsentschädigungen für die Teilnahme bezahlt. Die Kinder waren stolz auf die Universitäts-T-Shirts und

-Sweatshirts, und die Eltern waren dankbar, dass wir unsere Wertschätzung für die Zeit, die sie für uns aufbrachten, zum Ausdruck brachten. Doch der Hauptgrund, aus dem sie bei uns blieben, ist, dass wir sie respektierten und aufrichtiges Interesse an ihren Geschichten hatten. Einige benannten ihren Interviewer, den sie nur einmal im Jahr für längere Zeit zu Gesicht bekamen, als Teil ihres sozialen Unterstützungssystems auf unseren Fragebögen. Die Eltern freuten sich auf die jährlichen Interviews und vertrauten uns ihre wesentlichen Lebenserfahrungen an. Wir stehen für immer in ihrer Schuld.

Die Art von Studie, die wir durchführten, stellte uns auch vor ethische Herausforderungen. Sie haben sich vielleicht schon gefragt, was wir getan haben, wenn wir auf Fälle von Kindesmisshandlung stießen. Als PsychologInnen waren wir natürlich dazu verpflichtet, Fälle von Misshandlung oder Vernachlässigung zu melden; darüber waren die StudienteilnehmerInnen informiert, die ihre Einwilligung nach erfolgter Aufklärung gegeben hatten. Gleichzeitig versuchten wir, das Vertrauen der Eltern aufzubauen. Wir hatten das Glück, dass es in Minnesota möglich war, formlose Verfahren zu entwickeln. Wir arbeiteten mit einer bestimmten Person des Kinderschutzdiensts zusammen. In Fällen, in denen wir Misshandlungen bemerkten, riefen wir zuerst diese Kontaktperson an. Wenn die Familie bereits aktenkundig war, was fast immer der Fall war, mussten wir keine offizielle Meldung machen. Das hätte für das Kind keinen Nutzen gehabt, da die Familie bereits alle Hilfen erhielt, die zur Verfügung standen. Und es hätte möglicherweise das Gefühl der Eltern, dass wir auf ihrer Seite waren, untergraben.

In anderen Fällen war nicht so klar, wie wir vorgehen sollten. Was, wenn ein Kind eine unsichere Bindung hatte oder wenn ein Elternteil das Kind feindselig oder verächtlich behandelte? Diese Probleme kann man nicht melden, weil sie keine körperlichen Spuren hinterlassen. Gleichzeitig waren wir der Ansicht, dass in diesen Fällen die Gefahr späterer Probleme für die Kinder bestand. Tatsächlich waren wir uns in dieser Hinsicht schon Ende der 1970er Jahre ziemlich sicher. Diese Fälle stellten uns vor ein echtes ethisches Dilemma. Es war kompliziert, aber wir konnten aus vielen Gründen nicht intervenieren.

Erstens waren wir zu Interventionen nicht berechtigt. Diese Menschen hatten sich nicht freiwillig für ein Hilfsprogramm gemeldet, sondern für ein Forschungsprojekt, das das Leben von Kindern in Familien beobachten sollte. Es stand uns nicht zu, Entscheidungen über Interventionen zu treffen.

Zweitens darf man nicht vergessen, dass sich die Mehrheit der PsychologInnen damals ziemlich sicher war, dass die frühen Erfahrungen, die wir untersuchten, *keine* dauerhaften Auswirkungen hatten. Wie konnten wir zur damaligen Zeit – ohne Beweise – behaupten, dass wir es besser wüssten? Was, wenn wir falsch lagen? Was, wenn (zum Beispiel) die unsicher-vermeidende Bindung in Wahrheit etwas Gutes war – ein Vorbote späterer Unabhängigkeit, sozialer Kompetenz und schulischen Erfolgs, wie einige Forscher behaupteten? Man braucht tatsächlich stichhaltige Beweise, bevor man eingreift. Gelegentlich, wenn Eltern uns direkt um Hilfe baten, haben wir sie natürlich dabei unterstützt, angemessene Hilfen zu finden, aber das passierte nicht sehr häufig.

Drittens befanden wir uns in gewisser Weise in einer ähnlichen Rolle wie ReporterInnen. Irgendjemand musste untersuchen, wie gut oder schlecht unsere Gesellschaft bereits auf die dokumentierten Bedürfnisse und Probleme von Kindern reagierte. Wir haben zum Beispiel tatsächlich systematisch erfasst, wer Förderunterricht, Sprachtherapie, Psychotherapie und Medikamente erhielt. Wir haben festgestellt, dass die Hilfen mitunter angemessen, aber mitunter auch ungeeignet waren. Was zum Beispiel die Medikamente betrifft, so hatte die Behandlung häufig keinerlei Bezug zu den Problemen, die wir sorgfältig dokumentierten; auch hatte sie im Großen und Ganzen keine positiven Auswirkungen auf die behandelten Kinder. Das konnten wir feststellen, weil wir die Probleme langfristig verfolgten. In zwei Artikeln haben wir auf die übermäßige Verwendung von Medikamenten für Kinder hingewiesen, und im Jahr 2012 schließlich auch eine diesbezügliche Stellungnahme in der *New York Times* veröffentlicht, um das Problem allgemein bekanntzumachen – letztendlich leider mit wenig Erfolg, denn heute erhalten mehrere Millionen amerikanischer Kinder derartige Medikamente. Es war immer unsere Hoffnung, dass die von uns gesammelten Informationen zu einer besseren Behandlung von Kindern und ihren Familien beitragen würden. Das hoffe ich bis heute.

Diese Gründe, die gegen Interventionen bei unseren Familien sprachen, kamen uns manchmal trotz aller Berechtigung wie Rationalisierungen oder leere Ausreden vor. Auf den Treffen unserer Forschungsgruppe zermarterten wir uns häufig den Kopf darüber. Unsere Bedenken veranlassten uns schließlich, Maßnahmen in einer Form zu ergreifen, die uns offen stand. Anfang der 1980er Jahre starteten wir eine neue Studie, die parallel zur grundlegenden Forschungsstudie lief. Eine neue Gruppe von Familien mit niedrigem Einkommen wurde rekrutiert und einige von ihnen wurden zu einem systematischen Interventionsprogramm eingeladen, das sich auf alles stützte, was wir in unserer Längsschnittstudie gelernt hatten. Dieses von Byron Egeland und Martha Erickson entwickelte Programm wurde zum Vorbild für frühe Interventionsprogramme in den USA und anderen Ländern. Die Einführung dieses Programms half uns allen dabei, mit den Gefühlen der Verunsicherung umzugehen, die uns quälten, weil wir bei den Teilnehmern der Originalstudie nicht intervenierten. Es gibt viele Familien da draußen, die mit großen Problemen zu kämpfen haben, und so konnten wir zumindest einigen von ihnen helfen.

Alles in allem stießen wir auf logistische Probleme, strategische Probleme und ethische Probleme bei der Durchführung dieser umfangreichen Studie. Trotz der Kooperationswilligkeit unserer TeilnehmerInnen waren die ersten Jahre dieses Projekts unglaublich schwierig. Ich arbeitete immer noch an der Untersuchung der Mittelschichtskinder, als die Arbeit mit den einkommensschwachen Familien begann. Diese Familien wurden über einen Zeitraum von zwanzig Monaten rekrutiert; im ersten Jahr trafen wir sie alle drei Monate und in den beiden Folgejahren alle sechs Monate. Das bedeutete, dass wir vielfältige Bewertungen gleichzeitig vornahmen. Als wir zum Beispiel die letzte Gruppe der alle sechs Monate stattfindenden Beobachtungen und Interviews in der häuslichen Umgebung durchführten, bewerteten wir gleichzeitig andere Kinder im Alter von neun Monaten, einige im Alter von zwölf Monaten, wieder andere im Alter von achtzehn Monaten und einige im Alter von zwei

Jahren in unserem Laborsetting. Zu jedem Zeitpunkt gab es etwa zwanzig DoktorandInnen ebenso wie weitere MitarbeiterInnen und eine Handvoll studentischer Hilfskräfte, die an dem Projekt mitwirkten – die Supervision all dieser Beteiligten, das ständige Bangen und Bemühen um Fördermittel für die Arbeit und das gleichzeitige Abhalten von Unikursen bedeuteten eine große, langanhaltende Anstrengung.

Natürlich lasteten die eigentliche Arbeit und praktische Ausführung der ganzen Aufgaben nicht allein auf Byrons und meinen Schultern. Michelle und später Judy übernahmen die Aufgabe, den Kontakt zu den Familien zu halten und die Termine zu vereinbaren. Mit der Zeit wurden sie zu wahren Meisterinnen darin, Leute ausfindig zu machen, und wussten zum Beispiel solche Sachen wie den Namen des Lokals, in dem der Cousin einer bestimmten Familie regelmäßig frühstückte. Später war das Verhältnis so gut, dass die Teilnehmenden uns kontaktierten, wenn sie umzogen. Andere MitarbeiterInnen übernahmen die Interviews. Studierende nahmen die Bewertungen in der Laborsituation vor. Byron und ich hatten immer jede Menge Unterstützung. Trotzdem machten wir uns Sorgen darüber, dass wir die StudienteilnehmerInnen aus den Augen verlieren könnten, und fragten uns, wie wir kontinuierlich neue Studierende und MitarbeiterInnen finden und schulen sollten – vom Bezahlen ganz zu schweigen. Weit über 300 Leute arbeiteten im Laufe der Jahre an diesem Projekt mit, und manchmal gab es Situationen, die ungeheuer stressig waren, vor allem in den ersten Jahren, als wir uns immer noch einarbeiteten.

Persönliche Herausforderungen

Während des gleichen Zeitraums hatte ich auch mit persönlichen Problemen zu kämpfen. Ich hatte das erste Mal im Alter von 22 Jahren geheiratet, was für manche Menschen vielleicht nicht zu jung ist, aber für mich war es eindeutig zu früh. Ich wusste nichts – nichts darüber, wie man Nähe in einer Beziehung herstellt, nichts darüber, wie man ein unterstützender Partner ist, nichts darüber, wie meine

Bedürfnisse erfüllt werden könnten und nicht einmal genau, was meine Bedürfnisse waren. Ich war definitiv unreif. Kein Wunder, dass die Ehe nicht funktionierte. Danach wurden die emotionalen Probleme, die ich immer schon gehabt hatte, nur noch schlimmer. Ich steckte in einer emotional sehr schwierigen und instabilen Phase. Wie viele gestörte Menschen litt ich unter einer Vielzahl wechselnder Probleme – war manchmal deprimiert, manchmal gedankenlos, dann wieder zwanghaft, sprunghaft oder sogar leichtsinnig und häufig abgehoben und selbstbezogen.

Durch den körperlichen und seelischen Stress bekam ich ernsthafte Rückenprobleme, die mich gerade während der frühen Phasen dieses Projekts mehr als drei Jahre lang erheblich behinderten. Es wurde immer schlimmer. Gehen war schwierig. Sitzen war nur für kurze Zeiträume möglich und einen Großteil des Tages verbrachte ich im Liegen (wobei ich weiterhin Ergebnisse analysierte, Texte verfasste und Unterricht gab).* Doch ich brachte es einfach nicht über mich, mir Hilfe zu suchen. Ganz genauso wie die Leute, die unter verschiedensten Suchterkrankungen leiden, konnte ich einfach nicht akzeptieren, dass ich Hilfe brauchte, bis ich schließlich an meine Grenzen stieß. Ich konnte mich – buchstäblich – nicht mehr von der Stelle bewegen.

Zu meinem Glück hatte das Universitätskrankenhaus damals ein exzellentes Programm, das als »Schmerzklinik« bezeichnet wurde. Dieses einzigartige Programm, das in dieser Form heute nicht mehr existiert, erwies sich als weiterer glücklicher Zufall in meinem Leben. Zuerst versuchte ich natürlich, den Leiter dieses Programms, einen Psychologen namens Alan Roberts, davon zu überzeugen, dass ich ambulant behandelt werden sollte oder zumindest regelmäßige Meetings mit meiner Forschungsgruppe am Krankenbett abhalten müsste. Immerhin war dieses Forschungsprojekt sehr wichtig, und es gab andere, die ein Krankenhausbett dringender brauchten. Zu meinem Glück erkannte er meine Grundprobleme deutlicher als ich, einschließlich meiner Neigung, immer noch mehr Tempo zu ma-

---

* Während dieser Phase hatte ich oft eine Matte dabei und legte mich bei Sitzungen auf den Boden. Wenn ich etwas beisteuern wollte, sagte ich gern: »Der Boden bittet ums Wort«.

chen, wenn ich bereits zu schnell bin, so als ob ich auf der Flucht vor etwas wäre. Ich konnte zwar nicht um die Hilfe bitten, die ich brauchte, aber er wollte dafür sorgen, dass ich sie trotzdem bekam. Je mehr ich argumentierte, desto überzeugter war er, dass ich stationär behandelt werden musste – 24 Stunden am Tag Rehabilitation und volle Konzentration auf meine Gesundheit und nichts anderes. Ich nahm acht Wochen an diesem Programm teil und verließ die Klinik während der ersten vier Wochen nicht einmal am Wochenende. Es war erstaunlich, was für eine Veränderung diese Erfahrung bewirkte. Diese Transformation hing zum Teil auch mit den gemeinsamen Erlebnissen zusammen, die ich mit meinen Mitpatienten hatte. Dazu gehörten etwa der kraftvolle Burmese von der Handelsmarine, der seine Beine nicht mehr benutzen konnte, der Obdachlose, die reiche Dame aus Edina, der lateinamerikanische Komiker und einige andere. Transformierend war es auch wegen all dem, was ich darüber lernte, was ich für den Schutz meiner – körperlichen und seelischen – Gesundheit tun konnte.

Diese Phase gravierender persönlicher Probleme war tatsächlich sehr wichtig für mich. Erstens trug sie dazu bei, alle tendenziellen Vorurteile, die ich im Hinblick auf die StudienteilnehmerInnen und ihre Probleme gehabt hatte, zu beseitigen. Es half mir, mit etwas mehr Demut an die Aufgabe heranzugehen, diese Menschen zu verstehen, und ich glaube, es half mir auch, mir immer wieder bewusst zu machen, dass wir es mit individuellen Menschen zu tun hatten, nicht einfach mit anonymen ForschungsprobandInnen. Tatsächlich entwickelte ich zu einigen Teilnehmenden eine große Zuneigung, als ich sie im Laufe der Zeit aus der Ferne beobachtete. In der Wissenschaft soll man ein bestimmtes Maß an Distanz und Objektivität wahren. Das ist wichtig. Doch in einer Studie wie der unseren muss das durch die Anstrengung ausgeglichen werden, sich seiner eigenen Menschlichkeit bewusst zu bleiben.

Außerdem hatte ich, als ich die Schmerzklinik verließ, ein besseres Verständnis dafür entwickelt, dass ich auf mich selbst achten und meine Prioritäten richtig setzen musste. Mein Drang, dieser Forschungstätigkeit nachzugehen, war in vielerlei Hinsicht etwas Positives, aber ich musste ihn aus Rücksicht auf meine Gesundheit mäßigen. Wie heißt es im Flugzeug immer: »Setzen Sie erst Ihre eigene Maske auf, bevor sie anderen helfen.« Außerdem lernte ich, dass es der Arbeit, die wir machten, tatsächlich gut tat, wenn ich mir mehr Zeit nahm und genauer überlegte, anstatt immer gleich nach vorn zu preschen. Das war vor vielen Jahrzehnten. Heute bin ich Mitte Siebzig und immer noch in der Lage, ein Kanu durch die Wälder von Nord-Minnesota zu tragen (und das Forschungsprojekt läuft auch nach meiner Pensionierung weiter). Ich habe der Schmerzklinik wirklich sehr viel zu verdanken.

Die Erfahrung der Krankheit und der langen Genesungszeit führte mir auch vor Augen, dass das Team zu Leistungen fähig war, die mir als Einzelnem nicht möglich waren. Während der acht Wochen, die ich dem Projekt fernblieb, machte die Arbeit mit minimaler Supervision meinerseits dank meines Co-Forschers Byron und unserer herausragenden Doktorandengruppe sehr gute Fortschritte.

Meine FakultätskollegInnen und ich hatten immer den Eindruck, dass wir unseren DoktorandInnen zu großem Dank verpflichtet sind. Es ist mehr als ein Klischee, dass dieses Projekt ohne sie nicht möglich gewesen wäre – es ist eine Tatsache. Sie haben nicht nur einen Großteil der Arbeit erledigt, sie haben auch wichtige konzeptuelle und methodische Beiträge geleistet. Von Anfang an haben wir genauso viel von ihnen gelernt wie sie von uns. Es war eine außergewöhnlich kluge und engagierte Gruppe, und sie haben sich gegenseitig auf beispielhafte Weise unterstützt. Viele haben später eine herausragende Karriere in der Forschung oder in der klinischen Arbeit gemacht. Besondere Dankbarkeit empfinde ich gegenüber den Studierenden, die uns geholfen haben, die Arbeit Mitte der 1970er Jahre fortzusetzen.

Ende der 1970er Jahre hatte ich dank der Schmerzklinik und meiner ersten Psychotherapieerfahrung mehr Stabilität und eine etwas bessere Lebensperspektive entwickelt. Meine Frau June und ich haben 1978 geheiratet. Damals hatten wir zusammen vier Kinder im Alter von 8 bis 13 Jahren. Ich stand also im Begriff, intensive Erfahrungen im elterlichen Umgang mit Jugendlichen zu machen. Ich kann kaum in Worte fassen, wie viel ich durch diese Erfahrungen gelernt habe. Es erteilte mir auch eine weitere Lektion in Demut, weil es niemanden gibt, ob Experte für kindliche Entwicklung oder nicht, der völlig versteht, wie man sich als Elternteil gegenüber Kindern im Teenageralter verhalten sollte. Ich denke, dass die Verschmelzung unserer Patchwork-Familie recht gut gelungen ist. Gleichzeitig haben die unausweichlichen Herausforderungen und Kämpfe, die sich auf diesem Weg ergaben, dazu beigetragen, mein Mitgefühl für die Eltern in allen untersuchten Altersstufen zu erhöhen.

Die Unterbrechung, auf die ich mich im Titel dieses Kapitels beziehe, war also keine Unterbrechung der Forschung, die wir betrieben, sondern bezieht sich vielmehr auf ein persönliches Innehalten – auf einen Stopp für den führerlos dahinrasenden Zug meines Lebens, auf einen Neustart meines inneren Computers und eine Neukonfiguration meines Selbst. Auch im Laufe der nächsten 35 Jahre gab es zweifellos Zeiten mit massiven Belastungen, sowohl beim Forschungsprojekt als auch in Bezug auf persönliche Kämpfe. Doch nichts war jemals wieder so schwierig wie diese Zeit Mitte der Siebzigerjahre.

Gegen Ende des Jahres 1978 hatten wir die erste Phase der Längsschnittstudie abgeschlossen. Alle Kinder hatten das Alter von zwei oder drei Jahren erreicht. Nachdem wir so überzeugende Ergebnisse im Hinblick auf die ersten Lebensjahre erzielt hatten, waren wir jetzt natürlich noch stärker motiviert, die Studie fortzusetzen. Byron und ich wollten nicht nur etwas über die späteren Auswirkungen von Kindesmisshandlungen herausfinden, sondern auch, wie sich jeder von uns zu dem Menschen entwickelt, der er ist. In dem Wissen, dass sich Verhaltensmuster und Persönlichkeit bis zum Alter von fünf Jahren erheblich stärker herausbilden und festigen, und da wir jetzt besser verstanden, was die wirklich entscheidenden Elemente der sich entwickelnden Persönlichkeit waren, richteten wir unsere Aufmerksamkeit nun also auf die nächsten drei Jahre.

KAPITEL 7

Die organisierte Welt des Vorschulkindes

Vera (5 Jahre): *Ich hatte einen Traum und du hast mich gegen die Wand geworfen.*
Erzieherin: *Oh, Vera, das würde ich doch niemals tun.*
Vera: *Warum nicht?*
Erzieherin: *Weil ich dich sehr gern habe.*
Vera: *… Warum?*

Ende der 1970er Jahre erwarteten wir, dass die Fürsorgemuster, die Kinder in den ersten Jahren erlebten, und die Bindungsmuster, die durch diese Erfahrungen entstanden, Prognosen über die Persönlichkeit des Kindes erlauben würden. Und mit Persönlichkeit meinten wir die Organisation von Haltungen, Erwartungen und Verhaltensweisen beim einzelnen Kind – die Art und Weise der Zusammensetzung. Wir dachten, dass sich diese Persönlichkeitsunterschiede im Alter von vier oder fünf Jahren deutlich sowohl an der mentalen Welt als auch am Verhalten in unterschiedlichen Situationen zeigen müssten. Das war eine schöne Vorstellung, stellte uns aber vor ein Riesenproblem. Welche Art von Messungen sollten wir beim Kind vornehmen, um diese Art von Kontinuität in der Entwicklung zu belegen?

Das hatten schon andere Forscher vor uns versucht und wenig Kontinuität in der Entwicklung feststellen können. Die Einschätzung der inneren Welt kleiner Kinder war in den 1970er Jahren ein größtenteils unerforschtes Terrain. Außerdem waren äußerlich erkennbare Verhaltensweisen von Säuglingen und Kleinkindern bekanntermaßen schlechte Prädiktoren desselben Verhaltens bei vier- bis fünfjährigen, geschweige denn älteren, Kindern. Es lag auf der

Hand, dass wir nicht einfach dieselben Verhaltensweisen messen konnten, die charakteristisch für Säuglinge sind. Kleine Babys können nicht wirklich aggressiv sein, von daher haben die »Aggressionen« eines Säuglings keinen prognostischen Wert für spätere Aggressionen. Alle kleinen Kinder sind abhängig, von daher hat die Abhängigkeit des Säuglings keine Vorhersagekraft für eine spätere übergroße Abhängigkeit. Außerdem wollten wir nicht nur einfach Unterschiede bei bestimmten Verhaltensweisen verstehen; wir wollten Unterschiede in der Verhaltens*organisation* verstehen.

Auftrieb erhielten wir durch dieArbeit von Louis Sander und einigen anderen Entwicklungsforschern, die argumentierten, dass der Schlüssel zur Untersuchung von Kindern gleich welcher Altersstufe darin liegt, dass man zunächst nach den auffälligsten Themen der Entwicklung in der jeweiligen Phase fragt. Vor welchen Herausforderungen steht das Kind und wie gut tragen unterschiedliche Formen der Verhaltensorganisation beim Umgang mit diesen Herausforderungen dazu bei, das Kind auf künftige Entwicklungsthemen vorzubereiten? Im Grunde wendeten wir genau diesen Bezugsrahmen schon bei unserer Arbeit mit Kindern bis zum Alter von zwei Jahren an.

In der frühen Kindheit ist das auffälligste Entwicklungsthema die Formung einer erfolgreichen Bindungsbeziehung. Es stützt sich auf alle kognitiven, sozialen und emotionalen Entwicklungen des ersten Lebensjahres und ist unter anderem so wichtig, weil eine sichere Bindung die Grundlage für das spätere Selbstvertrauen und Selbstwertgefühl ist. Wenn das kleine Kind die Erwartung entwickelt, dass die Bezugsperson prompt und angemessen auf seine Bedürfnisse eingeht, entwickelt es auch die dazugehörigen Überzeugungen, dass es die Zuwendung wert ist und erfolgreich die erwünschten Reaktionen in seiner Umwelt auslösen kann. Positive Erwartungen an die Bezugsperson und positive Gefühle und Erwartungen im Hinblick auf das Selbst sind zwei Seiten derselben Medaille. Diese positiven Erwartungen sind die Anfänge von Selbstwertgefühl und Kompetenz.

Die Herausbildung einer sicheren Bindung ist auch deshalb so wichtig, weil sie dem kleinen Kind ein Training in emotionaler Regulation bietet und das freie Erkunden der Umwelt fördert. Wenn das Kind auf die Unterstützung der Bezugsperson vertraut und in der Lage ist, ihre Hilfe zu nutzen, um sich von Stress zu erholen, kann es seine Energie und Aufmerksamkeit darauf richten, die Welt der Objekte erfolgreich zu erforschen. Diese Fähigkeiten, zusammen mit den positiven Erwartungen an Beziehungen, die zu einer sicheren Bindung gehören, versetzen das Kind in die Lage, zu einem sehr attraktiven Spielpartner im Kindergarten zu werden. Wir gingen davon aus, dass Kinder mit sicherem Bindungshintergrund gern auf Beziehungen eingehen, ihre Emotionen und Impulse angemessen regulieren können und wissen, wie sie Spaß haben. Die Herausbildung einer erfolgreichen Bindungsbeziehung ist also das auffälligste Thema für kleine Kinder.

Ähnlich ist im Alter von zwei Jahren dann die auffälligste Entwicklungsfrage der Schritt in Richtung Autonomie. Wir nennen das das Alter der »angeleiteten Selbst-Regulation«, weil Kinder in gewisser Weise durch eigene Anstrengung fähig sind, Impulse zu kontrollieren und ihre Organisation angesichts von Frustrationserfahrungen aufrechtzuerhalten, auch wenn sie die Hilfe der Eltern immer noch mit einer gewissen Regelmäßigkeit brauchen. Sie können sich noch nicht vollständig selbst regulieren, aber wenn sie Hilfe und emotionale Unterstützung erhalten, machen sie in dieser Hinsicht die ersten Schritte. Sie können anfangen, ein Gefühl von Selbstwirksamkeit zu entwickeln. Eine effektive Bindungsbeziehung fördert den Schritt in Richtung unabhängiger Funktionsfähigkeit, und die erfolgreiche Bewältigung dieser ersten beiden Entwicklungsthemen würde, so unsere Argumentation, den Weg für die nächsten Herausforderungen ebnen.

Die Welt des Vorschulkindes

In der Vorschulphase wird die Definition von guter Anpassung etwas schwieriger, weil sich die soziale Welt des Kindes erweitert und das Umfeld höhere Erwartungen an die Selbstkontrolle stellt. Mehrere Themen treten in den Vordergrund. Ja, Kinder müssen jetzt lernen, sich selbst zu steuern, wenn auch nicht im selben Sinne wie ein Erwachsener. Es wird erwartet, dass sie ihre wütenden Impulse, Aggressionen und Frustrationen beherrschen. Darüber hinaus wird von Kindern im Vorschulalter jedoch auch erwartet, dass sie sich an äußere Regeln halten (zum Beispiel während des Unterrichts im Kindergarten), sich an Erwachsene außerhalb der Familie anpassen und sich vor allem erfolgreich auf die Welt der Gleichaltrigen einlassen. Sie müssen Beziehungen zu anderen Kindern eingehen und mit positivem Affekt auf sie reagieren, sie müssen lernen, ihr Verhalten mit anderen Kindern abzustimmen, die selbst gerade erst lernen, soziale Fähigkeiten zu meistern, und sie müssen der Führung anderer folgen und lernen, Interaktionen auch angesichts von Schwierigkeiten aufrechtzuerhalten.

Eine Perspektive, die auf Entwicklungsthemen ausgerichtet ist, ähnelt in gewisser Weise den bekannteren Phasen- oder Stufentheorien, allerdings mit zwei entscheidenden Unterschieden. Erstens: Diese Entwicklungsthemen sind keine Phasen, die erfolgreich gemeistert oder versäumt werden, und das Kind kann nicht auf der einen oder anderen Stufe »steckenbleiben«. Vielmehr wird jedes Thema auf ganz bestimmte Weise bewältigt, was den Rahmen für nachfolgende Altersphasen absteckt, aber die Entwicklung läuft trotzdem weiter. Zweitens: Sobald diese Themen einmal in den Vordergrund rücken, bleiben sie Lebensthemen, die in nachfolgenden Entwicklungsphasen immer wieder überarbeitet werden. Wenn die Eltern zum Beispiel die Autonomie während der Kleinkindphase fördern, indem sie dem Kind sowohl angemessene Grenzen setzen als auch seine Unabhängigkeit unterstützen, können sie dadurch das Vertrauen und die Sicherheit, die bereits in der frühen Kindheit entstanden sind, weiter verstärken oder anfangen, bislang fehlendes Vertrauen und Selbstvertrauen aufzubauen.

Als unsere Studie sich jetzt der Vorschulphase zuwandte, konzentrierten wir uns auf Selbstvertrauen und Selbstachtung, Selbststeuerung, Unabhängigkeit, Empathie und den erfolgreichen Beziehungsaufbau mit Gleichaltrigen. Selbstvertrauen kam darin zum Ausdruck, wie das Kind an schwierige Situationen heranging, wozu auch die Annäherung an Gleichaltrige gehörte. Selbststeuerung bezieht sich auf die Fähigkeit, die eigenen Aktivitäten zu steuern und das Verhalten zu verändern, zum Beispiel von wild (etwa auf dem Spielplatz) zu ruhig und aufmerksam in anderen Situationen wie etwa beim Vorlesen. Das hängt mit der Unabhängigkeit in diesem Alter zusammen, und wir haben untersucht, ob Kinder bei vielen Aufgaben zur eigenständigen Bewältigung fähig waren und sich doch gleichzeitig an Lehrer wandten, wenn sie auf Probleme stießen, die die Fähigkeiten von Vier- oder Fünfjährigen überstiegen.

Einige dieser Aspekte ließen sich sehr gut im Labor messen. Das Laborverfahren, das wir anwandten, umfasste zwei von Jeanne und Jack Block in Berkeley entwickelte Situationen, von denen die eine hauptsächlich die Eltern ins Visier nahm, während bei der anderen die Beurteilung der Kinder im Mittelpunkt stand. Die erste bestand aus einer Reihe von Lehraufgaben (zum Beispiel das Aufbauen von Bauklotztürmen nach einer Vorlage und das Sortieren von Formen, Größen und Farben). Wir konnten Unterschiede in der emotionalen Unterstützung messen, die die Eltern anboten, sowie die »Qualität ihrer Hilfe«. Die Qualität der Hilfe hing damit zusammen, wie gut die Bezugsperson die Aufgabe strukturierte, dem Kind mit Hinweisen auf die Sprünge half und das Tempo und Timing ihrer Instruktionen gestaltete. Diese Messungen erwiesen sich als enorm zuverlässige Prädiktoren der schulischen Leistung, einschließlich der absolvierten Schuljahre und des Collegeabschlusses.

Die Laborsituation zur Einschätzung der Kinder war eine »Barrierekiste«. Diese große Plexiglaskiste enthielt sehr reizvolle Spielsachen, war aber praktisch unmöglich zu öffnen. Die Kinder mussten es zehn Minuten lang versuchen, bevor wir die Kiste öffneten und sie spielen ließen. Die Mütter waren nicht mit im Raum, und der Versuchsleiter sagte lediglich: »Dabei kann ich euch jetzt nicht helfen.« Es zeigten sich bemerkenswerte Unterschiede zwischen den Kindern. Manche gaben schnell auf, andere wiederholten immer wieder dieselben Anstrengungen und wieder andere versuchten ausschließlich, den Versuchsleiter zur Hilfe zu bewegen, ohne es selbst auszuprobieren. Einige Kinder gingen jedoch auch ganz begeistert an die Aufgabe heran, gaben sich große Mühe und probierten eine Vielzahl von Ansätzen aus. Studierende, die nichts über die Geschichte der einzelnen Kinder wussten, sahen sich die Videoaufnahmen von der

Situation an und bewerteten das Gefühl der Selbstwirksamkeit und das Selbstwertgefühl. Tatsächlich stellte sich heraus, dass diejenigen Kinder, die sichere Bindungserfahrungen in der frühen Kindheit gemacht und Unterstützung für ihre Autonomie im Alter von zwei Jahren erhalten hatten, jetzt selbstbestimmt handelten (an ihre eigene Kompetenz glaubten) und ein höheres Selbstwertgefühl zeigten. Es war klar, dass sie bereits im Alter von dreieinhalb Jahren glaubten, dass sie durch Ausdauer und Anstrengung erfolgreich sein würden. Was früher einmal die Responsivität der Eltern und elterliche Anleitung gewesen war, entwickelte sich zu Selbststeuerung und Selbstvertrauen. Es war eine eindrucksvolle Beobachtung.

Weitere Merkmale, die von wissenschaftlichem Interesse waren, erforderten Beobachtungen und Bewertungen im Kindergarten-Setting. Dank der finanziellen Unterstützung durch die National Science Foundation konnten wir einen eigenen Forschungskindergarten gründen, so dass wir bestimmte Kinder aus unserer Studie in derselben Umgebung beobachten konnten.

Ich möchte die Gelegenheit nutzen, um etwas über den Charakter der von uns untersuchten Eltern zu sagen. Er zeigte sich, nachdem einer der Gutachter der NSF-Förderung sich besorgt darüber äußerte, ob die Familien der Teilnahme zustimmen würden. Die Befürchtung war, dass Familien aus einkommensschwachen Gemeinschaften möglicherweise wenig Interesse daran hatten, ihre Kinder in einen Kindergarten zu schicken, schon gar nicht an einer prestigereichen Institution. Das war Unsinn. Natürlich hatten sie Interesse daran. Die Reaktion war einhellig positiv. Einige weinten sogar, weil ihr Kind die Chance erhielt, einen so großartigen Kindergarten zu besuchen. Einkommensschwache Eltern wollen genauso wie alle anderen Eltern das Beste für ihre Kinder.

Wie keine andere Gelegenheit zuvor ermöglichte der Kindergarten uns einen Blick auf die entstehende Persönlichkeit. Dieses Umfeld bot eine Fülle von Beobachtungsmöglichkeiten. Unter der Leitung von Peter Clark beurteilten drei sehr erfahrene, mitfühlende und begabte ErzieherInnen jedes Kind am Ende eines Kindergartenjahrs. Außerdem wurde das Geschehen jeden Tag durch ein ganzes Geschwader von BeobachterInnen in den Beobachtungskabinen und am Rand des Spielplatzes verfolgt, und die ganze Zeit über liefen zahlreiche Videokameras. Wir konnten sehr ausführlich dokumentieren, was passierte. Es war der Traum jedes Entwicklungspsychologen. Wenn man an die Riesenunterschiede denkt, die bei Schulkindern zu beobachten sind, fragt man sich immer, wie ihr Verhalten mit ihrer Erfahrungsgeschichte zusammenhängt. Jetzt konnten wir es herausfinden.

Es war genau so, wie es die Bindungstheorie besagt: Kinder mit sicheren Bindungserfahrungen waren besser in der Lage, sich selbst zu steuern, zeigten eine bessere Gefühlsregulation, mehr Selbstvertrauen und hatten einen geringeren Bedarf an Anleitung und Unterstützung von den ErzieherInnen als die Kinder mit unsicherem Bindungshintergrund. Sie konnten erfolgreich die Hilfe und Unterstützung von ErzieherInnen in Anspruch nehmen, wenn Probleme oder Aufgaben ihre Fähigkeiten überstiegen, aber das Wichtigste war eindeutig der Kontakt zur Welt der Gleichaltrigen. Sie hatten engere Beziehungen zu ihren Spielkameraden, zeigten mehr positive Affekte in sozialen Interaktionen, waren empathischer und ließen sich nicht so schnell frustrieren.

Von besonderer Bedeutung war ein von Jeanne und Jack Block entwickeltes Maß, das sie als »Ego-Resilienz« bezeichneten. Dieses Maß erschloss die Art, wie Kinder ihr Verhalten anpassen, um unterschiedlichen Bedingungen gerecht zu werden, wie sie Herausforderungen bewältigen und wie engagiert sie sich auf eine Reihe von Aktivitäten einlassen und von Stress erholen. Kurzum, es war ein Maßstab für die Flexibilität der Verhaltens- und Gefühlsorganisation, ein Schlüsselelement dessen, was wir Persönlichkeit nennen. Kinder mit sicherer Bindungsgeschichte erzielten bei dieser Messung erheblich höhere Werte, vor allem im Vergleich zu Kindern mit unsicher-vermeidender Bindungsgeschichte.

Die Ergebnisse in Bezug auf die Empathie waren ebenfalls sehr interessant und unterstützten die Annahme von June Sroufe, dass auch das Wesen der Beziehungen durch die frühen Erfahrungen verinnerlicht wird. Kinder mit sicherem Bindungshintergrund, die feinfühlige, responsive Zuwendung erhalten hatten, wenn sie bedürftig und gestresst waren, reagierten jetzt feinfühliger auf die Bedürfnisse und den Stress anderer. Das lässt sich nicht allein damit erklären, dass sie einfach einige Verhaltensweisen erlernt haben, weil die Kinder nicht die speziellen Verhaltensweisen zeigten, die sie selbst erlebt hatten. Sie nahmen das Kind, das Kummer hatte, nicht in die Arme, wiegten es nicht hin und her oder spendeten ihm auf andere Weise Trost. Wesentlich häufiger warfen sie ihm besorgte Blicke zu und wandten sich an einen Erzieher, damit er dem betreffenden Kind half, aber ihre empathische Besorgnis war offenkundig.

Da Bowlbys Kerngedanke war, dass das Selbst aus Beziehungen entsteht, war ich auch besonders interessiert an den Ergebnissen hinsichtlich des Selbstwertgefühls. Wie bereits erwähnt, wussten die ErzieherInnen und BeobachterInnen nichts über die Geschichte der Kinder in unserer Studie. Dennoch deutete eine Vielzahl der von ihnen vorgenommenen Bewertungen und Beschreibungen immer wieder darauf hin, dass die Kinder mit sicherem Bindungshintergrund ein höheres Selbstwertgefühl hatten. Tatsächlich wurde fast jedes Kind mit sicherer Bindungsgeschichte bei den Einschätzungen der ErzieherInnen in dieser Hinsicht höher bewertet als alle Kinder mit unsicher-vermeidender Bindungsgeschichte. Aus feinfühliger elterlicher Fürsorge geht das Selbstwertgefühl hervor.

Ein Beispiel für die sozialen Prioritäten und die entstehende Autonomie der sicher gebundenen Kinder lieferte unsere Dokumentation der Sitzanordnungen in den zahlreichen Zirkelzeiten (zum Vorlesen oder zum Spielen). Aus diesen Dutzenden von Sitzplänen konnten wir ableiten, wie häufig die Kinder bei den ErzieherInnen oder bei Gleichaltrigen saßen. Sicher gebundene Kinder saßen wesentlich seltener bei den ErzieherInnen auf dem Schoß oder auch nur neben ihnen als Kinder mit unsicherer Bindungsgeschichte. Am häufigsten saßen sie neben ihren liebsten Spielkameraden.

Wenn Eltern feinfühlig auf ihre Säuglinge und Kleinkinder eingehen, ist das Ergebnis keineswegs ein Kind, das egoistisch, verwöhnt und abhängig ist. Kleine Kinder, deren Bezugspersonen prompt und angemessen auf ihre Signale reagieren, lernen, dass sie etwas wert sind und erfolgreich auf ihr Umfeld einwirken können. Durch Anleitung und Hilfe bei der Gefühlsregulation lernen Kinder, sich selbst zu regulieren. Wenn Eltern verlässlich auf die Bedürfnisse des

Kindes nach Trost und Sicherheit reagieren, fördern sie die Autonomie des Kindes. Und wenn Kinder auf empathische Weise behandelt werden, entwickeln sie die Fähigkeit zur Empathie. Wie unsere Arbeit und die anderer WissenschaftlerInnen zeigt, hat es kaum Auswirkungen, wenn man die Kinder einfach dazu ermahnt, das Richtige zu tun, aber weitreichende Auswirkungen, wenn man sie innerhalb einer empathischen Beziehung wachsen lässt.

Was sich uns darbot, war außerdem nicht einfach nur eine Ansammlung neuer Fertigkeiten, sondern vielmehr eine entstehende Organisation, eine entstehende Persönlichkeit. Hohes Selbstwertgefühl, Selbstvertrauen, die Fähigkeit zur Gefühlsregulation, Selbststeuerung, Empathie und soziale Kompetenz bilden ein gemeinsames Ganzes und ergeben sich allesamt aus einer Geschichte responsiver Fürsorge und sicherer Bindung. Das ist die faszinierende Idee.

Diese Kohärenz wurde noch deutlicher, als wir unser Augenmerk auf die Gruppen mit unsicherem Bindungshintergrund richteten. In der frühen Kindheit sind Kinder mit unsicher-ambivalenter (resistenter) Bindung (aufgrund willkürlicher, unsicherer oder unbeständiger Fürsorge) misstrauisch, gehemmt und auf ihre Mütter fixiert; sie geraten leicht aus der Fassung und sind schwer zu beruhigen. Im Kindergarten verhielten sie sich bei ihren Interaktionsangeboten gegenüber anderen Kindern zögerlich, unreif und mitunter unbeherrscht. Sie blieben in der Nähe der ErzieherInnen oder hielten sich am Rand ihrer Gleichaltrigengruppe auf. Ließen sie sich doch einmal auf Kontakte mit anderen Kindern ein, waren sie schnell frustriert und die Interaktionen brachen zusammen. Wenn ein anderes Kind verletzt oder bekümmert war, suchten sie eilig die Nähe der ErzieherInnen, so als ob sie sich selbst verletzt hätten.

Kinder mit unsicher-vermeidendem Bindungshintergrund zeigten ein ganz anderes Muster. In der frühen Kindheit hatte sich bei ihnen aufgrund der emotionalen Nichtverfügbarkeit und/oder chronischen Zurückweisung und Ablehnung der primären Bezugsperson in auffälliger Weise gezeigt, dass sie nicht fähig waren, die Mütter als Quelle der Beruhigung oder des Trostes zu nutzen. Tatsächlich hatten sie im Anschluss an den Stress der kurzen Trennungen im Laborverfahren den Kontakt zur Mutter aktiv vermieden. Ebenso wie die ängstliche Fixierung auf die Bezugsperson verhindert auch deren Vermeidung, dass die Kinder im Anschluss an eine Stressbelastung ihr Explorationsverhalten wieder aufnehmen, weil sie die benötigte emotionale Unterstützung nicht erhalten. Im Kindergarten waren diese Kinder isoliert und gingen nur wenige enge Freundschaften ein.

Außerdem zeigte sich, dass die anderen Kinder die unsicher-vermeidend gebundenen Gleichaltrigen aktiv ablehnten, während sie bei den unsicher-ambivalent gebundenen Kindern einfach nicht den Kontakt suchten. Die Kinder erklärten ihre Abneigung damit, dass diese Kinder »gemein« seien oder »nicht gut spielen« würden. Sie waren tatsächlich aggressiver und zeigten auch auf auffällige Weise unprovozierte Aggressionen. Die unsicher-ambivalent gebundenen Kinder schlugen durchaus einmal frustriert um sich, aber sie gingen nicht einfach los und schlugen ein anderes Kind, das ihnen nichts getan hatte, und schwärzten es auch nicht bei einer Erzieherin an, damit sie es ausschimpfte. Ein kleines Mädchen mit unsicher-vermeidendem Bindungshintergrund zum Beispiel ermutigte die anderen immer wieder, etwas zu tun, was gegen die Regeln verstieß, um dann eine Erzieherin zu holen und auf das Fehlverhalten hinzuweisen.

Wenn sich ein anderes Kind verletzte oder bekümmert war, taten die unsicher-vermeidend gebundenen Kinder häufig etwas, um diesen Kummer zu vergrößern. Als zum Beispiel ein Mädchen sagte, sie habe Bauchweh, boxte ihr ein Junge mit unsicher-vermeidender Bindungsgeschichte direkt auf die Stelle, auf die sie ihre Hand gehalten hatte. Bemerkenswert ist, dass dieses Verhalten denselben Grad an Verständnis erfordert, den Kinder mit sicherer Bindungsgeschichte haben. Der Junge hatte genau verstanden, warum das Mädchen litt und was die Ursache war. Er hatte jedoch ein ganz anderes Verständnis davon verinnerlicht, wie Beziehungen funktionieren. Das Modell der sozialen Welt, das er verinnerlicht hatte, umfasst offenbar den Grundsatz, dass die Verwundbarkeit einer Person bedeutet, dass die andere Person diese Verwundbarkeit ausnutzt. Wir zogen daraus den Schluss, dass dies ein Ergebnis der konkreten Erfahrungen war, die er internalisiert hatte.

Trotz ihres dem Anschein nach gefühllosen und distanzierten Verhaltens beurteilten ErzieherInnen und BeobachterInnen die Kinder mit unsicher-vermeidender Bindungsgeschichte als stark abhängig von den ErzieherInnen. Das zeigte sich trotz der Tatsache, dass diese Kinder sich nicht hilfesuchend an die Erwachsenen wandten, wenn sie verletzt oder gestresst waren, sondern ihre Bedürftigkeit nur indirekt zum Ausdruck brachten. Ein Junge zum Beispiel machte sich jeden Tag bei seiner Ankunft im Kindergarten auf den Weg zu seiner Erzieherin, wirkte dabei aber wie ein Segelboot, das gegen den Wind kreuzt. Er ging schräg in die eine Richtung, dann in die andere, bis er sich schließlich, wenn er in ihrer Nähe war, umdrehte und sich mit dem Rücken gegen sie lehnte. Ein anderer Junge zog sich am letzten Tag der Kindergartenzeit beim allgemeinen Abschiednehmen ganz allein in eine Ecke zurück. Eine Erzieherin, die das beobachtete, ging hin und legte den Arm um ihn, woraufhin er in Tränen ausbrach. Kinder mit unsicher-vermeidendem Bindungshintergrund saßen auch während der Zirkelzeiten häufiger als sicher gebundene Kinder neben den ErzieherInnen oder auf deren Schoß. Nur die Bindungstheorie hatte vorhergesagt, dass Kinder, die in früher Kindheit zurückgewiesen und in Richtung Unabhängigkeit gedrängt werden, später eine stärkere Abhängigkeit entwickeln. Dieses Ergebnis warf frühere Entwicklungstheorien, die die Unveränderlichkeit von festen Verhaltensmerkmalen betont hatten, über den Haufen.

Diese Muster sind natürlich Verallgemeinerungen und Vereinfachungen. Manche Kinder mit unsicherem Bindungshintergrund machten sich gut im Kindergarten, während einige mit sicherem Bindungshintergrund mit Problemen zu kämpfen hatten. Es gibt auch nicht nur drei Arten von Kindern. Jedes Kind ist in vielerlei Hinsicht einzigartig. Trotz der Validität dieser Generalisierungen lassen sich manche Kinder nicht säuberlich in die eine oder andere Schublade sortieren, sondern zeigen eine Kombination der Merkmale, die ich beschrieben habe.

Ich selbst war als Kind oft einsam, was meiner Ansicht nach auf viele Kinder mit unsicher-vermeidender Bindungsgeschichte zutrifft. Am Ende hatte ich auch große Angst vor meinen eigenen Gefühlen, vor allem vor meiner Wut. Andererseits weiß ich, dass ich schnell frustriert und häufig aufgebracht und gestresst war und mitunter angesichts von Enttäuschungen vollständig ausgerastet bin. Von daher passe ich auch ganz gut in die »ambivalente« Schublade. Aber andere Kinder mochten mich. Ich war neugierig, habe mich gut mit meinen Lehrern verstanden, mich an die Unterrichtsregeln gehalten und allgemein mit einer gewissen Selbständigkeit funktioniert, wies also auch Merkmale von Kindern mit sicherer Bindungsgeschichte auf.

Für eine solche Kombination von Merkmalen lassen sich vielerlei Erklärungen finden. Eine Möglichkeit ist, dass die Phase der frühen Kindheit in meinem Fall gut verlaufen ist und ich hinreichend feinfühlige Fürsorge erhielt. In der Kleinkindphase sind dann jedoch Probleme aufgetaucht. Vielleicht hat sich damals die Stressbelastung, die letztlich zur Trennung meiner Eltern führte, verstärkt. Vielleicht machte die Anspannung bei uns Zuhause mich ängstlich und unbeherrscht. Möglicherweise fand meine Mutter es aufgrund ihrer Angst vor Gefühlsäußerungen schwierig, mit den starken Gefühlsausbrüchen eines ungestümen (männlichen) Kleinkindes umzugehen. Vielleicht reagierte sie negativ auf meinen natürlichen Ausdruck von Emotionen. Es ist klar, dass ich nichts davon mit Gewissheit sagen kann. Es gab keinen objektiven Beobachter, der sich Notizen machte, und ich habe keine Erinnerungen an die ersten beiden Lebensjahre.

Trotz der Komplexität jeder individuellen Entwicklungsgeschichte und den Unzulänglichkeiten jeder Typologie sind die beschriebenen Muster nützlich. Sie veranschaulichen die Kohärenz der Entwicklung und erlauben angemessene Vorhersagen über das künftige Verhalten. Jeder Einzelfall ist einzigartig, aber ich war der festen Überzeugung, dass sich bei ausreichenden Informationen auch jeder individuelle Entwicklungsverlauf als kohärent erweisen würde. Wie wir schließlich zeigen konnten, wurden unsere Vorhersagen immer zuverlässiger, je mehr Erfahrungen verschiedener Altersstufen wir miteinbezogen. Dennoch sind die in der frühen Kindheit beobachteten Muster durchaus von prognostischem Wert im Hinblick auf die Vorschulphase, die übrige Kindheit und das Erwachsenenalter.

Die Validität dieser Funktionsmuster im Vorschulalter wurde

abermals bestätigt, als ich gemeinsam mit Frosso Motti untersuchte, wie die ErzieherInnen unterschiedliche Kinder behandelten. Aus unserer umfangreichen Videosammlung stellten wir nach dem Zufallsprinzip Videos von zahlreichen Episoden zusammen, in denen eine bestimmte Erzieherin und ein bestimmtes Kind zusammen gefilmt wurden. Auf der Grundlage dieses Videomaterials bewerteten unabhängige DoktorandInnen die Reaktionen der Erzieherin auf das Kind nach sechs Kriterien. Diese Kriterien waren, wie warmherzig die Erzieherin reagierte, wie und ob sie Hilfe leistete, wie stark sie das Kind kontrollierte, wie tolerant sie gegenüber Regelverletzungen oder Fehlverhalten war, ob und wie sie ihren Ärger gegenüber dem Kind zeigte und welche Erwartungen sie an seine Folgsamkeit bzw. Kooperationsbereitschaft hatte. Dieser letzte Aspekt kam darin zum Ausdruck, wie die Erzieherin sich verhielt, nachdem sie dem Kind eine Anweisung erteilt hatte. Wenn sie sich relativ schnell anderen Aufgaben zuwandte, zeigte das, dass sie vom Kind erwartete, dass es sich an die Anweisung halten würde. Wenn sie die Anweisung wiederholte, bevor das Kind überhaupt die Möglichkeit gehabt hatte, sie auszuführen, oder wenn sie in der Nähe des Kindes blieb, ihm gut zuredete und es beobachtete, so zeigte dies, dass sie die Folgsamkeit gering einschätzte.

Wir stellten Folgendes fest: Bei den Kindern mit sicherer Bindungsgeschichte stellten die ErzieherInnen hohe Ansprüche: Wenn ein Kind also eine Unterrichtsregel verletzte, erinnerten sie es einfach an die Regel und sagten ihm, dass es das doch besser könne. Sie bauten darauf, dass diese Kinder ihren Anweisungen folgen würden und gingen offensichtlich davon aus, dass sie vieles allein bewältigen konnten. Sie kontrollierten sie nicht und zeigten ihnen gegenüber auch keinen Ärger. Sie gingen warmherzig mit ihnen um, wie im Großen und Ganzen mit allen Kindern. Alles in allem behandelten sie sie auf respektvolle, altersangemessene Weise.

Bei den Kindern mit unsicher-ambivalenter (resistenter) Bindungsgeschichte zeigten die ErzieherInnen ein sehr hohes Maß an Hilfegewährung und nahmen den Vier- und Fünfjährigen sogar Aufgaben ab, zu denen sie eigenständig fähig sein sollten. Sie tolerierten Regelverletzungen und glaubten offenbar, dass die Einhaltung von Regeln diese Kinder gelegentlich überforderte. Sie verhielten sich ihnen gegenüber relativ stark kontrollierend, aber entgegenkommend und nie ärgerlich. Unser Fazit lautete, dass diese Kinder ein bisschen infantilisiert wurden, also als unreif und bedürftig behandelt wurden.

Bei den Kindern mit unsicher-vermeidender Bindungsgeschichte verhielten die ErzieherInnen sich schließlich kontrollierend, hatten geringe Erwartungen an die Kooperationsbereitschaft und reagierten in seltenen Fällen sogar ärgerlich.

Es waren erstaunliche Ergebnisse. Es schien, dass die Kinder durch ihr Verhalten bestimmte Reaktionen bei den ErzieherInnen auslösten, die dazu beitrugen, ihre früheren Erfahrungen fortzuschreiben. Die ErzieherInnen widmeten sich denjenigen Kindern, die aufgrund des Mangels an verlässlicher Fürsorge in der frühen Kindheit unreif, ängstlich und gehemmt waren, in übertriebener Art und Weise. Das verstärkte möglicherweise das Abhängigkeitsmuster der Kinder und hielt sie weiter davon ab, Kontakt zu Gleichaltrigen aufzubauen. Kinder, die früh die Erfahrung der Ablehnung gemacht hatten, stießen Gleichaltrige und manchmal sogar die ErzieherInnen vor den Kopf, was zu weiteren Ablehnungserfahrungen führte. Obwohl der Kindergarten also die Gelegenheit bot, neue Fertigkeiten zu erlernen und neue Erwartungen im Hinblick auf Beziehungen zu entwickeln – was häufig der Fall war –, diente er doch manchmal auch dazu, bestehende Sichtweisen der sozialen Welt zu festigen.

In unserem eigenen Kindergarten konnten wir auch das Wesen der Beziehungen zwischen den Gleichaltrigen erfassen, indem wir systematisch Kinder mit unterschiedlichen Bindungserfahrungen paarweise zusammenbrachten und sie gemeinsam an 15 bis 20 Spielsitzungen teilnehmen ließen. So bildeten wir z. B. Zweierpaare aus unsicher-vermeidend gebundenen Jungen mit sicher gebundenen Jungen oder aus unsicher-ambivalent (resistent) gebundenen Jungen mit anderen unsicher-vermeidend gebundenen Jungen usw.

Wenn zwei Kinder mit sicherer Bindungsgeschichte zusammengebracht wurden, bildeten die beiden die erfolgreichsten Beziehungen mit der größten emotionalen Verbundenheit, was in vielerlei Hinsicht zum Ausdruck kam. Die Qualität des Fantasiespiels, das sie erreichten, bewegte sich auf einem hohen Niveau, das über das hinausging, was jedes Kind allein erreichen konnte. Ihr Spiel war auch besser koordiniert, mit anhaltenden Interaktionsketten und der Fähigkeit, auftretende Konflikte zu lösen, so dass sie ihr Spiel fortsetzen konnten. Ein Beispiel umfasste zwei fünfjährige Mädchen, die sehr anspruchsvolle Themen entwickelten. Einmal stellten sie zwei Stühle zusammen und taten so, als ob sie in einem Auto säßen. Sie fuhren eine Weile mit dem Auto, und hielten dann an, um Lebensmittel einzukaufen. Als sie die Fahrt fortsetzten, sagte die eine zur anderen: »Vielleicht machen unsere Ehemänner ja was zum Abendessen für uns!«

Über diese Kompetenzunterschiede hinaus gab es weitere klare Unterschiede zwischen allen Zweiergruppen. Das war insbesondere im Hinblick auf das Thema Mobbing bemerkenswert. Durch Jeanne und Jack Block hatte ich im Jahr 1977 Dan Olweus kennengelernt. Dan hatte bahnbrechende Arbeiten zum Thema Gewalt und Mobbing in Skandinavien durchgeführt, bevor irgendjemand sonst sich dieses verbreiteten Problems bewusst war. Er argumentierte auch, dass die Konstellation von Mobber und Opfer nicht zufällig entsteht und dass dieses Schikanieren möglicherweise auf den Erfahrungsgeschichten der beiden Kinder beruht. Wir hatten die perfekte Gelegenheit, um diese These zu überprüfen. Genaugenommen konnte man sie im Grunde nur in einer Studie wie der unseren überprüfen. Wenn man einen Fall von Mobbing beobachtet und die Geschichte der beiden Kinder nicht kennt, kann man nicht vollständig verstehen, was geschieht. Warum ist dieses spezielle Kind zum Mobber geworden? Würde es jedes beliebige andere Kind auch schikanieren? Würde das andere Kind auch sonst zum Opfer werden? Ohne Hintergrundwissen lassen sich diese Fragen nicht klären.

In unserer Studie nahm das Schikanieren manchmal die Form körperlicher Aggressionen an, auch wenn die physische Gewalt eingeschränkt war, weil ein Beobachter im Spielzimmer anwesend war, der gegebenenfalls einschritt. Häufiger umfasste das Schikanieren verbale Aggressionen oder abwertende Gesten, sei es durch höhnisches Grinsen oder dass der Spielpartner links liegen gelassen wurde. Ein Kind zum Beispiel wies die Kontaktversuche seines Spielkameraden in einer einzigen 20-minütigen Spielsitzung mehr als 130 Mal zurück. Der Spielkamerad sagte etwas wie: »Ich habe ein Auto«, und das Kind antwortete: »Das ist doof« oder etwas Ähnliches in der Art. Wir stellten fest, dass immer wenn die Zweiergruppe aus einem unsicher-vermeidend gebundenen und einem unsicher-ambivalent (resistent) gebundenen Kind bestand, das ambivalente Kind zum Opfer von Schikanen wurde. Wenn zwei unsicher-vermeidende Kinder zusammengebracht wurden, kam es vor, dass das eine Kind das andere systematisch mobbte (wenn es in kognitiver Hinsicht langsamer oder sonst irgendwie schwächer war) oder dass sie sogar zu verschiedenen Zeiten die Rollen wechselten. Doch das Mobbing fand statt. Es ist äußerst interessant, dass es bei Zweiergruppen, die sich aus vermeidenden und sicheren, aus sicheren und sicheren sowie aus sicheren und ambivalenten Kindern zusammensetzten, nicht zum Schikanieren kam. Kinder mit sicherer Bindungsgeschichte ließen sich nicht mobben. Bei einem unsicher-vermeidenden Spielpartner mussten sie sich mitunter durchsetzen oder die beiden spielten einfach getrennt, aber eine Mobber-Opfer-Beziehung wurde kein einziges Mal beobachtet. Die Kinder mit sicherer Bindungsgeschichte zeigten auch gegenüber den verletzlicheren Kindern mit unsicher-ambivalenter (resistenter) Bindung kein schikanöses Verhalten, sondern förderten und unterstützten sie beim Spielen. Die Kinder mit ambivalenten Bindungserfahrungen wirkten wesentlich kompetenter und engagierter, wenn sie in einer Zweiergruppe mit einem sicher gebundenen Kind zusammenwaren. Diese Beobachtungen sind wichtig, weil sie bedeuten, dass das Mobben und Schikaniertwerden das Zusammenspiel zweier Entwicklungsgeschichten umfasst. Mobbing oder Schikanieren ist ein Beziehungsphänomen, auch wenn das natürlich niemals heißt, dass dieses Verhalten akzeptabel ist. Aber es zeigt, wie wichtig es ist, mit beiden Kindern, dem schikanierenden und dem schikanierten, zu arbeiten.

Die innere Welt des Vorschulkindes

Wir waren überzeugt, dass wir durch die Gesamtheit all dieser Beobachtungen einen Einblick in die innere Welt des Kindes gewinnen konnten. Kinder mit sicherem Bindungshintergrund schienen sich selbst als kompetente Problemlöser zu sehen, die über die Fähigkeit verfügten, ihre Gefühle und ihr Verhalten zu steuern und zu regulieren. Sie schienen auch positive Erwartungen hinsichtlich ihrer Beziehungen zu anderen zu haben. Sie erwarteten, dass Beziehungen etwas Lohnendes waren. Sie erwarteten, dass andere Kinder mit ihnen spielen wollten, und sie erwarteten, dass Erwachsene nötigenfalls für sie verfügbar waren. Kinder mit unsicherem Bindungshintergrund gingen offenbar nicht von diesen positiven Erwartungen aus. Bei Kindern mit unsicher-ambivalenter (resistenter) Bindungsvergangenheit zeigte sich vor allem ein auffälliger Mangel an Selbstvertrauen und Bewältigungsfähigkeiten. Kinder mit unsicher-vermeidender Bindungsvergangenheit schienen insbesondere entfremdet von anderen und erwarteten, dass Gleichaltrige ebenso wie Lehrer sie ablehnen würden. Dann legten sie Verhaltensweisen an den Tag, durch die sich diese Erwartungen erfüllten.

Es gibt mehrere Anekdoten aus unserer Studie, die diese unterschiedlichen Erwartungen der Kinder mit unterschiedlichem Bindungshintergrund veranschaulichen. Eine meiner Lieblingsgeschichten ereignete sich, als die ErzieherInnen einmal Musik machten, während die Kinder mit den verschiedenen Kleinbussen, mit denen sie in der ganzen Stadt eingesammelt wurden, eintrafen. Einige Kinder fingen an, zu der Musik zu tanzen. Ein Junge kam herein, ging zu einem Mädchen und fragte, ob es mit ihm tanzen wolle, doch sie lehnte ab. Daraufhin zog sich der Junge für einen längeren Zeitraum schmollend in eine Ecke des Raums zurück. Ein drittes Kind kam herein und ging zufällig zu demselben tanzunwilligen Mädchen. Wiederum lehnte die Kleine – immerhin konsequent – das Tanzangebot ab. Doch dieser Junge wanderte einfach weiter zum nächsten Kind, forderte es auf und erhielt eine positive Reaktion. Die beiden tanzten eine ganze Weile vergnügt miteinander herum.

Man kann dieses Beispiel unterschiedlich deuten, um die abweichenden Erwartungen zu beleuchten. Man könnte sagen, dass das erste Kind, das einen vermeidenden Bindungshintergrund hatte, die negative Reaktion als vernichtende persönliche Zurückweisung erlebte, als Kommentar zu seinem Selbstwert. Das dritte Kind, das hereinkam und einen sicheren Bindungshintergrund hatte, nahm sich die Ablehnung viel weniger zu Herzen. Alternativ könnte man auch sagen, dass dieses letztere Kind, obwohl es genau die gleiche Reaktion der unwilligen Tanzpartnerin erhielt, gar keine Ablehnung *erlebte*. Vielleicht nahm dieser Junge einfach an, dass das Mädchen einen schlechten Tag hatte oder sich über irgendetwas ärgerte. Trotzdem nahm er die Ablehnung nicht als Kommentar über seinen eigenen Wert wahr und ging einfach weiter zur nächsten Kandidatin. Es zeigten (und festigten) sich also sehr unterschiedliche Weltanschauungen.

Vera, deren Gespräch mit der Erzieherin ich zu Beginn dieses Kapitels zitiert habe, ist ein weiteres hervorragendes Beispiel für die einzigartige Art und Weise, wie gemachte Erfahrungen die Weltsicht beeinflussen. Vera hatte eine sehr schwierige Kindheit, erfüllt von Ablehnung, emotionaler Vernachlässigung und Gewalt. In unserem Kindergarten verhielt sie sich ziemlich wütend und launisch und neigte zu irgendwie unberechenbaren Ausbrüchen. In vielerlei Hinsicht war sie jedoch auch ein charmantes Kind und sehr klug. Sie hatte einen der höchsten IQs aller Kinder in der Studie. Trotz ihres Verhaltens hatte eine unserer ErzieherInnen, Jane Love, sie besonders ins Herz geschlossen. Sie blieb bei ihr, wenn sie einen Wutausbruch hatte und war in der Lage, Vera in schwierigen Phasen durch ihre Anwesenheit zu beruhigen. Genau diese Erzieherin wurde in Veras Traumwelt ausgewählt, um sie gegen eine Wand zu schleudern. Obwohl das in Anbetracht der unerschütterlichen Zuwendung und freundlichen Art dieser Erzieherin scheinbar widersprüchlich ist, kann man es als Ausdruck von Veras großer Angst vor Nähe, vor Vertrauen, verstehen. In ihrer Erfahrung können diejenigen, die für dich sorgen und von denen du abhängig bist, dir weh tun. Vera war allerdings fähig, so viel Vertrauen aufzubringen, dass sie der Erzieherin von ihrem Traum erzählte. Als diese daraufhin sagte: »Das würde ich niemals tun«, wollte Vera eine Erklärung. Es ist schwer vorstellbar, dass jemand eine Erklärung dafür braucht, warum ein Mensch, der ihm wichtig ist, ihn *nicht* ernsthaft verletzen würde. Was für eine Weltsicht! Als die Erzieherin dann sagte, sie würde es nicht tun, weil sie Vera sehr gern habe, brauchte Vera auch dafür eine Erklärung. In diesem Fall konnten wir eindeutig einen Blick in die innere Welt dieses Kindes werfen.

Wir hatten zahlreiche Gelegenheiten, diese inneren Welten noch systematischer zu erforschen. Zum einen untersuchten wir die Qualität des Fantasie- oder Als-ob-Spiels der Kinder. Wenn Probleme bei Spielthemen auftraten, waren sicher gebundene Kinder im Gegensatz zu den vermeidenden und ambivalenten Gruppen regelmäßig fähig, sie erfolgreich zu lösen. Ein Kind sagte beispielsweise: »Uh oh, er hat sich das Bein gebrochen«, fuhr dann aber fort: »Hier kommt der Krankenwagen. Sie bringen ihn ins Krankenhaus. Sie machen es heil.« Das ist dieselbe Art von Verhalten, die wir bei den Dreijährigen beobachtet hatten, wenn sie angestrengt an einem schwierigen Problem arbeiteten, und dabei zunächst eine Lösungsmöglichkeit und dann eine andere ausprobierten. Diese Überzeugung, dass Probleme gelöst werden können, ist ein wichtiges Vermächtnis einer sicheren Kindheit.

Es gab auch ein besonderes Ergebnis im Hinblick auf die Kinder mit unsicher-vermeidendem Bindungshintergrund. An ihrem Fantasie-Spiel war auffällig, dass kaum Menschen darin vorkamen. Es wurden kaum je soziale Themen eingeführt. Ist es ein Wunder, dass sie sich nicht an ihre ErzieherInnen wandten, wenn sie Hilfe brauchten?

Eine weitere Methode, um Aufschluss über die innere Welt zu erhalten, bestand darin, den Kindern einige Geschichten über soziale Probleme zu erzählen; zum Beispiel ein Narrativ, in dem zwei Kinder sich über einen Gegenstand streiten. Kinder mit unsicherer Bindungsvergangenheit hatten entweder Schwierigkeiten zu erkennen, wie das Problem gelöst werden könnte oder schlugen »Gewalt-Lösungen« vor (zum Beispiel, dass sich jemand einfach nimmt, was er braucht).

Eine ähnliche Studie, die von unseren deutschen Kollegen Gerhard Suess und Klaus Grossmann geleitet wurde, offenbart diese unterschiedlichen inneren Welten sehr deutlich. Man zeigt Kindern eine Geschichte, die aus drei Bildern besteht. Auf dem ersten Bild baut ein Kind einen Turm aus Bauklötzen. Auf dem zweiten Bild geht ein anderes Kind vorbei. Auf dem dritten Bild ist der Turm schließlich umgefallen, aber es gibt keine weiteren Informationen dazu. Die Kinder werden gefragt, was hier passiert sei. Kinder mit sicherem Bindungshintergrund sagen etwas wie: »Der Junge hat wohl *versehentlich* den Turm umgestoßen. Er hilft bestimmt, ihn wieder aufzubauen.« Kinder mit unsicher-vermeidendem Bindungshintergrund sagen häufig, dass das zweite Kind den Turm *mit Absicht* umgestoßen hat, obwohl es dafür keine Anhaltspunkte in den Bildern gibt. Es entspricht jedoch ihrer Erwartung an die Funktionsweise der sozialen Welt.

Dies war nur der Anfang unserer Erforschung der inneren Repräsentationswelt des Kindes. Dieser Thematik haben wir uns in späteren Jahren noch weitaus ausführlicher gewidmet. Doch schon jetzt hatten wir einen kleinen Eindruck von etwas Erstaunlichem erhalten: nämlich der Organisation und Kohärenz der sich entwickelnden Persönlichkeit. Nicht nur das Verhalten ist äußerst organisiert, sondern auch die äußere und die innere Welt. Der Geist und die Persönlichkeit entwickeln sich genauso wie der Embryo, der Körper und das Gehirn, die alle in logischer Weise auf dem aufgebaut werden, was vorher da war.

Die Kohärenz des elterlichen Verhaltens

Was wir über Kohärenz gelernt hatten, beeinflusste unsere gesamte nachfolgende Arbeit. In Kapitel 5 haben wir einige Mütter beschrieben, die ihren Söhnen gegenüber ein verführerisches Gebaren an den Tag legten. An diesem Punkt im Projekt waren so viele Geschwister geboren worden, dass wir der Frage nachgehen konnten, wie Mütter, die sich verführerisch gegenüber ihren Söhnen verhielten, eine Tochter behandeln würden. Das war eine besonders wichtige Untersuchung, weil man von unterschiedlichen theoretischen Standpunkten aus zu sehr vielen unterschiedlichen Vorhersagen kam. Manche argumentierten, dass ein Elternteil mit dem Merkmal »verführerische Art« sich allen Geschwistern gegenüber genauso verhalten würde. Andere, wie zum Beispiel Leute, die behaupteten, Kinder würden ihren Missbrauch selbst provozieren, sagten, dass nur das eine Kind eine solche Behandlung erfahren würde. Nach der von June Sroufe vertretenen Auffassung sind Familien kohärente Systeme, und Menschen neigen dazu, das System, das sie erleben, zu verinnerlichen. Damit eine Frau sich ihrem Sohn gegenüber verführerisch verhält, muss sie gelernt haben, dass Erwachsene ihre emotionalen Bedürfnisse durch Kinder erfüllen und dass dies auf einer geschlechtsspezifischen Grundlage geschieht. Demnach hat eine solche Mutter in ihrer frühen Kindheit die emotionalen/sexuellen Bedürfnisse eines signifikanten männlichen Erwachsenen erfüllt und ihre (vielleicht nicht verfügbare oder ablehnende) Mutter hat sie nicht davor geschützt. Aus all dem entsteht ihre Sichtweise von Männern, Frauen, sich selbst und Beziehungen.

Wenn diese Auffassung von familiärer Kohärenz zutrifft, gilt die spezifische und eindeutige Vorhersage, dass Frauen, die sich ihren Söhnen gegenüber verführerisch verhalten, dies gegenüber ihren Töchtern nicht tun würden. Eine solche Frau würde sich ihren Töchtern gegenüber vielmehr feindselig und verächtlich verhalten, weil die Töchter für die Mädchen und Frauen in dem System stehen, das sie kennengelernt hat. Diese Verächtlichkeit würde sowohl offenbaren, was sie von ihrer Mutter erwartet hatte, als auch wie sie sich in Bezug auf sich selbst gefühlt hat. Tatsächlich sind wir (zusammen mit Deborah Jacobitz, Sarah Mangelsdorf und Mary Jo Ward) auf genau diese abfällige Haltung gestoßen, die in vielfacher Form zum Ausdruck kam; dazu gehörte zum Beispiel, dass die Töchter dafür beschimpft wurden, bockig, dumm oder frech zu sein; eine Mutter sagte sogar: »Benimm dich nicht so sexy« zu ihrer Zweijährigen, die objektiv betrachtet weder sexy war noch ein irgendwie geartetes sexuelles Verhalten zeigte. Alles in allem behandelten diese Mütter ihre Töchter nicht auf verführerische Art, sondern zeigten vielmehr vorhersagbare Verhaltensweisen, die die jeweilige familiäre Organisation widerspiegelten, die sie selbst als Kinder kennengelernt hatten.

Jahrzehnte später waren wir in der Lage, diese Muster von Grenzverletzung zwischen Eltern und Kind in die nächste Generation nachzuverfolgen. Da wir die Kinder aus unserer ursprünglichen Studie bis ins Erwachsenenalter begleiteten, konnten wir beobachten, wie sie sich selbst als Eltern verhielten. Und tatsächlich stellten wir eine signifikante Kontinuität bei der Weitergabe dieser in der frühen Kindheit beobachteten Muster fest. Bemerkenswert ist, dass diese Ergebnisse sich nicht durch das verbale Gedächtnis erklären lassen. Man kann sich nicht wirklich bewusst daran erinnern, wie man im Alter von zwei Jahren behandelt wurde; dennoch werden diese Zuwendungsmuster offenbar weitergeführt.

Inzwischen waren die 1980er Jahre angebrochen und unser organisationstheoretischer Rahmen, der sich auf Bowlbys Bindungsforschung und andere Entwicklungstheorien stützte, erwies sich als sehr überzeugend. Doch wie es in der Wissenschaft öfter der Fall ist, warfen unsere Entdeckungen neue und in gewisser Weise tiefgreifendere Fragen auf. Was würde in späteren Altersstufen geschehen, wenn neue Entwicklungsthemen und eine wesentlich komplexere Organisation entstanden? Konnten sehr frühe Erfahrungen einen prognostischen Wert für das Verhalten haben, das bis zu zehn Jahre später auftrat? Wie sah es mit Veränderungen aus? Würden einige Kinder angesichts neuer Herausforderungen ins Wanken geraten? Wie war es um die Resilienz bestellt? Sind manche Kinder vielleicht so widerstandsfähig, dass sie Stressbelastungen erfolgreich bewältigen oder sich nach problematischen Phasen wieder erholen? Sicherlich führt eine unsichere Bindungsqualität in der frühen Kindheit nicht zwangsläufig zu Entwicklungsproblemen. Wir hatten bereits bei einigen Kindern Veränderungen beobachtet und sogar einige faszinierende Anhaltspunkte dafür gefunden, unter welchen Umständen solche Veränderungen möglich waren. Wenn der familiäre Stress abnahm oder die soziale Unterstützung zunahm, war bei Kindern, die vorher mit Problemen zu kämpfen hatten, oft eine Verbesserung zu beobachten. Das führte zu der spannendsten Frage von allen: Ist Wandel ebenso wie Stabilität kohärent? Ist Resilienz vorhersagbar?

KAPITEL 8

Die Kohärenz der Entwicklung in der mittleren Kindheit

Interviewer:	*Was würde geschehen, wenn du einen Streit mit deiner Freundin hättest? Wäre das das Ende eurer Freundschaft?*
Myra (11 Jahre):	*(nachdenklich) Nein, das glaube ich nicht. Ich glaube, die Freundschaft wäre dann sogar noch besser als vorher.*
Interviewer:	*Warum?*
Myra:	*Weil man sich dann gegenseitig noch besser versteht.*

Im Jahr 1984 kam es zu einem weiteren bemerkenswerten und prägenden Ereignis in meinem Leben, als ich eingeladen wurde, ein Jahr am »Center for Advanced Study in the Behavioral Sciences« zu verbringen, einem Thinktank im kalifornischen Stanford. Das Center ist ein bemerkenswerter Ort, mit einer klösterlichen Atmosphäre und einzelnen Büros mit Blick auf die San Francisco Bay – ein perfekter Ort zum Nachdenken. Noch wichtiger war, dass der dort versammelte Kader von Wissenschaftlern im Jahr meines Aufenthalts einige der prominentesten Entwicklungsforscher des Landes umfasste. Sechs dieser Wissenschaftler beschäftigten sich mit der geistigen Entwicklung des Kindes und sechs von uns interessierten sich hauptsächlich für die emotionale Entwicklung, vor allem für dabei auftretende Störungen. Zwei weitere prominente Wissenschaftler schlossen sich unserer Studiengruppe einmal im Monat an.

Zu unserer Gruppe gehörten: Thomas Anders, Robert Emde, Herbert Leiderman, Arthur Parmellee, David Reiss, Arnold Sameroff, Daniel Stern und ich. Stern beendete gerade sein sehr einflussreiches

Werk mit dem Titel *The Interpersonal World of the Infant* (dt. *Die Lebenserfahrung des Säuglings*[11]). Darin stellt er die Idee vor, dass der Säugling durch die zahllosen Interaktionen mit seiner Bezugsperson Generalisierungen und psychische Repräsentationen von den wichtigsten Beziehungsmerkmalen entwickelt. Dieses Modell der Repräsentationen generalisierter Interaktionen (RIGs) weist natürlich große Ähnlichkeiten mit Bowlbys Konzept der inneren Arbeitsmodelle auf, demzufolge Modelle der sozialen Welt ebenfalls aus der Interaktionsgeschichte mit der Bezugsperson hervorgehen. Bowlbys Konzept bezieht sich auf die Funktionsweisen von Beziehungen (wenn ich X mache, macht Mutter Y) und auf die Erwartungen im Hinblick auf das Selbst und andere in Beziehungen. Es gleicht auch dem von June Sroufe und mir entwickelten Konzept, dass Beziehungserfahrungen verinnerlicht werden und den Bezugsrahmen für die Persönlichkeit liefern. Die gegenseitige Annäherung dieser Ideen führte zu vielen fruchtbaren Diskussionen zwischen den acht Mitgliedern unserer Gruppe. Wir arbeiteten intensiv zusammen, um psychische Störungen auf neue Art zu erfassen, und veröffentlichten unsere Ergebnisse schließlich in einem Buch mit dem Titel *Relationship Disorders in Early Childhood.* Unsere Grundidee war ziemlich radikal und widersprach – damals wie heute – einem Großteil der psychiatrischen Fachliteratur. Die Idee war, dass die meisten Störungen in der frühen Kindheit im Grunde Beziehungsstörungen sind und dass später auftretende individuelle Probleme auf die Geschichte gestörter Beziehungserfahrungen zurückzuführen sind und sich auch innerhalb von Beziehungen deutlich zeigen.

Diese Gruppenarbeit wurde von unserem Minnesota-Projekt beeinflusst. Außerdem hatten die Ideen dieser Wissenschaftler und die Ideen, die wir gemeinsam hervorbrachten, auch großen Einfluss auf unsere nachfolgende Arbeit. Von nun an hatte die Minnesota-Studie immer zwei Zielrichtungen. Zum einen wollten wir die Organisation typischer sozialer Entwicklung verstehen – wie eine einzelne Phase auf jeder vorhergehenden aufbaut und den Weg für die nächste ebnet. Zum anderen wollten wir verstehen, wie sich Störungen entwickeln. Damit nahmen wir an der Entstehung einer wichtigen neuen Disziplin teil, der sogenannten »Entwicklungspsychopathologie«, die die Ursprünge und den Verlauf von psychischen Störungen erforscht.* Tatsächlich wurde Dante Cicchetti, einer unserer Mitarbeiter, der an der University of Minnesota promovierte, zu einem der führenden Vertreter dieses Fachgebietes und gründete schließlich die sehr einflussreiche Zeitschrift *Development and Psychopathology*. So wie die Entwicklung der einzelnen Persönlichkeit logisch und kohärent ist, so war es unserer Überzeugung nach auch die Entwicklung psychischer Störungen. Unsere Studien zur mittleren Kindheit trugen viel dazu bei, diese These zu untermauern.

Mitte der 1980er Jahre begann ich auch mit der Arbeit an einem studentischen Lehrbuch zur kindlichen Entwicklung, gemeinsam mit meinem Kollegen Robert Cooper. An späteren Ausgaben war auch noch unsere Kollegin Ganie DeHart als Co-Autorin beteiligt. Bob und Ganie waren außerordentlich kenntnisreich, was die kognitive Entwicklung betrifft, und ich habe sehr viel aus der gemeinsamen Arbeit gelernt. Ich erwähne das Lehrbuch hier aus zwei Gründen: Erstens trug es dazu bei, mein Verständnis von älteren Kindern und Adoleszenten zu vertiefen. Das war sehr wichtig, weil die Kinder, die wir untersuchten, die frühe Kindheit hinter sich ließen. Zweitens schufen wir eine andere Art von Buch, das nicht nur die allgemeinen Veränderungen beschrieb, die auftreten, wenn Kinder älter werden, sondern auch darlegte, wie individuelle Lebenswege entstehen. Es half mir, intensiv über alles nachzudenken, was wir aus der Studie lernten. Gleichzeitig half es mir, die nächsten Phasen der Studie überlegter anzugehen.**

* Vgl. Sroufe und Rutter, »The Domain of Developmental Psychopathology«, *Child Development*, 1984, 55, S. 17–29.

** Das Buch war recht erfolgreich, vor allem in Community Colleges in Kalifornien. Das lag zum Teil an einer Bildungs-TV-Serie mit dem Titel »Time to Grow«, an der wir arbeiteten. Trotzdem war es eine Überraschung, als ich eines Tages eine Ausgabe des Buchs im Fernsehen sah. Eine der Figuren in der Serie »Beverly Hills 90210« ging in die Küche und schleuderte ihre Bücher auf den Tisch. Ganz oben lag unser Buch. Bei den Studierenden in unserem Projekt löste das große Begeisterung aus. Es war eine doppelte Überraschung, weil etwa zur gleichen Zeit mein 1975 erschienenes Buch über die frühe Kindheit einen Auftritt in »Seinfeld« hatte. Während Jerry in der »Bibliotheksepisode« etwas erzählt, steht direkt hinter ihm unübersehbar mein Buch über Säuglinge. Das wäre vermutlich unbemerkt geblieben, hätte das Buch nicht ein so scheußliches Cover gehabt (worauf mich meine eigenen Kinder bei zahl-

Alles in allem trug das Jahr am Center for Advanced Study dazu bei, dass wir die nächsten Schritte im Projekt gründlich durchdachten. Als die Kinder die mittlere Kindheit durchliefen, mussten wir unsere Strategie ein wenig ändern, weil der schulische Kontext von so entscheidender Bedeutung ist. Während der Klassenstufen der Elementary School, also von der Vorschule bis zur 6. Klasse (K-6), nahmen wir keine Laborbeurteilungen vor. Trotzdem sammelten wir eine Fülle von Informationen über jede Familie. Die LehrerInnen erstellten zu fünf unterschiedlichen Zeitpunkten Berichte und Einschätzungen zu allen Kindern. Außerdem interviewten wir bei diesen fünf Gelegenheiten die Eltern und führten direkte Beobachtungen bei über 100 Kindern in den Dutzenden von Schulen durch, die sie besuchten. (Von den mehreren Hundert LehrerInnen, die wir im Laufe der ganzen Jahre um Hilfe bei dem Projekt baten, haben lediglich zwei abgelehnt. Diese rege Beteiligung zeigt, wie sehr ihnen das Wohl der Kinder am Herzen liegt.)

48 Kinder nahmen nach Abschluss der 5. Klasse an mehreren von uns angebotenen vierwöchigen Tagessommercamps teil. In der 6. Klasse führten wir dann mit jedem Kind unser eigenes umfangreiches Interview durch. Basierend auf all diesen Erhebungen waren wir in der Lage, ein recht gutes Bild von der sozialen Entwicklung jedes einzelnen Kindes zu gewinnen sowie von dem Grad und der Art von problematischen Verhaltensweisen.

Die Vorhersage des schulischen Verhaltens

Dass wir uns über so viele Jahre hinweg auf die Hilfe von zahlreichen LehrerInnen stützen konnten, erbrachte sehr solide Informationen. Jeder Lehrer wurde gebeten, alle SchülerInnen in seiner Klasse einzustufen (mittels der Initialen der Schüler, um die Identität der Kinder, die nicht an der Studie teilnahmen, zu schützen). Die Einstufungen erfolgten nach zwei wichtigen Anpassungsmerkmalen: 1. soziale

reichen Gelegenheiten hinwiesen). Das Leben geht seltsame Wege und hält mitunter tatsächlich seltsame Zufälle bereit.

Kompetenz und 2. emotionale Gesundheit/Selbstwertgefühl. Das Einstufungsformat war so konzipiert, dass die LehrerInnen nicht wussten, welchen Kindern unser Hauptaugenmerk galt. Von den Informationen, die wir von den LehrerInnen erhielten, ging keine in die offiziellen Schulaufzeichnungen ein, so dass andere LehrerInnen uns später unabhängig von diesen Bewertungen unterstützen konnten. Um die LehrerInnen darin zu unterweisen, wie sie ihre Einstufungen der sozialen Kompetenz und der emotionalen Gesundheit/des Selbstwertgefühls bei den Kindern vornehmen sollten, erhielten sie kurze Beschreibungen der Merkmale. Dazu gehörten bei der sozialen Kompetenz solche Kriterien wie aktives Engagement, Kontaktfreudigkeit, Anführen und Folgen, Akzeptanz durch andere und Kompetenz in engen Beziehungen.* Bei der emotionalen Gesundheit waren die Kriterien: Selbstvertrauen, Selbststeuerung, Offenheit für neue Erfahrungen, Neugier und Beteiligung an Aktivitäten ohne übermäßige Ablenkbarkeit, Angst, Hemmung u. ä.**

---

* Beliebte Kinder stoßen bei anderen auf große Sympathie und haben klar erkennbare wechselseitige Freundschaften. Außerdem werden sie von anderen respektiert, und ihre Ideen und Handlungen werden befolgt. Zu den Kriterien für die hohe Beliebtheit eines Kindes würden zum Beispiel folgende gehören: a) Kontaktfreudigkeit, d. h. relativ häufige soziale Kontakte mit Gleichaltrigen; b) breite Akzeptanz bei anderen Kindern; c) Freundschaft, d. h. einer oder mehrere spezielle Gefährten, mit dem/denen eine gut vernetzte Beziehung besteht; d) soziale Fähigkeiten und Führungsqualitäten; und e) Verständnis für die Sichtweisen und Wünsche eines anderen Kindes, Akzeptanz der Ideen des anderen Kindes als Ausgangspunkt der Interaktion und die Anwendung klarer verständlicher Kommunikation gegenüber Gleichaltrigen. Andere Kinder möchten gern mit beliebten Kindern zusammen sein und tun, was diese tun; und beliebte Kinder wissen, wie sie andere Kinder zu interessanten und lustigen Aktivitäten anregen können.

** Emotionale Gesundheit/Selbstwertgefühl bezieht sich unter anderem auf das Ausmaß, in dem bestimmte Kinder in der Lage sind, das Unterrichtsangebot zu nutzen. Sie sind nicht eingeschränkt durch übergroße Abhängigkeit, Mangel an Selbstbeherrschung, Ablenkbarkeit, Hemmungen, Angst oder eine asoziale Orientierung. Sie sind *zuversichtlich, neugierig, selbstsicher und angenehm im Umgang*. Sie freuen sich über neue Erfahrungen und neue Herausforderungen und lassen sich engagiert auf die gerade anstehende Beschäftigung ein. Solche Kinder haben normalerweise Spaß an sozialen Aktivitäten, aber können sich auch engagiert auf schulische Lernaktivitäten einlassen. Außerdem sind sie für gewöhnlich selbstgesteuert und selbstmotiviert. Sie mögen sich selbst und bringen deshalb eine positive Haltung in den Unterricht ein.

So schwierig es ist, über solche komplexen Begriffe nachzudenken, hatten die LehrerInnen doch kaum Probleme damit, diese Einstufungen vorzunehmen. Wir stellten fest, dass Kinder mit sicherem Bindungshintergrund Jahr um Jahr bei der sozialen Kompetenz höher bewertet wurden als Kinder mit unsicherer Bindungsgeschichte. Nahm man alle Grundschuljahre zusammen, traten diese Unterschiede sogar noch deutlicher hervor. Bei den Schulbesuchen unserer unabhängigen BeobachterInnen, die die Kinder dreimal beim Unterricht und auf dem Spielplatz beobachteten, ergaben die Bewertungen ähnliche Resultate. Andere WissenschaftlerInnen nach uns haben ebenfalls festgestellt, dass ein sicherer Bindungshintergrund die soziale Orientierung und Kompetenz mit Gleichaltrigen fördert. Es gehört zu den am besten belegten Ergebnissen in der Bindungsforschung.

Auch die Bewertungen der emotionalen Gesundheit führten zu überzeugenden Ergebnissen. Kinder mit sicherer Bindungsgeschichte wurden bei diesem Merkmal Jahr für Jahr höher eingestuft, was bei der Gesamtübersicht der Bewertungen über alle Schuljahre hinweg noch einmal starke Bestätigung fand. Auch die Einstufungen unserer unabhängigen BeobachterInnen stimmten mit denen der LehrerInnen überein. Zu den interessantesten Merkmalen, die von den BeobachterInnen erfasst wurden, gehörte die Flexibilität, die das Kind bei der Anpassung des Verhaltens an eine bestimmte Situation zeigte. Alles in allem war eine sichere Bindung in der frühen Kindheit eindeutig mit einer besseren Anpassung an die Schule verknüpft.

Die Daten der BeobachterInnen und LehrerInnen wurden außerdem herangezogen, um Verhaltensauffälligkeiten und emotionale Störungen der Kinder zu untersuchen. Die ausführlichen Beschreibungen der BeobachterInnen gaben uns Aufschluss über das Maß der Angst. Kinder mit unsicherer Bindungsgeschichte und insbesondere Kinder, auf die das unsicher-ambivalente (resistente) Muster in der frühen Kindheit zugetroffen hatte, lagen bei diesem Maß besonders hoch. Das entsprach offenkundig einer zentralen Vorhersage der Bindungstheorie. Bowlby hatte prognostiziert, dass eine unsichere Bindung in der frühen Kindheit die Kinder mit hoher Wahrscheinlichkeit anfälliger für spätere Angst bleiben lässt. Eine der Hauptaufgaben einer sicheren Bindung besteht darin, kleinen Kindern bei der Bewältigung von Angst und Sorge zu helfen.

Auch von den LehrerInnen erhielten wir Informationen über die ganze Bandbreite von Problemen, da die LehrerInnen jedes Jahr eine Checkliste zu Standardverhaltensproblemen ausfüllten. Daran konnten wir die Anzahl und den Schweregrad der Probleme ablesen ebenso wie die »Externalisierung von Problemen« (das Ausagieren) und die »Internalisierung von Problemen« (Depression, Gehemmtheit, somatische Probleme) sowie spezifischere Schwierigkeiten.

Die reine Anzahl der Probleme, die die Kinder hatten, stand tatsächlich im Zusammenhang mit der Bindungsgeschichte. Kinder mit sicherem Bindungshintergrund hatten weniger Externalisierungs- und weniger Internalisierungsprobleme. Bei dem unsicher-vermeidenden und desorganisierten Bindungsmuster bestand ein engerer Zusammenhang mit der Externalisierung von Problemen, und bei dem unsicher-ambivalenten Muster ein engerer Zusammenhang mit der Internalisierung. Sowohl die vermeidende als auch die ambivalente Bindung waren mit Depressionen verknüpft, was unserer Ansicht nach unterschiedliche Gründe hat. Bei der Vermeidung ist der Zusammenhang unserer Ansicht nach auf Entfremdung und Isolation zurückzuführen. Bei der ambivalenten Bindungsgeschichte führt der Weg wahrscheinlich eher über Hilflosigkeit und Passivität. Tatsächlich hatten wir im Verlauf der Kindergartenzeit festgestellt, dass Kinder mit diesen Hintergründen sich weniger anstrengten und schneller aufgaben, wenn sie mit Problemen konfrontiert waren.

Die Bindungsgeschichte war natürlich nicht die einzige Grundlage für die Vorhersage späterer Verhaltensprobleme. Familiäre Stressbelastungen und andere Aspekte der Erfahrung spielten ebenfalls eine wichtige Rolle. Kombinierte man die Bindungsgeschichte mit anderen Erfahrungsaspekten, verstärkte sich die Vorhersagekraft. Manchmal waren andere Erfahrungsaspekte stärker als die Bindungsgeschichte. Dass die Eltern dem Kind eine sichere Basis für die Exploration bieten, ist nicht ihre einzige wichtige Aufgabe. Beispielsweise erwies sich die Bindungsgeschichte nicht als starker Prädiktor für die Probleme, die unter der Bezeichnung Aufmerksamkeitsdefizit-/Hyperaktivitätsstörung zusammengefasst werden. Die besten Prädiktoren für diese Probleme waren eine chaotische Umgebung in der frühen Kindheit, hohe allgemeine Stressbelastung und Muster des Pflegeverhaltens, die intrusiv waren oder zu starke Reize umfassten. Merkmale des frühkindlichen Charakters wie das Temperament des Säuglings hatten keinen prognostischen Wert für diese Verhaltensweisen. Außerdem führte ein Rückgang der familiären Stressbelastungen auch zu einem Rückgang dieser Probleme. Das spricht gegen alle Deutungen, die unsere Ergebnisse auf Erbanlagen oder angeborene Unterschiede zurückführen wollen. Wir haben festgestellt, dass Veränderungen bei anderen Problemen ebenfalls vorhersagbar waren.

Die Sommercamp-Studie

Wie bei unserem Kindergarten bot auch das Sommertagescamp eine Fülle von Informationen, weil wir in der Lage waren, die Kinder aus unterschiedlichsten Perspektiven und in allen Einzelheiten zu beobachten. Wir konnten zeigen, dass Kinder mit sicherer Bindungsgeschichte nicht nur im Allgemeinen sozial kompetenter und beliebter bei Gleichaltrigen waren, sie konnten auch die komplexen Anforderungen der Peer-Welt in der mittleren Kindheit besser bewältigen. In der mittleren Kindheit stehen die Kinder vor einer komplizierten Aufgabe, weil es sowohl das Alter ist, in dem enge, loyale Freundschaften geformt werden als auch das Alter, in dem das erfolgreiche Funktionieren in der Gruppe – einschließlich der Einhaltung ihrer Normen – zu einem herausragenden Thema wird. Aufgrund unserer detaillierten Beobachtungen konnten wir zunächst zeigen, dass Kinder mit sicherer Bindungsgeschichte häufiger klar erkennbare, auf Gegenseitigkeit beruhende Freundschaften schlossen. Sie verbrachten mehr Zeit mit bestimmten Gleichaltrigen, wurden von Lehrern in der Draufsicht als Freunde beurteilt und bezeichneten sich in Interviews auch gegenseitig als Freunde. Unsicher-ambivalente Kinder hatten Schwierigkeiten, Freundschaften aufrechtzuerhalten, auch wenn fast die Hälfte einen Freund/eine

Freundin hatte. Bei Kindern mit unsicher-vermeidendem Bindungshintergrund waren Freundschaften selten. Wenn doch eine Freundschaft entstand, war sie vom Wesen her »exklusiv«. Die beiden Kinder spielten abseits von den anderen, schlossen sich keiner anderen Gruppe an und beteiligten sich kaum an Gruppenaktivitäten. Anders als sicher gebundene Kinder wirkten sie verloren und unfähig, sich auf andere Kinder einzulassen, wenn ihr Partner nicht im Camp war.

Kinder mit sicherem Bindungshintergrund verbrachten mehr Zeit in Gruppen mit gleichgeschlechtlichen Kindern, wurden von Mitgliedern der Gruppe akzeptiert und hielten sich an wichtige Normen der Peer-Gruppe. Eine der wichtigsten dieser Regeln für Zehnjährige lautet »Aufrechterhaltung der Geschlechtergrenzen« in öffentlichen Situationen (wie unserem Ferienlager). Obwohl häufig Interesse am anderen Geschlecht zu bestehen scheint, gibt es offenbar klare Regeln, die von kompetenten, beliebten Kindern befolgt werden. Diese Regeln sind nirgendwo schriftlich festgehalten und werden auch von Erwachsenen nicht gelehrt (jedenfalls nicht direkt). Obgleich sie nicht als Regeln bezeichnet oder besprochen werden, sind sie sehr wirkungsvoll und bei ihrer Verletzung drohen Sanktionen. Die Regeln lauten folgendermaßen: 1. Man darf kein direktes Interesse an einer Person des anderen Geschlechts zum Ausdruck bringen. 2. Man darf sich nicht in einem Areal aufhalten, in dem sich ausschließlich Angehörige des anderen Geschlechts befinden. 3. Man darf keinen freundschaftlichen Umgang mit Angehörigen des anderen Geschlechts pflegen.

Das System ist noch komplexer als hier beschrieben, weil man auch die Ausnahmen verstehen muss. Zum Beispiel ist ein Kontakt akzeptabel, wenn er versehentlich zustande kommt (man hat nicht richtig hingesehen und stößt mit jemandem zusammen). Ein Kontakt, der sich rein zufällig ergibt, ist ebenfalls in Ordnung, zum Beispiel wenn man an den Trinkwasserspender geht und warten muss, bis jemand vom anderen Geschlecht fertig ist (aber es darf keine Interaktion geben). Akzeptabel ist auch, wenn der Kontakt einem notwendigen Zweck dient; das heißt, man könnte zu jemandem sagen, dass er die Limonade an den Tisch der Jungen (oder Mädchen) weitergeben soll, solange man kein Interesse an der Person zeigt.

Hinnehmbar ist auch ein Kontakt, zu dem man gezwungen wird, zum Beispiel weil ein Erwachsener einen auffordert, etwas vom anderen Tisch zu holen. Ein gewisser Kontakt ist erlaubt, wenn man in Begleitung ist. Zwei Jungen und zwei Mädchen unterhalten sich so lange, wie die Nähe zum eigenen Partner aufrechterhalten wird und es keine Nähe zu den anderen beiden gibt. Als wir einmal beobachteten, wie es tatsächlich geschah, dass Jungenpaare mit Mädchenpaaren interagierten – was sehr selten war –, blieb jedes Paar immer als enge Einheit zusammen. Es war, als ob jedes Zweierpaar von einer Membran umgeben wäre. Schließlich muss jeder individuelle Kontakt, der tatsächlich zustande kommt, davon begleitet werden, dass man jedes Interesse verleugnet. Das nimmt für gewöhnlich die Form von Beleidigungen an oder bei Jungen manchmal, dass sie schubsen oder Gegenstände werfen.

Was für eine komplizierte soziale Welt! Und Kinder mit sicherer Bindungsgeschichte erwiesen sich als wahre Meister im Umgang damit. Sie verstießen nicht nur seltener gegen die Normen, die die Interaktion zwischen den Geschlechtern regeln, sie arbeiteten auch aktiv daran, die Grenzen aufrechtzuerhalten.

Außerdem waren sie nicht nur einfach fähig, Freundschaften einzugehen und bei Gruppenaktivitäten problemlos mitzuwirken; sie konnten diese beiden Aufgaben auch koordinieren. Dafür haben wir zahlreiche Beispiele gesehen, aber an dieser Stelle will ich mich mit einem begnügen: Zwei Jungen – beste Freunde – wurden für zwei verschiedene Softballteams ausgewählt. Obwohl sie jeder ihr Bestes gaben und ihrem Team zum Sieg verhelfen wollten, hielten sie ihre enge Verbindung trotzdem aufrecht. Einer der Jungen spielte First Base und als der andere im Anschluss an einen Treffer das erste Base erreichte, fingen sie an, sich scherzhaft zu necken. Für jeden, der diese Gruppenaktivitäten beobachtet hätte, wäre offensichtlich gewesen, wer mit wem im anderen Team befreundet war.

Wir hatten zahlreiche Gelegenheiten, die Fähigkeit zur Zusammenarbeit bei Gruppenaktivitäten zu bewerten. Bei der systematischsten Bewertung teilten wir die Kinder in Jungen- und Mädchengruppen ein, mit jeweils vier Kindern in jeder Gruppe. Einige Gruppen umfassten Kinder mit unsicherer Bindungsgeschichte, andere setzten sich aus Kindern mit sicherer Bindungsgeschichte zusammen. Dann präsentierten wir den Kindern eine Reihe von Aufgaben. Dazu gehörte zum Beispiel die sogenannte »Ski-Aufgabe« Die Skier waren in Wahrheit zwei lange Bretter mit vier Riemenpaaren. Die Kinder mussten zusammenarbeiten, um auf diesen Brettern bis ans Ende eines Weges zu gelangen, dort dann umdrehen und zurückkommen. Das ist eine wirklich schwierige Aufgabe. Um dabei überhaupt von der Stelle zu kommen, muss die Gruppe geordnet und koordiniert vorgehen. Den »sicheren« Gruppen gelang dies recht mühelos, einer gab für gewöhnlich die Kommandos, und alle bewegten sich gemeinsam voran, häufig mit den Händen auf den Schultern des Kindes, das sich vor ihnen befand. Sie sahen aus wie eine Einheit, erreichten das Ende des Pfades relativ schnell, stießen dabei nur gelegentlich auf Probleme, bewältigten die Umkehr und machten sich schnell auf den Rückweg. In einigen Fällen fragten sie, ob sie es noch einmal probieren dürften, um ihre Zeit zu verbessern, was mich an die sicher gebundenen Zweijährigen erinnerte, die die Belohnung wieder in die Kiste steckten, um das Problem erneut zu lösen.

Die Kinder mit unsicherem Bindungshintergrund, vor allem die Jungen, hatten große Schwierigkeiten mit allen Herausforderungs-Aufgaben. Sie gingen völlig desorganisiert und unkoordiniert vor. Sie zankten sich, alberten herum und ließen sich leicht ablenken. Sie hatten Mühe, einen Plan zu entwickeln. Einer legte los, bevor die anderen fertig waren. Oder zwei oder drei kamen in Gang, fielen aber alle hin, weil kein zweites Kind auf dem Brett stand. Sie kritisierten einander, schoben sich gegenseitig die Schuld in die Schuhe, schubsten sich, fielen hin und verursachten ein einziges Chaos.

Auch Mädchen mit sicherer Bindungsgeschichte verhielten sich kooperativer bei diesen Aufgaben. Allerdings konnte man die Stärken der Mädchen tatsächlich besser in den weniger strukturierten Settings des Camps beobachten, wo sie bei selbstinitiierten Aktivitäten kooperierten. In diesem Alter sind die Mädchengruppen im Allgemeinen kleiner und intimer als die Jungengruppen, und die Aktivitäten, auf die sie sich einlassen, lassen normalerweise mehr Raum für Unterhaltungen (im Gegensatz zu den größeren Gruppenwettkämpfen, auf die Jungen sich häufig einlassen). Eine Gruppe aus größtenteils sicher gebundenen Mädchen zum Beispiel eröffnete einen Macramé-Laden im Camp. Im Laufe des Tages fertigten die Mädchen Halsketten und Armbänder an, brachten weitere Artikel und Materialien von zu Hause mit, sorgten dafür, dass jedes Mädchen über alles Notwendige verfügte und waren als Gruppe unglaublich produktiv. Während der Arbeit unterhielten sie sich angeregt miteinander und hatten viel Spaß zusammen.

Der Macramé-Laden offenbart ein weiteres wichtiges Merkmal der mittleren Kindheit, ein Entwicklungsthema von entscheidender Wichtigkeit. Erik Erikson bezeichnete diese Entwicklungsphase als die »Stufe des Werksinns«. Damit meinte er, dass Kinder in diesem Alter ein Gefühl für das eigene erfolgreiche Wirken und Arbeiten entwickeln. Das Als-ob-Spiel des Vorschulalters weicht der Kompetenz in der realen Welt. Die Macramé-Mädchen schufen wirklich nützliche Dinge, die sie sogar verkaufen konnten.

Auch bei Jungen haben wir dieses Streben nach Kompetenz beobachtet. Wieder zeigte es sich eindeutiger bei Jungen mit sicherer Bindungsgeschichte. Mein Lieblingsbeispiel ereignete sich, nachdem ein Zimmermann eine Menge Gerätschaften und Materialien im Sommerlager abgegeben hatte. Den Kindern wurde gesagt, dass sie etwas bauen dürften und dass der Zimmermann und die BetreuerInnen ihnen dabei helfen würden. Voraussetzung war, dass sie einen Plan einschließlich Zeichnung erstellen mussten. Natürlich wollten einige Kinder sofort etwas anfertigen, das von unmittelbarem Nutzen für sie war (Skateboard, Schläger). Doch einer der Jungen ging mit seiner Zeichnung zu Bob Weigand, dem leitenden Betreuer, schaute zu ihm hoch und fragte in begeisterter Vorfreude: »Können wir das bauen?« Auf seinem Blatt Papier hatte er sorgfältig und in allen Einzelheiten ein großes zweistöckiges Spielhaus gezeichnet. Angesichts dieser Begeisterung brachte der Betreuer es nicht übers Herz, die Bitte abzulehnen. Tatsächlich gelang es diesem Jungen mit minimaler Hilfe von Erwachsenen sein Spielhaus gemeinsam mit einigen anderen Jungen fertigzustellen. Der Kindergarten der Universität nutzte dieses Spielhaus mehrere Jahre lang.

Die innere Welt des Kindes

Auch wenn das äußere Verhalten der Kinder dieser Altersstufe viel Stoff zum Beobachten lieferte, erforschten wir doch auch die Entwicklungen in ihrer inneren Welt, insbesondere ihre mentalen Beziehungsrepräsentationen. Dafür setzten wir eine Vielzahl von Techniken ein. Unser erster Ansatz bestand darin, Zeichnungen von der Familie, die alle Kinder anfertigten, zu analysieren. Mary Main hatte dasselbe getan, als die Kinder in ihrer Studie sechs Jahre alt waren. Sowohl das Main-Team als auch unseres haben theoretisch bedeutungsvolle Unterschiede in der Art und Weise aufgezeigt, wie Kinder mit unterschiedlichen Bindungsgeschichten sich selbst und ihre Familien darstellen. Kinder mit sicherem Bindungshintergrund zeichneten häufiger Figuren, bei denen die Abstände stimmten, die auf einer Grundlinie standen und sich in der Mitte des Bildes befanden. Die Zeichnungen brachten positive Gefühle und Verbindungen zwischen den Familienmitgliedern zum Ausdruck. Die Figuren waren in der Regel gut proportioniert und vollständig. Das galt für die Zeichnungen, die die Kinder von sich selbst anfertigten ebenso wie für die Darstellung der anderen Familienmitglieder.

Kinder mit vermeidendem Bindungshintergrund neigten dazu, Figuren zu zeichnen, die steif wirkten (zum Beispiel mit senkrecht nach unten gestreckten Armen), bei denen Körperteile fehlten und die sich kaum voneinander unterschieden. Eine Verbindung zwischen den Familienmitgliedern war nicht ersichtlich. Kinder mit ambivalentem Bindungshintergrund fertigten Zeichnungen an, die etwas Unreifes oder Verwundbares ausstrahlten, häufig mit einer sehr kleinen Darstellung der eigenen Person. Kinder mit desorganisiertem Bindungshintergrund (die vermutlich die Erfahrung eines beängstigenden oder unberechenbaren elterlichen Verhaltens gemacht haben) zeichneten mit einer gewissen Häufigkeit Bilder, die etwas Bedrohliches hatten. So zeichnete ein Junge ein Bild, auf dem die Mutter beerdigt war (obwohl sie lebte) und sein Bruder und er selbst in einem schwarzen Turm eingesperrt waren.

Hierbei handelt es sich natürlich um Verallgemeinerungen von Gruppendaten, und es wäre gefährlich, aus solchen Zeichnungen

Schlüsse über die frühe Kindheit eines einzelnen Kindes zu ziehen. Von allen oben getroffenen Aussagen gab es Ausnahmen. Dennoch waren Leute, die eine Kombination dieser ganzen Anzeichen nutzten und sonst nichts über die Kinder wussten, in der Lage, die Gruppen mit erheblicher Genauigkeit zu unterscheiden.

Als die Kinder die 6. Klasse besuchten, verwendeten wir eine Vielzahl von Techniken, um ihre innere Welt zu erkunden. Dazu gehörten Satzvervollständigungen, auf Bildern beruhende Geschichten, Reaktionen auf eine Fabel und ein Freundschafts-Interview.

Bei dem Satzvervollständigungsverfahren gaben wir den Kindern erst einige Satzanfänge zum Aufwärmen, wie etwa »Ich esse gern …« (fast alle sagten »Pizza«). Diese Satzanfänge brachten die Kinder in Schwung und dann lasen wir schnell hintereinander bestimmte Satzanfänge vor, die von größerem Interesse für uns waren wie: »Meine Mutter will immer …« oder »Andere Kinder …« Unterschiedliche Kinder reagierten sehr unterschiedlich auf diese Vorgaben. »Meine Mutter will immer …« wurde von einigen Kindern vervollständigt zu »… etwas mit mir unternehmen«, während andere »… schimpfen und mich anbrüllen« oder »… mich allein lassen« ergänzten. Auch bei »Andere Kinder …« reagierten einige Kinder mit »… sind toll zum Spielen«, während andere Kinder Dinge sagten wie: »… hacken immer auf mir rum«.

Die Geschichten, die die Kinder sich in Reaktion auf die Bilder ausdachten, erwiesen sich ebenfalls als sehr aufschlussreich im Hinblick auf die Auswirkungen der Bindungsgeschichte. Alle Bilder waren mehrdeutig und erzeugten eine Vielzahl unterschiedlicher Geschichten. Eines der Bilder zeigte zum Beispiel eine Gruppe von spielenden Jungen oder Mädchen, während ein einzelnes Kind am Rand stand und ihnen zuschaute. In Reaktion darauf erzählten Kinder mit sicherem Bindungshintergrund häufig Geschichten darüber, wie die Kinder spielten und dieses andere Kind dazukam. Dann sagten sie: »Sie fragen es wahrscheinlich, ob es mitspielen will, und dann werden sie Freunde.« Andere Kinder sahen die Situation völlig anders: Ihre Geschichten drehten sich um Themen der Ablehnung. Sie sagten Sachen wie: »Er ist traurig, weil sie ihn nicht mitspielen lassen. Wahrscheinlich geht er ganz allein nach Hause.«

Bei der Fabel ging es um ein Stachelschwein und einige Mäuse in einem kalten Winter. Die Mäuse finden eine Höhle, in der sie wohnen können, und das Stachelschwein fragt, ob es mit einziehen darf. Die Mäuse nehmen es mit auf, doch als das Zusammenleben nach einer Weile nicht mehr so gut läuft, fordern sie es auf, wieder zu gehen. Das Stachelschwein weigert sich. Die Kinder werden gefragt, was hier geschieht und was als nächstes geschehen *sollte*. Die Erfinder dieser Arbeit interessierten sich für geschlechtsspezifische Unterschiede bei der Beantwortung dieser Frage, aber wir interessierten uns für Unterschiede, die auf der Bindungsgeschichte der Kinder beruhten. Die Reaktionen waren äußerst vielfältig – angefangen bei Kooperationsvorschlägen (die Tiere könnten die Höhle aufteilen; sie könnten zusammenarbeiten, um die Höhle zu vergrößern; die Mäuse könnten dem Stachelschwein helfen, eine andere Wohnung zu finden) bis hin zu Antworten, die einen Konflikt ohne Lösung oder einen Konflikt mit negativem Ausgang thematisierten (die Mäuse haben die Höhle zuerst entdeckt, also muss das Stachelschwein gehen; das Stachelschwein ist größer, deshalb wirft es die Mäuse raus). Die Kinder, die eine Zusammenarbeit ansprachen, betonten häufig die Bewahrung der Beziehung (dann könnten sie weiter Freunde sein), obwohl die Geschichte keinerlei Anhaltspunkte dafür enthielt, dass sie Freunde waren.

Die Ergebnisse dieser Testverfahren zeigten die zu erwartenden Unterschiede zwischen Kindern mit sicherem und unsicherem Bindungshintergrund, obwohl es auch hier natürlich wieder zahlreiche Ausnahmen gab. Keiner dieser Ansätze lässt fundierte Schlussfolgerungen über die Geschichte eines einzelnen Kindes zu. Doch auch hier gilt wieder, wie unsere Kollegin Elizabeth Carlson nachgewiesen hat, dass BeurteilerInnen, die sich dieses gesamte Material für jedes Kind durchlesen konnten, ziemlich gut zwischen Kindern differenzieren konnten, die in der frühen Kindheit sicher oder unsicher gebunden gewesen waren.

Schließlich zeigten unsere direkten Interviews mit allen Kindern im Alter von zehn bis elf Jahren, dass diejenigen mit sicherer Bindungsgeschichte im Allgemeinen ein tieferes Verständnis von engen Freundschaften hatten und besser wussten, wie sie funktionieren.

Die Vignette am Beginn dieses Kapitels, die aus einem dieser Interviews mit einem sicher gebundenen Kind stammt, zeigt sowohl eine Ausrichtung auf Nähe als auch ein Verständnis der Komplexität, die zur Bewahrung dieser Nähe gehört. Das Mädchen wusste, dass wahre Freundschaft Meinungsverschiedenheiten aushält und dass Beziehungen durch einen Prozess, in dem Gefühle ausgetauscht werden, wachsen. Sie hatte ein tiefes Verständnis von Freundschaft. Als Myra zum Beispiel gefragt wurde, woher sie wisse, dass April ihre beste Freundin sei, konnte sie überzeugende Beweise liefern, wie zum Beispiel, dass April ihr Dinge erzählte, die sie keinem anderen Menschen erzählen würde. Myra wusste auch über andere Freundinnenpaare in ihrem Camp sehr gut Bescheid ebenso wie über den hierarchischen Aufbau von Freundschaften. So berichtete sie zum Beispiel, dass Tess, deren beste Freundin Sybil sei, zwar auch Myra gewisse Geheimnisse anvertraue, aber gegenüber Sybil noch wesentlich mehr offenbare. Auch wenn dieses Beispiel sicher zu den überzeugendsten gehörte, spiegelt es doch den allgemeinen Trend bei Kindern mit sicherer Bindungsgeschichte wider. Kinder mit ambivalentem Bindungshintergrund waren auf Freundschaften ausgerichtet, hatten aber Schwierigkeiten, sie aufrechtzuerhalten und zum Laufen zu bringen. Kinder mit vermeidendem Bindungshintergrund schienen einfach nicht zu verstehen, um was es eigentlich ging. Diese Unterschiede weckten unser Interesse an der bevorstehenden Phase der Adoleszenz, in der sich Fragen von Nähe, großer persönlicher Verletzlichkeit und Selbstbefangenheit mit Macht in den Vordergrund drängen.

Gibt es Veränderungen?

Unsere Arbeit in der mittleren Kindheit führte auch zu einer erheblichen Ausweitung unseres Interesses an Entwicklungsveränderungen. Zweifellos bestand eine beträchtliche Kontinuität. In jeder Altersstufe stellten wir Zusammenhänge zwischen der Funktionsfähigkeit des Kindes und den Bindungserfahrungen der frühen Kindheit fest. Als Gruppen verhielten sich die Kinder größtenteils so, wie die Theorie es vorhersagte. Doch es gab durchaus Ausnahmen. Einige Kinder machten sich wesentlich besser, als wir vorhergesagt hätten, und diese Kinder waren von besonderem Interesse, weil sie möglicherweise Anhaltspunkte dafür lieferten, wie man anderen Kindern helfen konnte. Jede Altersstufe bringt Herausforderungen und Möglichkeiten des Wachstums.

Die Grundschuljahre sind häufig ein Segen für Kinder. Oftmals akzeptieren Gleichaltrige ein Kind, das besondere Begabungen oder Fähigkeiten entwickelt, auch wenn es ein gewisses Maß an Angst, Zurückhaltung oder Impulsivität an den Tag legt. Dafür haben wir in unseren Sommercamps zahlreiche Beispiele bei den Zehnjährigen gesehen. Zu den Kindern mit unsicherer Bindungsgeschichte, bei denen es im Camp ziemlich gut lief, gehörte ein Kind, das eine wahre Sportskanone war, eines, das sehr kreativ war (und sich am oben beschriebenen Macramé-Laden beteiligte), eines, das sich gut aufs Bauen und Reparieren von Dingen verstand, und eines, das einen ausgeprägten Sinn für Humor hatte. Diese Begabungen lösten positive Rückmeldungen bei den anderen aus und boten somit die Chance voranzukommen.

Das entsprach auch meinen eigenen Kindheitserfahrungen. Ich weiß nicht genau, ob ich als Säugling und Kleinkind unsicher gebunden war. In Anbetracht der Einschränkungen, denen unsere bewusste Erinnerung unterliegt, kann man das nicht mit Sicherheit wissen. Ich weiß allerdings, dass meine frühe Kindheit nicht schön war, dass ich in einer stressbelasteten Familie aufwuchs und dass ich ein angespannter kleiner Junge war. Aber ich erinnere mich deutlich an einen Tag, als ich etwa zehn oder elf Jahre alt war und an dem einige wichtige Erfahrungen gefestigt wurden.

In der Nähe unseres Hauses befand sich ein großer Park, wo ich viel Zeit beim Baseball verbrachte. Ein älterer Junge, der ein sehr guter Spieler war, hatte Spaß daran, mir etwas beizubringen. Dazu gehörte zum Beispiel, dass er Flugbälle schlug, die ich fangen musste und die er nach und nach immer anspruchsvoller gestaltete. Eines Tages schlug er sie dann über den gesamten Platz. Häufig flogen sie hoch über meinem Kopf vorbei und ich musste ihnen hinterherjagen, um sie herunterzuholen. Ich stellte fest, dass ich in der Lage war, mich in die richtige Richtung zu wenden, blitzschnell zu rennen und mich genau dort umzudrehen, wo der Ball herunterkam. Damals fand ich das absolut phänomenal. Und ich dachte: »Hey, du bist okay.« Ich dachte, dass ich in Ordnung sein könnte. Ich bin sicher, dass es viele derartige Erfahrungen gab, und ich weiß, dass unser Gedächtnis »konstruktiv« ist, deshalb erinnere ich vielleicht auch dieses Beispiel nicht ganz korrekt. Doch diese Kompetenz beim Sport, ebenso wie der schulische Erfolg, haben mir enorm geholfen. Damit will ich die positiven Beiträge, die meine Eltern geleistet haben, oder die sonstige Unterstützung, die ich erhielt, keineswegs schmälern. Es geht mir um den Punkt, dass entlang des Weges immer wieder Chancen auftauchen, die manchmal wieder ausgleichen können, was vorher vielleicht gefehlt hat.

Ein Mädchen, die ich hier AC nennen will, bietet ein gutes Beispiel. In der frühen Kindheit hatte sie ein unsicher-vermeidendes und desorganisiertes Bindungsmuster gezeigt und in unserem Kindergarten hatte sie einen ernsthaft gestörten Eindruck gemacht. Dennoch war sie in ihrem Ferienlager eines der beliebtesten Mädchen, das aufgrund ihrer Anmut, Kreativität und freundlichen Art von den anderen kompetenten Mädchen akzeptiert wurde. Wodurch ließen sich solche Ausnahmen erklären? Waren unsere Vorhersagen schlichtweg falsch? Waren uns bei unseren früheren Messungen Fehler unterlaufen? Wenn unsere früheren Einschätzungen korrekt waren und Kinder wie AC sich tatsächlich verändert hatten, was erklärte dann diese Veränderung? (Im nächsten Kapitel werde ich ausführlicher über dieses Mädchen berichten.) Und die wichtigste Frage von allen: Wenn dieser Wandel real ist, was ist dann mit ihren früheren Erfahrungen geschehen? Sind sie verschwunden oder ausradiert, wie einige prominente Psychologen argumentiert haben? War ich in meiner Kindheit »über den Berg«, als ich ein guter Baseballspieler wurde und gute Noten bekam?

Nachdem wir alle Informationen aus allen Sommerlagern fertig gesammelt und aufgezeichnet hatten, konnten wir endlich über die Kinder sprechen. Als wir über ACs Aufenthalt im Sommerlager und ihre erstaunliche Veränderung berichteten, waren die Studierenden perplex. Sie fragten mich, ob sie sich tatsächlich so gut gemacht habe.

Ja, das hatte sie. Sind denn ihre früheren Erfahrungen einfach weg? Nein, das kann nicht sein. Nun, ist die Veränderung denn real? Ja, das ist sie. Verhalten lügt nicht. AC war eine kompetente Zehnjährige. Die Veränderung war echt, und gleichzeitig können ihre früheren Erfahrungen nicht verschwinden. Wie kann beides wahr sein? Wir waren überzeugt, die Gründe zu kennen, und machten uns daran, sie nachzuweisen.

KAPITEL 9

Stabilität, Veränderung und das Schicksal frühkindlicher Erfahrungen

Kurzum, bei der Entwicklung geschieht nicht alles auf einmal, es baut vielmehr alles aufeinander auf …

Joan Stiles

Am Anfang fragten wir uns, warum so viele dieser Soldaten so extrem auf das Kämpfen reagierten. Am Ende fragten wir uns, warum es nicht alle taten.

Pat Barker

Ende der 1980er Jahre wussten wir, dass wir nah dran waren. Die Entwicklung der kindlichen Persönlichkeit vollzog sich in bemerkenswertem Einklang mit den Thesen der Bindungstheorie. Die Merkmale der frühen Beziehungen zwischen Kind und Bezugsperson wurden vom Kind schrittweise verinnerlicht und zeigten sich jetzt, im Alter von zehn oder elf Jahren im äußeren Verhalten, der mentalen Welt und den Beziehungen zu Gleichaltrigen. Wir konnten ein hohes Maß an Stabilität nachweisen, sogar angesichts komplexer Entwicklungsfortschritte. Die Frage, die es jetzt noch zu klären galt, betraf das Wesen von Veränderungen und – schwieriger noch – das Wesen der Stabilität innerhalb der Veränderungen.

Eines der eindrucksvollsten Beispiele für entwicklungsbezogene Veränderungen in der Natur ist die Verwandlung einer Raupe in einen Schmetterling. Dabei geht es nicht um Veränderungen der

Masse, sondern vielmehr um eine totale Verwandlung zu einem qualitativ anderen, komplexer organisierten Organismus. Dennoch *entsteht* der Schmetterling *aus* der Raupe, und was vorher die Raupe war, wird nicht zurückgelassen. Erstaunlicherweise legt der Schmetterling seine Eier auf derselben Art von Vegetation ab, von der er sich als Raupe ernährt hat. Das lässt sich natürlich alles über die Biochemie erklären. Trotzdem bleibt es ein Wunder.

Nicht minder verblüffend ist die Verwandlung der kugelförmigen Zellansammlung, der sogenannten Blastozyste, in einen Embryo und die anschließende Verwandlung dieses Embryos (der anfangs bei vielen Spezies relativ ähnlich aussieht und auch beim Menschen in den ersten sechs Wochen mit einem erkennbaren Schwanz ausgestattet ist) in einen menschlichen Fötus. Auch hier haben wir es mit einer vollständigen Transformation und doch gleichzeitig mit einem kumulativen Prozess zu tun. Was dem Embryo geschieht, zum Beispiel im Hinblick auf Kontakte mit Umweltgiften, hinterlässt ein Erbe für den Fötus. Was der Säugling an Entbehrung oder Zuwendung erfährt, beeinflusst das Kind. Und was dem Kind widerfährt, so meine Behauptung, beeinflusst den Erwachsenen.

Der Begriff der Entwicklung ist komplex und nicht auf Anhieb zu verstehen. Er bedeutet mehr, als dass Dinge an Zahl oder Größe zunehmen. Mein eigenes Verständnis von Entwicklung hat sich sehr erweitert, indem ich viel über Beispiele aus anderen Fachgebieten gelesen habe, zu denen zweifellos die Biologie gehört. Eines meiner Lieblingsbeispiele stammt aus einem Forschungsbereich, der sich »embryonale Induktion« nennt. In einer sehr frühen Entwicklungsstufe des Kükenembryos besteht das, was später einmal zu Beinen und Flügeln werden soll, einfach aus kleinen Gliedmaßenknospen am Hauptkörper. In dieser frühen Phase können Forscher chirurgisch ein winziges Stück Gewebe aus dem Bereich entfernen, der später zu einem Teil des Schenkels geworden wäre. Wenn sie dieses Gewebe oben auf die Flügelknospe transplantieren, wird es im weiteren Entwicklungsverlauf zu einem normaler Bestandteil des Flügels. Das zeigt, dass dem Kontext oder der »Umwelt« eine interessante Rolle in der Entwicklung zukommt. Das kleine Gewebeteil ist noch nicht darauf »festgelegt«, zum Teil eines Beins zu werden, und wird durch das umgebende Gewebe der Flügelknospe dazu angeregt (induziert), zu einem Teil des Flügels zu werden.

Das ist in der Tat erstaunlich, und doch ist es erst der Anfang. Wenn man den Transfer »zu spät« vornimmt, funktioniert er nicht, und es wächst am Ende anormales Fleisch am Flügel. Außerdem kommt es zu einem ganz bestimmten Zeitpunkt – nicht zu früh und nicht zu spät – zu einem höchst bemerkenswerten Ergebnis. Es entsteht eine *Kralle* am Ende des Flügels! Das verpflanzte Gewebe kann nicht zum Flügel werden, weil es bereits darauf festgelegt ist, zum Bein zu werden. Aber weil es noch nicht *vollständig* darauf festgelegt ist, können die umliegenden »Flügelspitzen«-Zellen es immer noch dazu anregen, zu einer Spitze zu werden. Also wird es zur Spitze eines *Beins* – das heißt zu einer Kralle.

Dieses Beispiel sagt viel über Entwicklung aus; zweifellos sind sowohl Gene als auch Umwelt daran beteiligt. Durch die Gene werden gewisse Beschränkungen eingeführt. Das entstehende Beingewebe kann nicht zu einer Schwanz- oder Rückenflosse werden. Die Umwelt – der Umgebungskontext – ist ebenfalls wichtig. Unter anderem beeinflusst dieser Kontext, welche Gene an- oder ausgeschaltet werden. Doch über Gene und Umwelt hinaus gibt es einen dritten entscheidenden Bestandteil, nämlich die frühere Entwicklung oder Geschichte. Der Einfluss der Umwelt hängt vom Timing ab, von dem, was in der Entwicklung bereits geschehen ist. Der Kontext des Umgebungsgewebes kann das Beingewebe nicht dazu anregen, zum Flügel zu werden, wenn es in seiner Entwicklung bereits den Punkt erreicht hat, dass es voll und ganz darauf festgelegt ist, zum Bein zu werden.

Im Jahr 1992 habe ich gemeinsam mit meiner Frau June sechs Monate als Gastwissenschaftler an der University of California in Berkeley verbracht. Das bot mir die wunderbare Gelegenheit, mein Verständnis von Entwicklung zu vertiefen. In Berkeley konnte ich mit einigen großartigen KollegInnen, insbesondere mit Mary Main und Erik Hesse, in einen laufenden Dialog treten. Außerdem hatte ich die Möglichkeit, mich intensiv mit Evolutionstheorien, der Geschichte des Universums und der Erde ebenso wie mit Entwicklungspsychologie zu befassen.

Zufälligerweise lebten wir außerdem in der Wohnung eines geisteswissenschaftlichen Professors, der auf Forschungsurlaub war. Diese fantastische Wohnung war im Grunde ein einziger langgestreckter Raum. Eine Seite bestand ausschließlich aus Fenstern und die andere ausschließlich aus Bücherregalen, 4,5 Meter hoch und 9 Meter lang, mit Werken zu Philosophie, Pädagogik, Klassik und Belletristik. Es war der Himmel auf Erden. An diesem Ort las ich unter anderem das Werk von John Dewey und den Roman *John and Anzia* von Norma Rosen, aus dem ich zu Beginn von Kapitel 5 zitiert habe. Der Roman stützt sich auf einen Briefwechsel zwischen John Dewey und seiner Geliebten, der in den Archiven der Columbia University entdeckt wurde. Diese Romanlektüre bot mir viele ergänzende Informationen zu Deweys Büchern. Dazu gehörte der bemerkenswerte Ideenaustausch zwischen Dewey und Freud über das kumulative Wesen von Entwicklung.

Wo immer ich stöberte – ob in den Schriften von Kosmologen, Evolutionstheoretikern, Philosophen, Hirnforschern, Paläontologen oder Romanciers –, das Wesen von Entwicklung schien immer gleich zu sein. Entwicklung heißt immer Aufbau auf dem, was vorher da war, während gleichzeitig Merkmale der Vergangenheit verändert werden und eine neue Komplexität entsteht. In der Evolution zum Beispiel werden alte Teile auf neue Weise wiederverwendet. Innerhalb der neuen Organisation wird das alte Teil möglicherweise vollständig transformiert, aber es geht nicht verloren. Die Entstehung der Arten drängte nicht einfach in Richtung immer größerer Tiere, sondern hin zu einer größeren Komplexität der Organisation. Die Dinosaurier erreichten eine eindrucksvolle Körpergröße, aber nicht annähernd die flexible Anpassungsfähigkeit des Menschen. Das »dreieinige« Gehirn des Menschen hat eindeutige Verbindungen zu unserem Reptilienvermächtnis, doch wenn sich unser Reptilienhirn mit unserem Säugetiergehirn und unserem einmalig großen frontalen Cortex verbindet, entsteht ein ganz anderer Organismus. Gewiss – auch der Mensch kann in rasende Wut (oder lähmende Angst) verfallen, aber er kann auch Reue empfinden und sich selbst der Wiedergutmachung von begangenen Fehlern verschreiben. Wir können zu einem Spielball unserer Gefühle werden, aber wir können auch wie kein anderes Tier sorgfältig geplante Strategien entwickeln, um erfolgreich mit ihnen umzugehen.

Das Wachstum des menschlichen Gehirns ist auch nicht darauf beschränkt, dass es einfach immer größer wird, indem es nach und nach mehr Nervenzellen ausbildet. Tatsächlich verfügen wir bei der Geburt über mehr Neuronen als im Erwachsenenalter. Die Hirnreifung ist eine Frage zunehmender Organisation und Komplexität. Im Laufe des Prozesses verkürzen sich viele Neuronen, doch gleichzeitig begeben sich bestehende Neuronen auf Wanderschaft, sammeln sich, verzweigen sich und verbinden sich, um ein komplexes, wechselseitig verbundenes System hervorzubringen. Wie Daniel Siegel schreibt, bietet die einzigartige Position des orbitofrontalen Cortex, der sich sowohl mit den Emotionszentren unseres Säugetiergehirns als auch mit unseren primitiveren Erregungszentren verbinden kann, die ultimative Organisation, die die gesamte Komplexität des menschlichen Verhaltens möglich macht. Dieser Prozess grenzt an ein Wunder und ist gleichzeitig ein Ergebnis von Entwicklung.

All das deutet darauf hin, dass bei der Entstehung der Arten, beim Wachstum des menschlichen Embryos und bei der Hirnreifung, Entwicklung auf die gleiche Weise stattfindet und von gleicher Art ist. Ist es da nicht einleuchtend, dass sich auch das menschliche Selbst oder die menschliche Persönlichkeit auf die gleiche Weise entwickelt – darauf aufbaut, was vorher da war, und die Teile zu einem neuen komplexeren Ganzen organisiert? Theorien zur Entwicklung des Selbst wie die von Bowlby legen nahe, dass unsere gesamte Geschichte immer präsent bleibt, auch wenn das, was man vielleicht zu einem bestimmten Zeitpunkt wahrnimmt, von den besonderen aktuellen Umständen abhängt. Für uns stellte sich also die Frage, ob die frühen Erfahrungen im Kern der Persönlichkeit erhalten bleiben, auch wenn Veränderungen auftreten, und wie wir das, wenn es denn so war, nachweisen konnten.

Die Bewahrung früher Erfahrungen

Wir verfügten bereits über eine Menge anekdotischer Nachweise. Da gab es zum Beispiel AC, das im letzten Kapitel beschriebene Mädchen. In den ersten fünf Jahren ihres Lebens war sie in ihrer Funktionsfähigkeit eindeutig stark eingeschränkt gewesen, hatte sich dann aber in der mittleren Kindheit als sehr kompetent gezeigt. War ihre Geschichte ausgelöscht? Dieser Meinung waren wir nicht. Die Schatten der Vergangenheit spiegelten sich unserer Ansicht nach in den Einstellungen wider, die sie über sich selbst zum Ausdruck brachte. Trotz ihrer Beliebtheit erwartete sie bis zum Ende des Sommerlagers immer wieder, dass die anderen Kinder sie ablehnen würden, »sobald sie mich besser kennen«.

In unserem Kindergarten haben wir auch gegenteilige Beispiele beobachtet. Unter den Kindern, die nach Einschätzung der ErzieherInnen Probleme hatten, gab es einige mit sicherem Bindungshintergrund. Waren diese frühkindlichen Erfahrungen jetzt ausradiert? Nach Ende der Kindergartenzeit fragten wir unsere ErzieherInnen, die keine Kenntnis von der Bindungsgeschichte der Kinder hatten, ob sie bei denjenigen Kindern, die derzeit Probleme hatten, einschätzen könnten, ob sie einen sicheren oder unsicheren Bindungshintergrund hatten. Bei dieser Einschätzung erzielten sie eine sehr hohe Trefferquote. Bei einem späteren Interview führten sie das darauf zurück, dass sie im Kern immer noch ein gewisses Selbstwertgefühl, einen kreativen Funken im Kind oder manchmal eine Art Indignation über seine derzeitige Situation wahrgenommen hätten. Sie sahen die Schatten der Vergangenheit bei diesen sehr jungen Kindern.

Über die Anekdoten hinaus wollten wir solide empirische Informationen zu dieser wichtigen Frage sammeln. Es gelang uns, das erste Beispiel etwa zur gleichen Zeit zu liefern, in der wir unsere Sommerlager durchführten. Unsere reiche Datensammlung ermöglichte es uns, eine beträchtliche Anzahl von Kindern zu berücksichtigen, die früher in der Kindergartenphase Verhaltensprobleme gezeigt hatten, aber später gut zurechtkamen.

In Anbetracht des Längsschnittformats unserer Studie hatte diese Arbeit mehrere einzigartige Merkmale. Erstens: Wir konnten Kinder auswählen, die im Alter zwischen 3 und 4 ½ Jahren, über drei Beobachtungsphasen hinweg, Probleme gezeigt hatten. Das ist wichtig, weil wir dann ziemlich sicher sein konnten, dass diese Kinder tatsächlich Probleme hatten und dass wir uns in dieser Hinsicht nicht einfach täuschten. Zweitens: Wir hatten Informationen über ihre früheren Erfahrungen, zum Beispiel wussten wir, dass einige in der frühen Kindheit sicher gebunden gewesen waren und andere nicht. Auch hier galt wieder, dass wir relative Gewissheit hatten, weil wir die Bindungsqualität zweimal bewertet hatten. Obwohl die Anzahl der sicher gebundenen Kinder, die Verhaltensprobleme zeigten, geringer war, gab es doch einige, die während des Vorschulalters in diese Gruppe mit anhaltenden Problemen fielen. Im Hinblick auf die Verhaltensauffälligkeiten, die diese speziellen Kinder jetzt an den Tag legten, unterschieden sie sich nicht von den Kindern mit unsicherem Bindungshintergrund. Die Verschlechterung der Funktionsfähigkeit war also offensichtlich real. Drittens standen uns Informationen über ihre aktuellen Lebensumstände zur Verfügung.

Das war der Moment, auf den wir gewartet hatten – und auf den das gesamte Fachgebiet wartete. Wir waren bereit für einen ersten Blick auf die Schlüsselfrage: Waren die frühen Kindheitserfahrungen dieser einst sicher gebundenen Kinder jetzt ausgelöscht oder blieb ihre frühere Entwicklungsgeschichte für immer bewahrt? Wenn die Geschichte ausgelöscht oder »überschrieben« worden war, wie einige prominente Psychologen gern sagten, dann hatten wir es jetzt einfach mit einer von vielen Gruppen von verhaltensauffälligen Kindern zu tun. Es würde keine Rolle spielen, was vorher geschehen war. Wenn die Geschichte nicht ausgelöscht war – wenn sie immer noch als Potential vorhanden, aber derzeit unterdrückt war oder jedenfalls in Anbetracht des Problemverhaltens derzeit nicht zum Ausdruck kam –, dann hatten wir zwei Gruppen von Problemkindern, eine mit und eine ohne sicheren Bindungshintergrund. Diese beiden Standpunkte führen zu sehr unterschiedlichen Vorhersagen bezüglich der Entwicklung. Wenn es zwei Gruppen gibt, dann würde man vorhersagen, dass die Kinder mit sicherer Bindungsgeschichte ihre Probleme mit zunehmenden Alter mit höherer Wahrscheinlichkeit überwinden werden. Wenn die Geschichte ausgelöscht oder überschrieben ist, dann ist eine Verbesserung in ihrem Fall nicht wahrscheinlicher als bei den Kindern mit unsicherer Bindungsgeschichte (die Chancen auf Verbesserung könnten sogar schlechter sein, wenn man den Abwärtstrend ihrer Entwicklung bei der Prognose berücksichtigt). Ich erinnere mich noch sehr genau an die Aufregung, die beim Treffen unserer Forschungsgruppe herrschte, als uns klar wurde, dass wir diese Frage jetzt überprüfen konnten.

Die Antwort fanden wir, indem wir Lehrerberichte über Verhaltensprobleme in der dritten Klasse unter die Lupe nahmen. Wie erwartet, stellten wir fest, dass die Kinder mit sicherer Bindungsvergangenheit, auch wenn sie sich während dreier früherer Bewertungsphasen als Problemkinder erwiesen hatten, in der dritten Klasse weniger Schwierigkeiten hatten als die Gleichaltrigen, die ebenfalls Verhaltensauffälligkeiten im Vorschulalter gezeigt hatten, aber zusätzlich auf eine unsichere Bindungsvergangenheit zurückblickten. Außerdem erwies sich die Bindungsgeschichte der frühen Kindheit als signifikant, auch nachdem man aktuelle Belastungen und Unterstützungen berücksichtigt hatte.

Das war ein bedeutsames Ergebnis. Offenbar war die frühere Geschichte nicht ausgelöscht, sondern blieb als potenzieller Einfluss erhalten, was im Einklang mit der Bindungstheorie und unserer umfassenderen Auffassung von Entwicklung stand. Was als feinfühlige Fürsorge und sichere Beziehung begonnen hatte, war verinnerlicht worden und blieb beim Kind auch in schwierigen Zeiten erhalten. In Übereinstimmung mit der Grundidee, auf der die Bindungstheorie beruht, entsteht der Kern des Selbst tatsächlich aus Beziehungen.

Die Resilienz überdenken

Unsere Studie hat eindeutig Implikationen für das allgemeine Phänomen, das als »Resilienz« bezeichnet wird. Was wäre, wenn wir die Studie nicht in der frühen Kindheit, sondern während der Kindergartenphase begonnen hätten? Wir hätten trotzdem eine Reihe von

Kindern gefunden, die durchweg Probleme zeigten, und bei einigen von ihnen wäre in der dritten Klasse eine Besserung eingetreten. Doch hätte uns ausschließlich diese Information zur Verfügung gestanden, würden wir nicht wissen, warum bei einigen eine Besserung eintrat und bei anderen nicht, und wir hätten diejenigen Kinder, bei denen es besser wurde, vielleicht einfach als »resilient« bezeichnet, als ob das irgendetwas erklären würde. In gewisser Weise sind diese Kinder natürlich per definitionem resilient. Sie haben ihre Probleme überwunden. Doch ohne die Langzeitdaten wäre Resilienz ein magischer Vorgang gewesen, und wir hätten möglicherweise angenommen, es sei einfach ein inhärentes Merkmal einiger Kinder. Warum haben sie sich wieder erholt? Sie haben sich wieder erholt, weil sie resilient waren. Warum waren sie resilient? Weil sie sich wieder erholt haben. Das ist totale Zirkellogik. Längsschnittstudien wie unsere nehmen der Resilienz ihren rätselhaften Nimbus und tragen zu der Erkenntnis bei, dass auch die Resilienz einen Entwicklungsprozess widerspiegelt.

Eine weitere klassische Definition von Resilienz ist eine gute psychische Funktionsfähigkeit angesichts von Widrigkeiten. Auch dafür gab es zahlreiche Beispiele in unserer Studie. Um nur eines zu nennen: Eine hohe familiäre Stressbelastung ist eindeutig eine Widrigkeit. Tatsächlich besteht ein Zusammenhang zwischen starkem Stress und Verhaltensproblemen. Nach der Einschätzung von unabhängigen BeobachterInnen und LehrerInnen ebenso wie Eltern zeigen Kinder, deren Eltern von höheren Stressbelastungen berichten, im Allgemeinen ein stärkeres Problemverhalten. Das traf auch in unserer Studie zu. Natürlich haben nicht alle Kinder, deren Familien unter starkem Stress stehen, signifikante Probleme. Deshalb könnte man sie in dieser Hinsicht als resilient klassifizieren. Mit Hilfe unseres Studenten Robert Pianta gelang es uns, eine derartige Gruppe von Kindern zu ermitteln. Waren diese Kinder einfach irgendwie von Natur aus aus dem richtigen Holz geschnitzt oder war diese Resilienz ein Ergebnis ihrer Entwicklungsgeschichte? Wir stellten fest, dass diejenigen Kinder, die trotz hoher familiärer Stressbelastung eine gute psychische Funktionsfähigkeit zeigten, häufiger einen sicheren Bindungshintergrund hatten als die gestressten Kinder, die

Verhaltensprobleme an den Tag legten. Dieses Ergebnis bestätigte sich sogar auch dann, wenn man Faktoren wie IQ, Temperament und andere kindliche Merkmale mitberücksichtigte. Das bedeutet zweifellos nicht, dass Kinder mit sicherer Bindungsvergangenheit immun gegen Widrigkeiten sind. Einige sicher gebundene Kinder hielten einer hohen Stressbelastung nicht stand. Aber es bedeutet, dass ein sicherer Bindungshintergrund einen gewissen Schutz gegen Widrigkeiten gewährt.

Es sind natürlich nicht nur die frühen Erfahrungen, die Veränderungen begünstigen. Spätere Erfahrungen und die laufende Unterstützung spielen ebenfalls eine Rolle. Wir haben regelmäßig festgestellt, dass eine Verringerung der Stressbelastung und eine Erhöhung der Unterstützung positive Veränderungen begünstigten. In einigen Fällen könnten unserer Ansicht nach auch professionelle Interventionen – in der Schule und anderen Umgebungen – eine Rolle gespielt haben. AC, das oben beschriebene Mädchen, das sich in der mittleren Kindheit so eindrucksvoll verbessert hatte, war in den Jahren zwischen dem Kindergarten und unserem Sommerlager in einer ausgedehnten Therapie gewesen, ebenso wie ihre Mutter. Ich gehe davon aus, dass das hilfreich war. Ich weiß, dass meine eigene umfangreiche Therapie im Erwachsenenalter entscheidend dazu beigetragen hat, mir beim Umgang mit meiner eigenen Kindheitsgeschichte zu helfen.

Über diese anekdotischen Erfahrungen hinaus konnten wir ein empirisches Beispiel liefern, bei dem eine Therapie zu einem Motor der Veränderung wurde. Wir fassten diese Arbeit, die von Deborah Jacobvitz, einer weiteren begabten Doktorandin geleitet wurde, in einem frühen Artikel mit dem Titel »Breaking the Cycle of Abuse« zusammen. Wie andere WissenschaftlerInnen fanden wir Nachweise dafür, dass eigene Misshandlungserfahrungen in der Kindheit einen Hauptrisikofaktor für die spätere Misshandlung der eigenen Kinder darstellt. Die Eltern in unserer Studie, die ihre Kinder misshandelten, waren selbst in der Kindheit wesentlich häufiger misshandelt, missbraucht oder vernachlässigt worden als die Eltern, die ein angemessenes Fürsorgeverhalten zeigten. Dennoch gab es auch eine Reihe von Eltern, die ihre Kinder trotz der eigenen Traumatisierung nicht misshandelten.

Wir stellten fest, dass diese Veränderung von drei Faktoren abhängig war. Erstens: Bei den Eltern, die diesen Teufelskreis durchbrachen, war in der Kindheit häufiger eine alternative emotional unterstützende Person vorhanden gewesen. Zweitens: Sie hatten häufiger eine langfristige Therapie gemacht (definiert als eine Dauer von mehr als sechs Monaten). Und schließlich hatten fast alle im Erwachsenenalter einen unterstützenden Partner. Bemerkenswert war, dass diese drei Einflüsse allesamt unterstützende Beziehungen umfassten, die ein Gegengewicht zu den Misshandlungserfahrungen und den damit einhergehenden Erwartungen im Hinblick auf das Selbst, andere und Beziehungen darstellten.

Das Langzeitdesign unserer Studie ermöglichte uns, unsere Ergebnisse im Hinblick auf das Schicksal frühkindlicher Erfahrungen in vielen verschiedenen Altersstufen zu überprüfen. In jedem Alter machten sich einige Kinder besser als erwartet und andere schlechter als erwartet. Fast immer konnten wir nachweisen, dass sowohl frühere Erfahrungen als auch derzeitige Umstände eine Rolle dabei spielten. Das lässt sich mit unseren Daten zu Veränderungen bei Verhaltensproblemen von der Grundschule bis zur Adoleszenz veranschaulichen. Wie zuvor waren einige Kinder, die in der dritten oder vierten Klasse mit Problemen zu kämpfen hatten, als Jugendliche relativ frei von Problemen. Wir stellten abermals fest, dass eine derartige Resilienz ein Ergebnis der Erfahrung war. Bei Kindern mit sicherem Bindungshintergrund bestand eine höhere Wahrscheinlichkeit, dass sie ihr Problemverhalten ablegten als bei Kindern mit unsicherem Bindungshintergrund. Außerdem zeigten wir, dass ein Teil der Veränderungen von einer Verringerung der familiären Stressbelastung in der Phase zwischen Kindheit und Adoleszenz abhängig war. Wenn die frühe Kindheitsgeschichte und derzeitige verbesserte Lebensumstände beide in Betracht gezogen wurden, erklärte das die große Mehrheit der Fälle, in denen positive Veränderungen auftraten. Sicherlich sind einige Kinder einfach aus dem richtigen Holz geschnitzt, aber dieses Holz ist größtenteils ein Produkt ihrer Erfahrungen und aktuellen Unterstützung!

Je weiter wir Entwicklungspfade verfolgten, desto komplexer wurde das Bild. Einige Kinder, die sich als Teenager schwer getan hatten, erholten sich im jungen Erwachsenenalter von ihren Problemen. Dazu gehörten auch einige junge Menschen, die sehr gravierende Problemphasen durchlaufen hatten. Gerade sie sind von großem Interesse und intensiv untersucht worden, weil es bei Menschen, die über lange Zeiträume mit Verhaltensproblemen zu kämpfen haben, nur selten zu Verbesserungen kommt. In diesem Bereich interessieren sich die WissenschaftlerInnen derzeit besonders für sogenannte »Wendepunkte«, das heißt für spezielle Veränderungs- und Reifungschancen. Zu den Wendepunkten, die die größte Aufmerksamkeit auf sich gezogen haben, gehören die Eheschließung, die Geburt eines Kindes oder das Antreten eines festen Arbeitsplatzes. Ebenso wie andere ForscherInnen haben auch wir festgestellt, dass solche Ereignisse manchmal mit positiven Veränderungen zusammenhingen. Zum Beispiel zeigten einige depressive Jugendliche in unserer Studie auch im jungen Erwachsenenalter eine Neigung zu Depressionen, aber es gab auch einige, auf die das nicht zutraf. Bei denjenigen, die ihre Depressionen überwanden, war es häufiger der Fall, dass sie in den dazwischenliegenden Jahren eine stabile Partnerschaft eingegangen waren. Das ist ein weiteres Beispiel dafür, wie wichtig Veränderungen der äußeren Umstände sind.

Wie unsere Kollegin Elizabeth Carlson gezeigt hat, steckte allerdings noch mehr dahinter. Nur einige der jungen Menschen, die eine solche Partnerschaft eingingen, besiegten ihre Depressionen, während dies anderen nicht gelang. Auch das ließ sich erklären. Bei denjenigen, die als Kinder sicher gebunden waren *und* später stabile Partnerschaften formten, bestand die höchste Wahrscheinlichkeit, dass sie ihre Depressionen überwanden; das heißt, sie waren besser in der Lage, diese Gelegenheit zu ergreifen. Ein sicherer Bindungshintergrund fördert nicht nur die Bildung enger Beziehungen, wie wir im nächsten Kapitel besprechen werden, sondern ermöglicht es dem Einzelnen auch, die emotionale Unterstützung in diesen Beziehungen besser zu nutzen.

In diesen komplexen Ergebnissen verbergen sich viele Informationen. Man erkennt, dass eine sichere Bindung in der frühen Kindheit keine Garantie für eine problemlose Zukunft ist. Einige Kinder mit sicherem Bindungshintergrund werden später depressiv oder entwickeln andere Probleme. Dennoch bietet eine sichere Bindungsgeschichte einen gewissen Schutz vor Widrigkeiten und macht es wahrscheinlicher, dass man verfügbare Hilfen und spätere Chancen nutzen kann. Die frühen Erfahrungen gehen auch nach entwicklungsbedingten Veränderungen nicht verloren.

Stabilität und Wandel

Das kumulative Wesen von Entwicklung und das Erbe frühkindlicher Erfahrungen wirken auch bei anderen Mustern der Veränderung auf die gleiche Weise. Kinder mit unsicherem Bindungshintergrund können sich später durchaus gut machen, auch wenn die Chancen ein bisschen schlechter stehen. Solche positiven Veränderungen sind in jeder Altersstufe teilweise vorhersehbar, wenn die familiäre Stressbelastung oder die Depressionen der Eltern sich verringern oder die soziale Unterstützung wächst. Doch auch im Anschluss an solche Veränderungen bleiben diese Kinder verwundbarer als Kinder mit vergleichbarer Funktionsfähigkeit, die einen sicheren Bindungshintergrund haben. Je länger die Phase der positiven Unterstützung und positiven Funktionsfähigkeit währt, desto resilienter werden die Kinder, und je länger die Phase der unzureichenden Unterstützung und schlechten Anpassung währt, desto verwundbarer sind die Kinder. Das heißt nicht, dass Probleme der frühen Kindheit nicht vollständig überwunden werden könnten. Es bedeutet allerdings, dass frühe Grundlagen wichtig sind. Es bedeutet auch, dass Hilfen umso erfolgreicher sind, je früher wir Problemfamilien und ihre Kinder erreichen, und dass substanzielle Anstrengungen erforderlich sind, wenn ein gestörter Entwicklungsverlauf früh einsetzt und andauert.

Einzelfälle tragen zur Veranschaulichung dieses abstrakten Bildes bei. AC, das Mädchen, das sich als Zehnjährige trotz eines sehr schwierigen Starts erfolgreich in unser Sommerlager einfügte, litt als Jugendliche tatsächlich unter zahlreichen Problemen. Bedeutet das, dass ihre Erfahrungen der positiven Kontakte zu Gleichaltrigen und ihre positiven Schulleistungen umsonst waren? Waren diese Erlebnisse und die Erfahrungen, die AC ebenso wie ihre Mutter in der Therapie machten und die diesen Wandel möglicherweise gefördert haben, später ausradiert? Ich denke nicht.

Oder nehmen wir den entgegengesetzten Fall von MK: In der frühen Kindheit lief alles sehr gut für MK. Er war sicher gebunden. Er war ein robustes Kleinkind und auch im Kindergarten ein begeisterter und gut angepasster kleiner Junge. In der Vorschule und den ersten beiden Jahren der Grundschule bewerteten die LehrerInnen ihn überaus positiv. Doch selbst so eine Geschichte ist keine Garantie für die Abwesenheit von Problemen. Alles änderte sich vollständig, als MK in der dritten Klasse war. MKs Eltern führten einen erbitterten Scheidungskrieg. Dazu gehörte, dass der Vater von MK dessen zwei Geschwister zu sich nahm, und MK bei der Mutter blieb. Sie wurde relativ abhängig von ihrem Sohn und übertrug ihm eine Rolle, die uns nicht sehr gesund erschien. Ihre finanzielle Situation verschlechterte sich und die beiden lebten unter erbärmlichen Bedingungen. Als MK im Alter von zehn Jahren in unser Sommerlager kam, war er wütend und aggressiv geworden und schien begierig darauf, mit jemandem zu kämpfen. Als wir ihn als Dreizehnjährigen zusammen mit seiner Mutter trafen, wirkte die Beziehung konfliktreich (auch wenn das vielleicht nichts Ungewöhnliches ist). Positiv zu vermerken war, dass MK sich unabhängiger von seiner Mutter machte, sie mehr auf Abstand hielt und nicht die Rolle eines Partners übernahm.

Doch dann passierte das Schlimmstmögliche. Gerade als er im Begriff war, sich von seiner Mutter zu lösen, starb sie bei einem Autounfall, was ihn zweifellos mit Schuldgefühlen und ohne starke Bezugsperson als Unterstützung zurückließ. Außerdem zog sein Vater mit den beiden Geschwistern in einen anderen Bundesstaat und hatte kaum noch Kontakt zu MK. Er hatte alles verloren. Kein Wunder, dass er trotz seiner äußerst positiven Kindheitserfahrungen als Jugendlicher Zeichen von sowohl Depressionen als auch Verhaltensprobleme zeigte. Als ich ihn als Fünfzehnjährigen bei einem unserer Wochenendcamps traf, wirkte er so niedergeschlagen und teilnahmslos, dass ich den einst so strahlenden kleinen Jungen überhaupt nicht wiedererkannte. Was war mit ihm geschehen?

Sichere Bindung ist keine Garantie für ein Happy End. Doch so schlimm diese ganze Tragödie und die äußeren Belastungen waren – konnten sie die frühe Geschichte von MK auslöschen? Wir bezweifelten das und waren der Ansicht, dass wir auch in seinen schlimmsten Phasen immer noch Überreste dieser Geschichte erkennen konnten. Während der Phase seines antisozialen Verhaltens beging er trotzdem keine gewalttätigen Verbrechen und versuchte tatsächlich aktiv, jede körperliche Gewalt gegenüber anderen Menschen zu vermeiden. Auch die anderen Jugendlichen im Sommerlager hielten ihn für einen nachdenklichen und sensiblen, wenn auch unglücklichen Jungen. Ich werde später noch einmal auf seine Geschichte zurückkommen ebenso wie auf unsere übrigen Erkenntnisse über das Schicksal früher Erfahrungen, doch zunächst möchte ich die Ergebnisse unseres Projekts während der Phasen der Adoleszenz und des frühen Erwachsenenalters beschreiben, in denen wir die Entfaltung der Persönlichkeit weiterverfolgten.

Fazit: Werturteile vermeiden

Bevor ich dieses Kapitel über Kontinuität und Wandel beende, möchte ich gern einige abschließende Punkte erörtern. Wenn Menschen von unserer Arbeit hören, haben sie mitunter den Eindruck, dass Werturteile mitschwingen – einige Kinder kommen gut zurecht (sind gut), andere haben Probleme (sind schlecht). Unsere detaillierten Beobachtungen haben deutlich gemacht, dass alle Kinder Kämpfe ausfechten und dass alle Kinder, auch die verhaltensauffälligen, über Stärken verfügen. Dafür könnte ich viele Beispiele anführen, aber ich will mich an dieser Stelle mit einem begnügen.

Ein Kind, das ich sehr gern mochte, hatte einen unsicheren Bindungshintergrund und war außerdem sehr impulsiv und unbeherrscht. Im Kindergarten und in der Grundschule wurde er häufig für sein schlechtes Benehmen getadelt, und auch als Zehnjähriger zeigte er Probleme in unserem Sommerlager. Dennoch hatte er einige bemerkenswerte Eigenschaften. Wir wollten über Nacht im Freien zelten, und die Kinder waren verständlicherweise vor Aufregung außer Rand und Band. Schließlich mussten die BetreuerInnen härter durchgreifen und einige strengere Regeln aufstellen. Letzten Endes erklärten sie, dass das nächste Kind, das unerlaubt sein Zelt verlasse, ins Gebäude gehen und unter der Aufsicht eines Betreuers schlafen müsse. Schwupps flitzte unser Held aus seinem Zelt, rannte einmal in einem großen Kreis herum und ging dann gezielt zu einem Betreuer, um sich einfangen und kooperativ ins Innere des Gebäudes führen zu lassen. Zu diesem Zeitpunkt hatte ich Gelegenheit, mit ihm zu reden. Er erklärte mir, wenn etwas richtig spannend und aufregend werde, könne er sich einfach nicht beherrschen, deshalb halte er es für das Beste, die Sache gleich am Anfang zu regeln. Ich fand, das war eine ziemlich erstaunliche Einsicht für einen Zehnjährigen, der bis zu diesem Zeitpunkt keine systematische Intervention erhalten hatte. Im Allgemeinen fanden unsere BetreuerInnen sogar die Problemkinder sympathisch und kamen mit allen gut zurecht.

Manche Leute halten unsere Arbeit auch für pessimistisch, sogar fatalistisch. Ihrer Ansicht nach suggerieren wir, dass man verloren sei, wenn man als Kind eine unsichere Bindung hatte. Als jemand, der selbst eine schwierige Kindheit hatte, empfinde ich das völlig anders. Nichts in dieser Arbeit besagt, dass Veränderungen zum Positiven nicht möglich sind. Für mich war diese Arbeit überaus aufschlussreich. Ich empfand die Lehren aus dem Projekt als hilfreich, wenn ich in der Therapie manchmal angestrengt zu verstehen suchte, warum frühere Erfahrungen mich weiterhin im Griff behielten und warum Veränderungen so schwierig sein konnten. Diese Arbeit kann uns viel darüber beibringen, wie Veränderungen beschaffen sind und wodurch sie verhindert werden. Ich denke, sie lehrt uns, dass jede Veränderung eine Herausforderung sein kann. Gleichzeitig lehrt sie uns meiner Ansicht nach nicht nur, dass Veränderungen möglich sind, sondern auch, dass sie in jedem Alter möglich sind. Im letzten Kapitel des Buches werde ich ausführlicher auf diese Lehren eingehen.

KAPITEL 10

Adoleszenz: Das reflektierende Selbst

Myra (15 Jahre) spricht über die Kinder in ihrem Ferienlager: *Jason ist irgendwie unausstehlich, aber er ist in unserer Gruppe, deshalb akzeptieren wir ihn einfach so, wie er ist.*

April (15 Jahre) spricht über ihre Freundin: *Ich glaube, Myra war sauer, weil sie wollte, dass wir wieder beste Freundinnen sind, wie früher. Ich möchte auch ihre Freundin sein. Aber sie versteht nicht, dass ich im Moment Teil dieser Gruppe (von schwarzen Mädchen) sein muss.*

Ahmed (17 Jahre) spricht über sein Basketball-Team: *Wissen Sie, wir haben so toll gespielt und den Stadtpokal gewonnen, weil wir alle irgendwie wie eine Familie waren und der Trainer war wie unser Vater.*

Kennzeichnend für Entwicklung sind allmähliche Veränderungen, die durch qualitative Veränderungen ergänzt werden. Ein sechs Monate alter Säugling unterscheidet sich radikal von einem Neugeborenen. Zehn Monate alte Säuglinge sind viel fortgeschrittener als sechs Monate alte Babys, und Kleinkinder mit ihrem eigenen Willen, ihrer Sprachfähigkeit und ihrem Verständnis von Getrenntheit sind den Einjährigen weit voraus. Und so wie der Schmetterling verblüffend anders ist als die Raupe, ist das Fühlen und Denken des Adoleszenten eine radikale Transformation des kindlichen Fühlens und Denkens. Die Fähigkeit von Adoleszenten, darüber nachzudenken, was andere denken (und dass andere vielleicht darüber nachdenken, was sie denken); sich selbst von außen zu betrachten und zurückzublicken; darüber zu reflektieren, was *sein könnte* im Gegensatz zu dem, was ist, und sich auf alle möglichen Arten von hypothetischen Möglichkeiten einzulassen, macht sie den Erwachsenen ähnlicher als den Kindern.

Die obigen Zitate gewähren einen kleinen Einblick in drei dieser sich erweiternden Charaktere und mentalen Welten. Myra kann Jasons Schwächen klar erkennen und doch aufgrund ihrer Identifikation mit der Gruppe darüber hinwegsehen. April ist in der Lage, gleichzeitig über ihren eigenen Standpunkt und den von Myra nachzudenken und zu erkennen, warum Myra die Welt nicht genauso sehen kann wie sie selbst. Das ist ein ziemlich komplexes Denken. Ähnlich kann auch Ahmed mit einem Vergleich aufwarten, der berücksichtigt, dass jemand von außen vielleicht nicht versteht, dass der Teamzusammenhalt der Schlüssel zum Erfolg der Basketballmannschaft war. Diese drei Jugendlichen hatten alle sichere Bindungsgeschichten, von daher war ihre Empathie und Beziehungsorientierung verständlich für uns.

Ich hatte ein persönliches Erlebnis mit den jungen Leuten in unserer Studie, das die qualitative Veränderung, die sich in der Adoleszenz vollzieht, unterstrich. Da ich die Bindungsgeschichte der Kinder kannte, konnte ich in unserem Kindergarten oder den Sommerlagern nie zur Datensammlung beitragen. Ich nahm keine Einschätzungen vor, machte keine Notizen, die später als Daten genutzt wurden, und leitete niemanden bei den Aufzeichnungen an, obwohl ich die MitarbeiterInnen im Vorfeld für die Beurteilungen ausbildete. Trotzdem war ich jeden Tag da. Beim Sommercamp der Zehnjährigen beaufsichtigte ich den Transport der Kinder zum Camp und zurück nach Hause, begleitete sie bei Ausflügen, saß beim Essen mit ihnen zusammen oder war sonst einfach da. Auf diese Weise lernte ich alle Kinder kennen. Ich mochte sie und kam gut mit ihnen aus. Das galt unabhängig davon, ob sie eine sichere oder unsichere Bindungsvergangenheit hatten. Meine beiden Lieblinge hatten tatsächlich keinen sicheren Bindungshintergrund – vielleicht lagen sie mir ja besonders am Herzen, weil sie mich an mich selbst erinnerten. Wichtiger noch, die Kinder akzeptierten mich und begrüßten meine

Anwesenheit, das galt für Jungen und Mädchen gleichermaßen. Am Pizzatag zum Beispiel pflegten sie zu sagen: »Hey, gebt Alan auch ein Stück!«

Als wir fünf Jahre später unsere Wochenendcamps mit den Fünfzehnjährigen abhielten, freute ich mich sehr darauf, sie alle persönlich wiederzusehen. Als die erste Camp-Gruppe eintraf, gab es eine Mahlzeit in einem großen Gemeinschaftsraum. Zu diesem frühen Zeitpunkt der Wiedervereinigung sammelten sich die Jungen an einigen Tischen und die Mädchen an anderen. Ich setzte mich zu den Jungen, stellte mich noch einmal vor und plauderte ein wenig mit ihnen. Dann ging ich zu einem der Mädchentische. Wow! Ich stieß auf eine Wand. Was für eine Zurückhaltung! Mir war natürlich klar, dass ich es hier mit adoleszenten jungen Frauen und nicht mehr mit Kindern zu tun hatte! Ihre Reserviertheit mir gegenüber war verständlich und angemessen. Es gibt eine ganz neue Ebene der Selbstbewusstheit in der Adoleszenz. Danach blieb ich auf Abstand und trat nur in Kontakt, wenn die Initiative von den Mädchen ausging.

Der neue Grad der Selbstbewusstheit zeigte sich auch, als es darum ging, gefilmt und beobachtet zu werden. In den Sommerlagern der Grundschulzeit und bei vielen Gelegenheiten im Laufe der Studie wurden Videoaufzeichnungen gemacht. Außerdem waren die Kinder daran gewöhnt, dass sich in den Camps immer zahlreiche BeobachterInnen am Rande aufhielten, was sie überhaupt nicht störte. (Sie bestanden darauf, dass die »BeobachterInnen« ebenfalls Pizza bekamen!) Das alles änderte sich, als sie sich als Adoleszenten in den Camps wiedertrafen. In jedem Camp sprachen sie bei der Eröffnungssitzung das Thema Filmen und Beobachten an, und schlugen Regeln vor, an die sich alle halten sollten. Zum Beispiel sollte es auf keinen Fall Kameras oder BeobachterInnen in den Hütten und an bestimmten anderen Versammlungsorten geben, so dass sie bestimmte Orte hätten, an die sie sich ungestört zurückziehen konnten, wenn sie nicht gefilmt werden wollten. Wie Myra erklärte: »Wissen Sie, als wir Kinder waren, waren wir uns der Dinge einfach nicht so bewusst. Jetzt ist uns *alles* bewusst.«

Wie in früheren Altersphasen untersuchten wir auch bei den Adoleszenten ihre soziale Entwicklung, ihre verhaltensmäßigen und emotionalen Probleme und wie sie in Bezug auf die wichtigsten Themen des adoleszenten Lebens zurechtkamen. In dieser Zeit passiert eine Menge: Die jungen Leute festigen ihre Identität, wenden sich der Frage engerer Beziehungen zu, nehmen einige Erwachsenenaufgaben in Angriff und bereiten sich auf andere vor. Für einige ist es eine Phase der Ausweitung, der Aufregung über die Zukunft und des Idealismus. Für andere ist es eine außerordentlich schwierige und herausfordernde Zeit. Für mich war es irgendetwas in der Mitte. Ich hatte einige gute Freunde, meine erste richtige Freundin und war beliebt in meiner Kirchengruppe. Gleichzeitig entwickelte ich allmählich das Gefühl, dass etwas mit mir nicht stimmte, auch wenn ich es nicht in Worte fassen konnte, und in der Schule fühlte ich mich oft sehr einsam.

Die familiäre Situation

Unsere erste Beobachtung der adoleszenten Entwicklung führten wir bei Dreizehnjährigen durch. Wir baten die Familien alle, zu einer Sitzung ins Labor zu kommen und bei einer Videoaufzeichnung mitzuwirken. Das umfasste immer die junge Person und die primäre Bezugsperson (fast immer die Mutter, manchmal ein Vater oder ein Großelternteil). Wann immer möglich, bezogen wir den Partner der primären Bezugsperson mit ein, auch wenn er oder sie nicht der leibliche Elternteil des Kindes war.

Wir ließen die Paare (oder Trios, wenn der Partner dabei war) mehrere Aufgaben erledigen, die auch in diesem Fall von Jeanne und Jack Block von der Berkeley University konzipiert waren. Alle waren auf die Neuausrichtungen ausgelegt, mit denen Eltern und Kinder in diesem Alter ringen. Bei einer Aufgabe ging es darum, eine Anti-Nikotin-Kampagne zu planen, die bei Jugendlichen Erfolg haben würde. Hier verfügte das Kind eindeutig über eine gewisse Kompetenz, über die die Eltern nicht verfügten. Bei einer weiteren Aufgabe verband man dem Elternteil die Augen, und er musste den Anweisungen des Kindes folgen, um einen Gegenstand zusammenzusetzen. Bei dieser Aufgabe wurden die Führungsrollen bewusst vertauscht. Außerdem gaben wir bestimmte Themen vor, die Eltern und Kinder diskutieren sollten, und sie mussten gemeinsam einen Urlaub planen. Man erkennt, dass hier die Fähigkeit der Eltern zur Anerkennung der Kompetenz und des notwendigen Beitrags des Jugendlichen gefordert ist, ebenso wie die Fähigkeit des Jugendlichen, zwischen Führungsrolle und kooperativer oder untergeordneter Rolle hin und her zu wechseln. Alle Situationen waren ebenso spannend wie herausfordernd.

Für die Bewertung der Dreizehnjährigen und ihrer Eltern standen uns einige großartige, bereits vorher von June Sroufe entwickelte Skalen zur Verfügung. Sie hatte Videos, die vom Berkeley-Projekt der Blocks erhältlich waren, genutzt, um Skalen zu erstellen, die Aufschluss über die Beziehungsdynamik in den Familien gaben. Eine davon betraf, wie spontan und frei die Beteiligten sein können, wenn sie bestimmte Standpunkte vertreten, Meinungen äußern und nicht sofort (und natürlich nicht aus Angst) einlenken. Konzeptuell kommt das natürlich den Gefühlen von Schutz und Sicherheit und damit dem Kern der Bindungstheorie sehr nahe. Eine zweite Skala betraf das Ausmaß, in dem die Beziehung die Autonomie des jungen Menschen unterstützte und trotzdem durch die Unabhängigkeit und Autorität des Elternteils ausgeglichen wurde (was an unsere Messungen bei den Zweijährigen erinnerte). Eine dritte Skala bezog sich auf die Effektivität des Paares (oder Trios) bei der kooperativen Inangriffnahme der Aufgaben. (Michelle Englund, David Forman und ich haben diese letzte Skala weiter ausgearbeitet und festgestellt, dass sie ein guter Prädiktor für spätere schulische Leistungen war). Eine weitere Skala hatte mit der Aufrechterhaltung angemessener Grenzen zwischen Eltern und Kind zu tun. Das bedeutete, dass die Bezugsperson auf jede Form von verführerischem Verhalten verzichtete, aber es bedeutete darüber hinaus, dass sie in der Elternrolle blieb, auch wenn sie gleichzeitig die Autonomie des Kindes förderte. Weitere Skalen hatten mit Nähe und Distanz, ebenso wie mit Wut, Feindseligkeit und positivem Affekt zu tun.

June hatte bereits in ihrer Dissertation eine Validierung dieser Skalen geliefert. Zu den erstaunlichsten Ergebnissen gehörte die von ihr nachgewiesene Kohärenz von Beziehungssystemen. Bei der Mittelschichts-Stichprobe der Blocks war eine große Anzahl von Vätern vertreten, deshalb konnten sie drei verschiedene Beziehungskonfigurationen filmen, also Mutter-Kind, Vater-Kind und Mutter-Vater-Kind. Typischerweise stehen sich Mütter und Töchter ebenso wie Väter und Söhne in diesem Alter näher (oder genauso nahe). June stellte fest, dass bei einer starken Abweichung von diesem Muster (zum Beispiel, wenn sich Mütter und Söhne erheblich näher sind als Väter und Söhne oder wenn Väter und Töchter einander näher sind als Mütter und Töchter) vorhersagbar war, dass in diesen Familien eine größere Distanz zwischen Müttern und Vätern besteht als in anderen Familien. Man beobachtet also die Zweiergruppe von Mutter und Kind und die Zweiergruppe von Vater und Kind. Ohne die Mutter und den Vater je zusammen erlebt zu haben, sagt man voraus, wie sie einander behandeln, wenn sie als Trio zusammen sind, was von unabhängigen Beobachtern bewertet wird. Die vorhergesagten Unterschiede in der emotionalen Distanz treten ein. Das ist ein erstaunlicher Nachweis für die Kohärenz von Familienbeziehungen.

Diese Skalen erwiesen sich auch für unser Minnesota-Projekt als aufschlussreich. Die ersten drei Skalen für die Familiendynamik bezogen sich auf die aktuelle Funktionsfähigkeit des Kindes und waren sowohl durch unsere früheren Messungen in der Kindheit als auch durch die Messungen der Sozialkompetenz in den Sommerlagern vorhersagbar. Die Messung der Grenzverletzungen hing mit Verhaltensproblemen und mit sexuellen Ausbeutungserfahrungen der Mütter in deren Kindheit zusammen. Ein sehr wichtiges Ergebnis war, dass ein starker Zusammenhang zwischen den Grenzverletzungen, die wir im Alter von drei Jahren beobachtet hatten, und den Grenzverletzungen im Alter von dreizehn Jahren bestand. Dieses Ergebnis ist eindrucksvoller, als es auf den ersten Blick erscheint, weil die Art der Grenzverletzung sich häufig verändert hatte. Im Alter von drei Jahren war das Grenzproblem nur am Verhalten der Mutter erkennbar, aber im Alter von 13 Jahren ließ es sich auch beim Kind beobachten. Jetzt verhielten sich diese Söhne gegenüber ihren Müttern häufig wie ein Partner oder auf überbesorgte Weise. (Ich vermute, das könnte auch bei meiner Mutter und mir der Fall gewesen sein, wenn wir an dieser Studie teilgenommen hätten. Ich habe definitiv versucht, mich um sie zu kümmern.) Bei Töchtern zeigten sich die Grenzverwischungen häufiger daran, dass die Mutter-Tochter-Paare wie Schwestern miteinander kicherten oder sich kabbelten, was die erfolgreiche Erledigung der Aufgaben behinderte.

Die Jugendcamp-Studie

Die nächste Untersuchung der Adoleszenten in unserer Studie fand im Alter von 15 Jahren bei Wochenendtreffen im Sommerlager statt. Wie bei den früheren Sommerlagern boten die insgesamt drei Camptreffen eine wunderbare Möglichkeit, um 48 Jugendliche umfassend zu beobachten. Auf dem Programm standen Unternehmungen in der Natur, zum Beispiel eine Vertrauenswanderung mit verbundenen Augen, und anspruchsvolle Aufgaben, die in der Gruppe gelöst werden mussten. Es gab gemeinsame Mahlzeiten, eine von den jungen Leuten geplante Party, Übernachtungen in den Hütten und am letzten Tag Entspannungsaktivitäten. Wie üblich waren die ganze Zeit über zahlreiche BetreuerInnen und eine große Schar von BeobachterInnen zugegen. In vielen Situationen wurden Film- oder Audioaufnahmen gemacht, so dass wir letztendlich eine Fülle verlässlicher Informationen in dieser kurzen Zeitspanne erhielten.

Die Betreuer-Beurteilungen der sozialen Kompetenz bei den Fünfzehnjährigen ergaben einen starken Zusammenhang mit den Messungen der sozialen Kompetenz in jeder früheren Altersstufe. Die Korrelationen mit den Camp-Messungen bei den Zehnjährigen waren besonders ausgeprägt und von einer Stärke, die in der Geschichte dieses Fachgebiets nahezu beispiellos war. Das lag zu einem Großteil an dem enormen Umfang der Beobachtungen, die in jeder Altersstufe gemacht wurden. Sogar die Messungen aus der frühen Kindheit – jede größere davon – standen im Zusammenhang mit dem adoleszenten Funktionsvermögen. Im Hinblick auf die Bindungsgeschichte waren die Zusammenhänge genauso stark oder stärker, als sie es bei den Ergebnissen des Vorschulalters und der mittleren Kindheit gewesen waren. Das galt sowohl für die Bewertungen durch die BetreuerInnen als auch für Beobachtungen von Isolation, Freundschaft und Gruppenanpassung. Unser Fazit war, dass die starken Zusammenhänge über diese Altersspanne hinweg darauf zurückzuführen sind, dass Themen wie Vertrauen und Vulnerabilität in den Jugendjahren so große Bedeutung erlangen. Der Aufbau einer Vertrauensgrundlage ist natürlich das, worum es bei der frühkindlichen Bindung geht.

Ein Aspekt dieses speziellen Interesses am Vertrauen war eine Betreuerbewertung der »Fähigkeit zur Vulnerabilität«. Alle Jugendlichen fühlen sich zweifellos verwundbar. Die Herausforderung besteht darin, dass man die Fähigkeit, offen für wichtige neue Erfahrungen zu sein, nicht durch solche Gefühle einschränken lässt. Unsere Skala erfasste die Bereitschaft der Teenager, emotional verwundbar zu sein und dadurch am vollen Spektrum von potenziell wachstumsfördernden Erfahrungen im Wochenend-Camp teilzunehmen. Die BetreuerInnen hatten kein Problem damit, diese Bewertung vorzunehmen, und ihre Beurteilungen waren durch die 14 Jahre zuvor ermittelten Bindungsbeziehungen sicher vorhersagbar. Aus einer vertrauensvollen Beziehung in der frühen Kindheit entstand die Fähigkeit zum Vertrauen und zu emotionaler Verwundbarkeit.

Außerdem waren wir daran interessiert, wie gut Jugendliche mit einer sicheren Bindungsgeschichte mit der Komplexität adoleszenter Gleichaltrigengruppen zurechtkamen. Die BetreuerInnen in den Camps erstellten sogenannte »Soziogramme«. Das sind im Grunde »Landkarten«, auf denen verzeichnet ist, wer mit wem eng verbunden oder auf Distanz ist. Diese Karten ergaben regelmäßig und in all unseren Camps, dass es eine organisierte Gruppe oder »Clique« gab. Diese Clique war eine erkennbare Gruppe von Jugendlichen beiderlei Geschlechts, die regelmäßig miteinander interagierten, wobei einige eine zentralere Rolle einnahmen und einige an der Peripherie agierten. Andere CampteilnehmerInnen wurden in diese Gruppe nicht miteinbezogen. Dass sich jede dieser Gruppen aus sicher gebundenen Jugendlichen zusammensetzte, war außerordentlich unwahrscheinlich. Außerdem bildeten einige der Jugendlichen »Paare« während des Camp-Aufenthaltes. Die BetreuerInnen und die Jugendlichen selbst stimmten darin überein, welche Zweiergruppen ein Paar waren. Alle hatten einen sichere Bindungshintergrund und nahmen eine führende Rolle in der gemischtgeschlechtlichen Clique ihres Camps ein. Die gemessene »Fähigkeit zur Vulnerabilität« war bei dieser Gruppe erwartungsgemäß hoch. Diese Ergebnisse unterstrichen die durchgängige Verknüpfung zwischen früher Bindungssicherheit, Beziehungsorientierung und späterer Fähigkeit zu Nähe, die sich in unserer Arbeit abzeichnet.

Unsere Ergebnisse hinsichtlich der Beteiligung an der gemischtgeschlechtlichen Peergruppe offenbarte zudem das komplexe Wesen von Entwicklung. Die zentralen Figuren in den gemischtgeschlechtlichen Gruppen der Adoleszenz waren nicht diejenigen Jugendlichen, die die Geschlechtergrenzen in der mittleren Kindheit häufig überquert hatten, sondern vielmehr diejenigen, die diese Grenzen in der mittleren Kindheit konsequent aufrechterhalten hatten. Ähnliches galt für alle Jugendlichen, die gemischtgeschlechtliche Paare bildeten; auch sie hatten die Geschlechtergrenzen in der mittleren Kindheit bewahrt und sich damit an die Normen dieser Altersstufe gehalten. Das ergibt nur Sinn aus einer Entwicklungsperspektive. In der mittleren Kindheit lernen Kinder Loyalität und Nähe am besten, indem sie gleichgeschlechtliche Freundschaften erleben und die Komplexität von zwischengeschlechtlichen Beziehungen vermeiden. Ausgehend von dieser Grundlage können sie dann später die Komplexität der Paarbeziehungen zwischen den Geschlechtern (oder von gleichgeschlechtlichen Paarbeziehungen) in Angriff nehmen.

Es wird Sie kaum überraschen, dass wir Veränderungen in den ausgedrückten Haltungen gegenüber dem anderen Geschlecht bei den Fünfzehnjährigen feststellten. Im Alter von zehn Jahren brachten die Kinder fast durch die Bank negative Meinungen über Angehörige des anderen Geschlechts zum Ausdruck. Mädchen sagten etwa: »Die sind zu rüpelhaft«, und Jungen sagten zum Beispiel: »Die sind mir egal«, »Wer braucht die« oder »Weg mit denen«. Im Alter von 15 Jahren kamen von den Mädchen Äußerungen wie: »Ein paar von ihnen mag ich«, und von Jungen hörte man zum Beispiel: »Die sind okay.« Fast niemand äußerte sich negativ. Und das Interesse wurde nicht mehr durch Beleidigungen oder Aggressivität, sondern auf wesentlich positivere Weise zum Ausdruck gebracht.

Außerdem nahmen wir eine formale Einschätzung von Führung und Effektivität innerhalb von Gruppensituationen in den Sommerlagern vor (zusammen mit Michelle Englund). Wir verkündeten den Jugendlichen, dass wir zusätzliche Gelder erhalten hätten und dass sie entscheiden dürften, wie es im Camp ausgegeben werden solle, es gebe allerdings einige Einschränkungen. Das Geld könne nicht einfach unter ihnen verteilt werden, sondern müsse für eine Aktivität verwendet werden, die die ganze Gruppe umfasste (für eine Feier oder eine Freizeitaktivität wie etwa Bowling). Sie sollten das zunächst in Vierergruppen diskutieren (nur Jungen oder nur Mädchen) und zu einer einvernehmliche Lösung kommen. Nach ihrer Entscheidung sollten sie einen Gruppensprecher für die Diskussion mit der größeren Gruppe wählen (alle acht Jungen oder alle acht Mädchen in jedem Camp). Wiederum sollten sie sich auf eine Lösung einigen und einen Sprecher/eine Sprecherin wählen. Schließlich sollten sich dann alle sechzehn Jugendlichen treffen, ihre unterschiedlichen Meinungen diskutieren und zu einer abschließenden Lösung gelangen.

Anhand von Videoaufzeichnungen dieser Sitzungen wurden Führung, Beteiligung, Selbstvertrauen und allgemeine soziale Kompetenz bewertet – alle mit hoher Reliabilität. Diese Bewertungen korrelierten in bemerkenswerter Weise mit unabhängigen Betreuerbewertungen der sozialen Kompetenz und des Selbstvertrauens. Sie zeigten deutlich, dass Jugendliche mit sicherer Bindungsvergangenheit bei allen Kriterien höher abschnitten – klare Führungsrollen übernahmen und häufiger zum Sprecher/zur Sprecherin gewählt wurden. Einige der qualitativen Ergebnisse waren sogar noch eindrucksvoller, zum Beispiel wenn alle sich immer an einen ganz bestimmten Jungen wandten, wenn ein Vorschlag gemacht wurde. Ein kleines Nicken von ihm reichte aus, um die Sache zu entscheiden. Das lag nicht daran, dass er der größte oder aggressivste Junge war, sondern an der Autorität, die er durch sein Selbstbewusstsein und seine zentrale Stellung ausstrahlte. (Einer dieser Jungen war Ahmed, der sich zu Beginn dieses Kapitels über seine Mannschaft äußerte.)

Die Erkundung der mentalen Welt unserer Teenager ergab, dass diejenigen mit sicherer Bindungsgeschichte ein größeres Bewusstsein für Beziehungen und Beziehungsnetzwerke hatten und sich besser damit auskannten. Das offenbarte sich in unseren Camp-Interviews und in unseren Interviews mit allen 180 Teenagern im Alter von 16 Jahren. Diejenigen mit sicherem Bindungshintergrund waren besser in der Lage, das gesamte Beziehungsnetzwerk im Camp zu beschreiben, zum Beispiel welche Jugendlichen zur »Clique« gehörten und wer mit wem befreundet war. In unseren Tiefeninterviews zur Freundschaft zeigten sie ein tiefes Verständnis dafür, was zu einer innigen Beziehung gehört. Wie intensiv Jugendliche mit sicherem Bindungshintergrund über Beziehungen nachdenken und sich dafür engagieren, wird an den Zitaten zu Beginn dieses Kapitels deutlich. (Ich freue mich, berichten zu können, dass Myra und April, ihre Freundin aus Kindertagen, gegen Ende des Camps wieder zueinanderfanden und ihre Freundschaft erneuerten.)

Schulleistungen und Störungen in der Adoleszenz

Lehrerberichte über die Sechzehnjährigen bestätigten größtenteils, was wir durch unsere Beobachtungen und die Betreuerbewertungen im Camp erfahren hatten. Jugendliche mit sicherem Bindungshintergrund wurden im Hinblick auf ihre emotionale Gesundheit/ihr Selbstwertgefühl ebenso wie im Hinblick auf ihre Kompetenz mit Gleichaltrigen höher eingestuft als diejenigen mit unsicherem Bindungshintergrund.

Jugendliche, die in der frühen Kindheit die Erfahrung unterstützender Fürsorge gemacht hatten, zeigten auch bessere schulische Leistungen in der Adoleszenz. Unsere frühe Messung des elterlichen Fürsorgeverhaltens, das die Bindung des Kindes und die emotionale Unterstützung im Alter von zwei und drei Jahren ermittelte, hatte auch bei Berücksichtigung des IQs einen prognostischen Wert für Testleistungsergebnisse in Mathematik und Lesekompetenz. Gestützt auf Informationen aus der 11. Klasse stellte Elizabeth Carlson außerdem eine allgemeine Einschätzung der schulischen Anpassung zusammen, bei der Faktoren wie Anwesenheit, Noten, gesammelte

Punkte, Stellung in der Klasse, Disziplinprobleme, Nichtversetzung und Schulverweise berücksichtigt wurden. Auch bei dieser Bewertung ergab sich abermals ein solider Zusammenhang mit unserer Variable der frühen Bindungsqualität. Auch alle früheren Bewertungen der Kompetenz mit Gleichaltrigen, Messungen der familiären Stressbelastung und frühere Verhaltensprobleme waren von hohem prognostischen Wert für diese Einschätzung. Was die Erklärung der schulischen Anpassung betrifft, so stellt die Gesamtheit dieser Messungen der sozio-emotionalen Geschichte jede auf dem IQ basierende Messung in den Schatten.

Die frühe Bindungsgeschichte war auch relevant für die andere Seite der Medaille – die Manifestation von verhaltensbezogenen und emotionalen Problemen. Das wurde anhand von Lehrerberichten über Sechzehnjährige und durch unsere eigenen klinischen Tiefeninterviews der Jugendlichen im Alter von 17 ½ Jahren ermittelt. Die meisten jungen Leute mit unsicherer Bindungsvergangenheit entwickeln eindeutig keine ernsthaften psychischen Probleme. Gleichzeitig stellt eine unsichere Bindung in der frühen Kindheit, insbesondere das desorganisierte Muster, einen »Risikofaktor« für spätere Probleme dar. Das bedeutet einfach, dass diese jungen Leute verglichen mit Jugendlichen, die einen sicheren Bindungshintergrund haben, eher Gefahr laufen, spätere Probleme zu entwickeln.

Über solche allgemeinen Schlussfolgerungen hinaus fanden wir Nachweise für einige spezifischere Verbindungen zwischen Bindungsgeschichte und späteren Problemen. So bestand ein Zusammenhang zwischen desorganisierter Bindung und zahlreichen unterschiedlichen Problemen sowie der Gesamtanzahl der Probleme. Es zeigte sich auch ein bemerkenswerter Zusammenhang mit einem psychologischen Merkmal, das als »Dissoziation« bezeichnet wird. Dissoziation bezieht sich darauf, dass bestimmte Elemente der Erfahrung abgespalten werden. Wir alle ignorieren mitunter Dinge, die wir nicht wahrhaben wollen, doch bei einer schweren dissoziativen Störung kann dies den Realitätssinn ebenso wie die Funktionsfähigkeit des Betreffenden erheblich einschränken. Dass man eine negative Äußerung über die eigene Person nicht verarbeitet, ist eine Sache, eine ganz andere ist es, dass man sich großer Teile des eigenen

Erlebens nicht gewahr ist oder Phasen durchläuft, in denen man durch dramatische Bewusstseinsveränderungen nicht erkennt, was um einen herum geschieht, oder sich irgendwo wiederfindet und keine Ahnung hat, wie man dorthin gekommen ist. Dissoziation ist ein wichtiges Thema, weil sie mit vielen ernsthaften Problemen zusammenhängt, zum Beispiel mit selbstverletzenden Verhaltensweisen wie Ritzen oder Verbrennen und mit der Borderline- oder multiplen Persönlichkeitsstörung.

Die Verbindung zwischen desorganisierter Bindung in der frühen Kindheit und einer Jahrzehnte später auftretenden dissoziativen Störung ist bedeutsam, weil sie von der Theorie klar vorausgesagt wird und weil sie ein Zeichen für die Notwendigkeit früh einsetzender Interventionen sein könnte. Zur desorganisierten Bindung, die umfassend von Mary Main und Erik Hesse in Berkeley untersucht wurde, kommt es, wenn die Bezugsperson beängstigend ist. Das Kind, das stark motiviert ist, vor einer Quelle der Angst zu fliehen und doch gleichzeitig motiviert ist, sich zu der bedrohlichen Bindungsperson zu flüchten, gerät in ein absolut unlösbares Dilemma. Es gibt nichts, was es tun kann. In einer solchen Situation beobachten wir eine Fülle von widersprüchlichen oder seltsam anmutenden Verhaltensweisen. Das kleine Kind wird möglicherweise ganz starr und still oder dreht sich um die eigene Achse, verfällt in fieberhafte Aktivität oder geht zur Wand und fängt an, sie zu reiben, oder macht wiederholt Anstalten, sich der Bezugsperson zu nähern, bricht den Versuch aber immer wieder ab oder nähert sich dem Elternteil rückwärts. In gewisser Weise müssen die Kinder sich selbst aus der Situation »entfernen«, indem sie entweder das Kontaktbedürfnis oder die Angst abspalten oder nicht verarbeiten.

Giovanni Liotti, ein brillanter italienischer Gelehrter, kam vor vielen Jahren zu dem Schluss, dass diese anormalen kindlichen Verhaltensweisen mikro-dissoziative Reaktionen sind und dass das desorganisierte Bindungsmuster die Vorhersage einer späteren echten Dissoziation erlaubt. In unserer Studie bestätigte sich das bei jungen Leuten im Alter von 17 ½ und 19 Jahren und in späteren Altersstufen. Es ist kaum zu glauben, aber eine zwanzigminütige Beobachtung des frühkindlichen Verhaltens sagt eine relativ schwere psychische

Störung voraus. Natürlich zeigt nicht jedes Kind mit desorganisiertem Bindungsmuster im späteren Leben eine Störung. Dennoch war die Desorganisation der stärkste Einzelprädiktor, den wir ermittelt haben. Diese Ergebnisse haben uns in der Überzeugung bestärkt, dass psychische Störungen tatsächlich aus gestörten Beziehungserfahrungen entstehen.

Die unsicher-vermeidenden und unsicher-ambivalenten (resistenten) Bindungsmuster ließen keine derart aussagekräftigen Prognosen für spätere Störungen zu und erhöhten das Risiko nur geringfügig im Vergleich zu dem sicher gebundenen Muster. Dennoch waren bestimmte Ergebnisse sehr aufschlussreich. Ein unsicher-ambivalentes (resistentes) Bindungsmuster resultiert aus einem widersprüchlichen, angespannten oder willkürlichen Zuwendungsverhalten der Eltern. Es kommt darin zum Ausdruck, dass die Kinder misstrauisch, passiv oder völlig auf die Bezugsperson fixiert sind, dass sie viel Bestärkung brauchen, in ihrem Erkundungsverhalten eingeschränkt sind und sich nur schwer beruhigen lassen. Da sie nicht wissen, ob sie auf die Bezugsperson zählen können, nehmen sie eine wachsame Haltung ein, versuchen sich immer wieder zu vergewissern und brauchen bei jeder Kleinigkeit Bestärkung. Von daher war es nicht überraschend, dass dieses Muster die nahezu eindeutige Prognose von Angstsymptomen im Alter von 17 Jahren erlaubte. Eine unsicher-vermeidende Bindung hingegen, die mit emotional nicht verfügbaren Bezugspersonen oder chronischer Ablehnung und Zurückweisung verknüpft ist, hing mit Verhaltensproblemen in verschiedenen Altersstufen zusammen. Zu solchen Verhaltensproblemen gehören Aggressionen, Lügen, Stehlen und Widerstand gegenüber Autoritäten. Auch das erscheint wieder einleuchtend, weil eine Geschichte der Ablehnung logischerweise zu Gefühlen der Entfremdung von anderen führt ebenso wie zu verständlicher Wut. Mein Kollege Byron Egeland, der komplexe statistische Techniken und unterschiedliche Messverfahren anwendete, zeigte an einem Punkt, dass Entfremdung tatsächlich die Brücke zwischen einer unsicher-vermeidenden Bindungsgeschichte und späteren Verhaltensproblemen war.

Bindung und andere Einflüsse

Wir würden nie behaupten, dass die kindliche Bindung das Einzige ist, was die Entwicklung beeinflusst. Unsere Studie hat die Bedeutung vieler anderer Einflüsse gezeigt. Es war immer der Fall, dass der prognostische Wert größer war, wenn wir die Bindungsgeschichte gemeinsam mit Erfahrungen mit Gleichaltrigen, familiären Belastungen, der sozialen Unterstützung im Umfeld der Familie und anderen Faktoren betrachteten. Wir wiesen außerdem nach, wie wichtig neben der Bindungsgeschichte auch diese anderen Einflüsse sind. An dieser Stelle möchte ich dafür einfach zwei Beispiele geben:

Erstens: Wir haben gezeigt, dass das Zeuge-werden von Gewalt in der Kindheit die Vorhersage späterer Verhaltensprobleme bei Jungen erlaubt, und dies nach Berücksichtigung der Bindungsgeschichte, der allgemeinen familiären Stressbelastung und sogar direkter Misshandlungen des Kindes. Das ist sehr bedeutsam, weil das Miterleben häuslicher Gewalt häufig mit diesen anderen Faktoren verbunden ist, deshalb ist schwer zu erkennen, was Ursache und was Wirkung ist. Unsere Studie bietet jedoch eine recht eindeutige Bestätigung dafür, dass das Zeuge-werden von Gewalt *per se* einen zusätzlichen Risikofaktor für spätere Verhaltensprobleme darstellt.

Zweitens: Unsere Arbeit bestätigte die wichtige Rolle von Männern für die Entwicklung von Kindern. Bindungstheoretikern wird oft vorgeworfen, sie würden Müttern die Schuld an allem geben und kein Interesse an den Vätern haben. Beides ist unzutreffend. Wenn ich im Anschluss an Vorträge gefragt werde, was ich mir für die Kinder in unserer Studie am meisten wünschen würde, kommt mir als erstes in den Sinn, dass ich jedem einzelnen dieser sozial benachteiligten Kinder eine stabile männliche Präsenz wünschen würde. Ja, Mütter sind wichtig, aber auch Väter oder Vaterfiguren. In unserer Studie ist meine Studentin Susan Pierce zu sehr klaren Ergebnissen im Hinblick auf die Bedeutung einer stabilen männlichen Figur gelangt. Wenn Männer kamen und gingen, vor allem in der mittleren Kindheit, nahmen die Verhaltensprobleme der Jungen in der Adoleszenz zu. Gab es eine stabile männliche Präsenz nahmen die Verhaltensprobleme ab.

Erinnerungen an die Highschool

Ich war in meiner Highschool nicht beliebt, wollte es aber wie die meisten Jugendlichen unbedingt sein. Der Weg zur Beliebtheit führte an unserer Schule nicht über gute Noten. Er führte über den Sport.

Mein Bruder hatte sich an der Highschool in zwei Sportarten besonders hervorgetan – Football und Baseball. Er war so gut, dass er ein »Letterman« wurde, das heißt er durfte das Emblem bzw. den Buchstaben unserer Schule auf seiner Sportjacke tragen. Da unsere Highschool fast 2000 Schüler umfasste, war das schon ziemlich beeindruckend. Ich wollte auch ein Letterman werden. Football war allerdings keine Option für mich. Ich probierte es mit Baseball, aber das klappte nicht. Wenn ich ein Letterman werden wollte, hatte ich nur eine Möglichkeit, und das war das Wrestling. Beim Wrestling konkurrierst du gegen andere, die genauso groß sind wie du, deshalb spielte es keine Rolle, dass ich weniger als 58 kg wog. Mein Bruder stellte mich dem Wrestling-Trainer vor, und ich war im Team!*

Es gab vieles am Wrestling, das mir gut gefiel. Das Beste war das Konditionstraining. Wir hatten unglaublich harte Workouts, mussten kilometerweit laufen und die Zuschauertribüne hochsprinten (nicht über die Stufen, sondern über die Sitzbänke!). Als die Football-Saison zu Ende ging und die Footballspieler zu uns stießen, mussten sie besser in Form kommen, um mit uns mithalten zu können. Viel Spaß gemacht haben mir auch das Strategietraining und die Arbeit an den Bewegungen.

Was ich am Wrestling nicht mochte, waren die Varsity Matches, die Sportduelle der Schulteams, und das war irgendwie verwirrend.

---

* Dieser Trainer war ein ruppiger, muskelbepackter Typ, der keine Intellektuellen und keine »Party-Typen« mochte. Er nannte mich immer »Shruff«. Ich versuchte, ihm zu erklären, dass es »Srōfe« ausgesprochen wird, aber er meinte: »Ich habe deinen Bruder vier Jahre lang trainiert. Es heißt Shruff. Leg dich nicht mit mir an.« Mein Bruder kann auch eine nette Anekdote über unseren Namen erzählen. Als jemand ihn fragte, ob er sicher sei, dass wir den Namen korrekt buchstabierten, sagte er: »Früher haben wir ihn S-M-I-T-H buchstabiert, aber die Leute haben ihn immer wieder falsch ausgesprochen und Smith gesagt.«

Nach den Wettkämpfen musste ich mich vor lauter Erschöpfung übergeben, aber das war noch gar nicht das Schlimmste. Das Schlimmste für mich war der Kampfaspekt. Das Übungstraining im eigenen Team machte mir Spaß, und ich schlug mich auch recht wacker dabei. Tatsächlich musste man, um am Match der Schulmannschaften teilzunehmen, alle Mitglieder der eigenen Gewichtsklasse im Team schlagen, um der »erste Mann« zu werden. Aber das waren alles Leute, die ich kannte. Es war ein freundschaftlicher Wettbewerb. Bei meinem ersten Varsity Match musste ich verblüfft erkennen, wie viel Aggressivität dabei im Spiel war. Mein Gegner versuchte nicht einfach nur, mich zu besiegen; er versuchte, mich – so schlimm wie möglich – zu verletzen.

Trotz meines Könnens schnitt ich immer wieder grottenschlecht ab. Beim Teamtraining besiegte ich die Jungs, die in meiner Gewichtsklasse waren und manchmal auch Leute, die größer waren. Meine Mannschaftskameraden waren häufig besser als die Gegner der anderen Schulen. Trotzdem verlor ich bei den Wettkämpfen mit den anderen Schulen ein Match nach dem anderen. Mein Trainer beklagte sich mit den Worten: »Shruff, wo bleibt dein *Killer*-Instinkt?«

Als ich den ersten Entwurf dieses Buches geschrieben habe, sprangen mir diese Worte regelrecht entgegen. Mir war die Ironie nie aufgefallen. Die Antwort auf seine Frage sollte ich erst später finden: »Er ist unterdrückt, tief vergraben, und darf nie geweckt werden.« Erst als Erwachsener fing ich an, meine wettbewerbsorientierte, sogar aggressive Seite zum Ausdruck zu bringen. Als Jugendlicher wusste ich natürlich nichts von meiner Tabuisierung der Wut und meiner Angst davor. Sogar wenn ich es gewusst hätte, wäre es wohl nicht die Antwort gewesen, die mein Trainer hören wollte.

Ich glaube, meine Teamkameraden gingen schon fest davon aus, dass wir die Gewichtsklasse von 57 kg jede Woche verlieren würden. Unser Gesamtteam war jedoch so gut, dass wir die meisten Wettkämpfe gewannen. Doch dann rückte die Endspielwoche näher, in der wir auf die Schule treffen würden, die quasi unser Erzrivale war, und dieses Treffen würde ein sehr knappes Match werden. Wir alle wussten es. Wenn ich verlor, würde unser Team sehr wahrscheinlich verlieren. Ich wusste, mein Gegner war stark.

Es war mein bestes Match aller Zeiten ... Unser Kampf endete unentschieden, und mein Team trug ganz knapp den Sieg davon. Ich war überglücklich. Wenn ich heute daran zurückdenke, ist mir klar, dass dieses Unentschieden ein großartiger Ausgang war. Das Unbewusste ist etwas Tolles! Ich war nicht gezwungen, irgendjemanden symbolisch zu töten, und ich habe mein Team nicht im Stich gelassen. Erst Jahre später in der Therapie habe ich das Problem verstanden.

Weiter in die Erwachsenenwelt

Sogar wenn ich heute zurückschaue, finde ich es erstaunlich, dass die Bindungsunterschiede, die wir in der frühen Kindheit ermittelt haben, ihre Schatten durch die gesamte Kindheit und Adoleszenz vorauswerfen sollten. Das Konzept, dass frühe Beziehungserfahrungen verinnerlicht werden, ist tatsächlich sehr überzeugend, auch wenn die Verknüpfung von frühkindlicher Erfahrung und Funktionsfähigkeit im Jugendalter zweifellos kein unausweichliches oder unabänderliches Schicksal ist. Es kam in dieser Phase auch zu einer Menge Veränderungen. Dieser Wandel an sich war bis zu einem gewissen Grad vorhersagbar durch Veränderungen der Stressbelastung und der sozialen Unterstützung, die entlang des Weges auftraten. Es ist die Kohärenz von Entwicklung, die durch unser Projekt nachgewiesen wurde, nicht nur die Stabilität von Verhalten.

Im Gegensatz zur mittleren Kindheit erschien uns die Adoleszenz als eine Phase, die größere Herausforderungen mit sich brachte. Für viele unserer TeilnehmerInnen war es eine schwierige Zeit, und das entspricht auch meiner persönlichen Erfahrung. Ich habe große Zweifel, dass ich als Jugendlicher ein Mitglied der populären Cliquen in unseren Camps gewesen wäre. Die Adoleszenz ist eine Phase, deren Ende mich größtenteils erleichtert hat und die ich nicht unbedingt noch einmal erleben möchte.

Es kam relativ häufig vor, dass Kinder mit unsicherer Bindungsvergangenheit, die sich in den Grundschuljahren recht wacker geschlagen hatten, als Jugendliche auf Probleme stießen. Wir fragten uns, ob diese jungen Leute im Erwachsenenalter fähig sein würden, ihre positiven Erfahrungen der mittleren Kindheit anzuzapfen, um zu besserer Funktionstüchtigkeit zurückzukehren. Wie würde es ihnen ergehen, wenn sie vor der Aufgabe standen, eine Liebesbeziehung einzugehen, in die Arbeitswelt einzutreten oder die Elternrolle zu übernehmen? Sogar eine Reihe der jungen Leute mit sicherem Bindungshintergrund hatten während der Adoleszenz zu kämpfen, auch wenn die meisten es nur mit relativ überschaubaren Höhen und Tiefen zu tun hatten. Unsere Erwartung war, dass viele von ihnen sich recht gut erholen würden, wenn sie die Aufgaben der Erwachsenenwelt in Angriff nahmen. Forschungsarbeiten in dem Bereich deuteten allerdings darauf hin, dass sich in den Fallstricken der Adoleszenz sogar manchmal diejenigen verfangen, die auf eine Geschichte der Unterstützung und erfolgreichen Anpassung zurückblicken, das heißt, Jugendliche, die Jahr um Jahr gut funktioniert hatten. Vor uns lag also eine sehr interessante Aufgabe.

KAPITEL 11

Der Übergang in die Erwachsenenwelt

> *Er ließ sich dann von der Überzeugung leiten, dass die Menschen nicht immer an dem Tag geboren werden, an dem ihre Mütter sie zur Welt bringen, sondern dass das Leben sie dazu zwingt, sich noch einmal oder auch mehrere Male selbst zu gebären.*
>
> *Gabriel García Márquez*[12]

Zu den Schlüsselideen der Bindungstheorie gehört das Konzept der sicheren Basis. In der frühen Kindheit bietet die Bindungsperson eine sichere Basis für die Exploration des Kindes. Da die Bindungsperson feinfühlig, verlässlich und angemessen auf das Kind eingegangen ist, vertraut es auf ihre Verfügbarkeit. Das sicher gebundene Kind kann sich also von seinen Betreuungspersonen entfernen und anfangen, die Welt vertrauensvoll zu erkunden, weil es weiß, dass die Bezugsperson nötigenfalls sofort handelt und in einer Form auf seine Kontaktversuche eingeht, durch die das Problem gelöst wird.

Diese frühen Erfahrungen einer sicheren und verlässlichen Fürsorge bieten auch in einem umfassenderen Sinn eine sichere Basis; das heißt, sie bieten ein stabiles Fundament für die weitere Entwicklung. Wir sehen den Ausdruck dieser sicheren Basis in der Begeisterung, mit der Zwei- oder Dreijährige Probleme lösen, in der eifrigen und vertrauensvollen Kontaktaufnahme mit Gleichaltrigen im Kindergarten und in den loyalen Freundschaften des Grundschulkindes. Auf die gleiche Weise wird sie zum Fundament für die adoleszente Fähigkeit zur Verwundbarkeit und Intimität. Bei kontinuierlicher Verstärkung kann sie sogar noch weiter wirken, wenn die

Person mit den komplexen Herausforderungen des Erwachsenenalters konfrontiert wird, einschließlich Partnerschaft und Erziehung der nachfolgenden Generation. Das hat unsere Untersuchung des Erwachsenenalters gezeigt.

In Zusammenarbeit mit Andrew Collins, der sich unserem Team angeschlossen hatte, führten wir am Ende des Jugendalters mit allen Teilnehmenden nach ihrem 19. Geburtstag eine umfangreiche Befragung durch. Wir wollten uns einen allgemeinen Eindruck davon verschaffen, wie gut jeder Einzelne am Ende des Weges durch die Kindheit zurechtkam. Wie wir feststellten, konnten wir uns nach diesem umfassenden Interview ein verlässliches Bild machen, indem wir jede Person durch zahlreiche BeurteilerInnen nach einer »globalen Anpassungsskala« bewerten ließen – das heißt, es wurde bewertet, wie gut dieses Individuum die Herausforderungen dieser Phase generell meisterte. Das Interview deckte eine Reihe von Themen ab, wie zum Beispiel Freundschaften, Liebespartner, familiäre Beziehungen, schulische und berufliche Aktivitäten und Zukunftspläne. Das ermöglichte uns eine Konzentration auf die unserer Ansicht nach herausragenden Themen. Um die höchste Punktzahl bei dieser Anpassungsskala zu erzielen, musste der junge Mensch in allen wesentlichen Bereichen gut zurechtkommen.

Der erste Kriterienbereich betraf den Aufbau eines unterstützenden Beziehungsnetzes. Wir wussten, dass es mehr als eine Methode gibt, um ein derartiges Netzwerk zu entwickeln. Einige unserer TeilnehmerInnen hatten eine Liebesbeziehung, andere nicht. Einige wohnten noch zu Hause und hatten täglichen Kontakt mit ihren Familienangehörigen. Andere machten andernorts eine Ausbildung und konnten ihre Familie nur selten sehen. Entscheidend war, ob die Person aktiv in ein Beziehungsnetz eingebunden war, das die Möglichkeit bot, Unterstützung zu geben und zu erhalten.

Der zweite Fokus lag auf der Bewegung in Richtung erwachsene Arbeitswelt. Dazu konnte gehören, dass der junge Mensch eine konkrete Berufstätigkeit ausübte, eine Lehre oder ein Ausbildungsprogramm machte oder eine Fachschule oder ein College besuchte. Die höchsten Bewertungen erforderten, dass das Individuum voll engagiert mit etwas Produktivem beschäftigt war. In dieser Hinsicht gaben wir uns große Mühe, unsere Voreingenommenheit als Akademiker im Zaum zu halten. Ein junger Mann zum Beispiel arbeitete als Manager in einem »Splatball-« oder »Paintball«-Park, wo Kriegsspiele veranstaltet werden, wenn auch nicht mit Gewehrkugeln, sondern mit abwaschbarer Farbe. Er hatte sich hochgearbeitet und investierte sogar eigenes Geld, das er gewissenhaft ansparte, in das Unternehmen. Seine Arbeit erfüllte ihn mit außerordentlicher Leidenschaft. Die meisten Mitglieder unseres Forschungsteams hätten sich selbst nicht für diese Tätigkeit begeistern können, aber er bekam die volle Punktzahl. Dasselbe galt allerdings, wenn eine Person sich am College eingeschrieben hatte und angemessene Fortschritte machte oder wenn jemand voll engagiert einem Teilzeitjob nachging und parallel dazu eine Ausbildung machte.

Bei dem letzten Kriterium für unsere Bewertung ging es um den Grad der Reflexion, das Selbstbild und die Zukunftsvision sowie das Gefühl für Sinn und Richtung im Leben. Das war sehr wichtig, weil es die Bedeutung von allem anderen beeinflusste. So hatte jemand vielleicht in der elften Klasse die Schule abgebrochen und arbeitete in einem wirklich unbefriedigenden Job, aber tat es, um Geld für eine weiterführende Ausbildung zu sparen. Der Plan war realistisch, weil die Person tatsächlich kürzlich ihr GED-Diplom (General Education Development Test, i.e. ein Kompetenztest, um Zugang zu einem College oder einer Universität zu erhalten) gemacht und bereits die Recherchen durchgeführt hatte, um herauszufinden, ob sie für den Studiengang, den sie machen wollte, qualifiziert war. Dagegen arbeitete eine andere Person vielleicht nur sporadisch, sagte, dass sie »vielleicht versuchen« wolle, im nächsten Jahr das GED-Diplom zu machen und hatte keinerlei Vorstellung davon, wie lange es dauert, eine Ausbildung zum Zahnarzt oder was immer ihr als Berufsziel vorschwebte, zu absolvieren. Nun ist es natürlich ziemlich viel verlangt, dass ein 19-Jähriger bereits alles gründlich durchdacht hat, genau weiß, welches Ziel er anstrebt und eine Vorstellung davon hat, wie er dorthin gelangt. Doch überraschenderweise hatten viele dieser jungen Menschen genau das bereits getan. Um dieses Kriterium zu erfüllen, war es keine Voraussetzung, dass man sich bereits für einen Beruf entschieden oder ein Hauptfach am College gewählt hatte, aber wir forderten schon, dass der junge Mensch über den nächsten Schritt, den er unternehmen wollte, nachgedacht und einen gewissen Plan für die Umsetzung entwickelt hatte.

Lange Rede, kurzer Sinn: Nach all diesen vielen Jahren hatte eine sichere Bindung in der frühen Kindheit einen prognostischen Wert für die Qualität der Anpassung beim Eintritt in die Erwachsenenwelt. Das überzeugende Konzept, dass Beziehungserfahrungen verinnerlicht werden, wurde einmal mehr bestätigt. Die TeilnehmerInnen unserer Studie, die einen sicheren Bindungshintergrund hatten, erzielten jetzt bei unserer Messung der allgemeinen Anpassung ebenso wie bei den spezifischeren Merkmalen höhere Werte. Sie hatten stabile soziale Netzwerke, waren aktiv in Berufstätigkeit oder Schule eingebunden, kamen gut mit ihren Vorgesetzten aus und hatten eine gewisse Vorstellung von der weiteren Richtung im Leben. Auch hier gab es natürlich Ausnahmen. Einige schlugen sich besser als erwartet und einige schlechter. Solche Veränderungen waren im Großen und Ganzen wieder durch veränderte Lebensumstände zu erklären.

Diese positiven Ergebnisse wurden nicht ausschließlich durch die frühe Bindungsqualität vorhergesagt. Spätere Erfahrungen in der Familie, Beziehungen zu Peers und andere Beziehungserfahrungen waren ebenfalls wichtig. Häufig bauten diese späteren Beziehungen natürlich auf der Bindungsgeschichte auf. Um nur ein Beispiel anzuführen: Eine Frage, die wir im Interview stellten, betraf die Erfahrung mit Lehrern: »Gab es je einen Lehrer, bei dem du das Gefühl hattest, dass er besonderen Anteil an dir nimmt und dich wirklich unterstützt hat?« Die sicher Gebundenen nannten mit größerer Häufigkeit einen oder mehrere Lehrer. Die unsicher Gebundenen sahen uns manchmal an, als hätten wir eine groteske Frage gestellt. Dennoch erfuhren wir mitunter, dass ein Lehrer, psychologischer Berater oder Trainer besonderen Anteil an einem Kind genommen hatte, das einen schwierigen Start gehabt hatte, und das machte sehr viel aus.

Die Herausforderungen der Erwachsenenwelt

Die frühen Erfahrungen behielten ihren prognostischen Wert für das individuelle Wohl auch im Erwachsenenalter. Diejenigen StudienteilnehmerInnen, die in früher Kindheit unterstützende Fürsorgeerfahrungen gemacht hatten, kamen sowohl im Hinblick auf soziale Beziehungen als auch im Hinblick auf den Umgang mit anderen Themen des Erwachsenenlebens gut zurecht. Zum Beispiel sagte das frühe elterliche Pflegeverhalten weiterhin die schulische Leistung, einschließlich der absolvierten Schuljahre voraus. Ein wichtiges Ergebnis für uns war, dass durch frühe positive Erfahrungen vorhersagbar war, welche Schulabbrecher schließlich erfolgreich an die Highschool zurückgehen und ein GED-Diplom erwerben würden, ein weiteres Anzeichen von Resilienz.

Eine sichere frühkindliche Bindungsgeschichte war besonders relevant im Hinblick auf Beziehungen. Die sicher Gebundenen waren besser in der Lage, robuste soziale Unterstützungsnetze aufzubauen und hatten häufiger eine stabile Partnerschaft. Unsere direkten Beobachtungen der Interaktionen bei erwachsenen Paaren bestätigten, dass sie höhere Werte beim Vertrauen und niedrigere Werte bei der Feindseligkeit erzielten. Außerdem waren sie besser in der Lage, ihrem Partner/ihrer Partnerin eine sichere Basis zu bieten und ihn/sie selbst nötigenfalls als sichere Basis zu nutzen. Dieses letzte Ergebnis ist besonders wichtig für die These, dass frühe Beziehungssysteme verinnerlicht und weitergetragen werden.

Eine besondere Beobachtung bei unserer Bewertung von Paaren betraf die Fähigkeit, sich nach einer emotional aufwühlenden Auseinandersetzung wieder davon zu erholen. Nach zehn Minuten hitziger Diskussion über einen vorher definierten Konfliktbereich wurde das Paar unterbrochen und an eine positivere Aufgabe gesetzt. Wie unsere Doktorandin Jessica Salvatore nachwies, waren die StudienteilnehmerInnen mit sicherer Bindungsvergangenheit besser in der Lage, den Konflikt hinter sich zu lassen und zu emotionaler Gelassenheit zurückzufinden. Bestimmte Verhaltensweisen zeigten sie weniger häufig als die Teilnehmer mit unsicherem Bindungshintergrund: Sie kamen nicht immer wieder auf die vorher aufgeworfenen Streitfragen zurück, sie sabotierten die Abkühlphase nicht durch das Ansprechen neuer Probleme und verweigerten das Gespräch nicht in dem Ausmaß wie die unsicher Gebundenen.

Außerdem stellten wir fest, dass nicht nur ein sicherer Bindungshintergrund, sondern auch eine Geschichte positiver Peer-Beziehungen gut funktionierende Beziehungen im Erwachsenenalter förderte, vor allem die Fähigkeit, Konflikte erfolgreich auszuhandeln. Die sichere Basis aus der frühen Kindheit fördert also positive Kontakte mit Gleichaltrigen in der weiteren Kindheit ebenso wie die soziale Kompetenz in der Adoleszenz, und die Gesamtheit dieser Erfahrungen trägt dann dazu bei, die Fähigkeit zu Nähe und Intimität zu vertiefen und bietet wichtige Übungsmöglichkeiten für den Umgang mit Konflikten.

Generationsübergreifende frühkindliche Erfahrungen

Die Untersuchung des Elternverhaltens in der zweiten Generation ergab weitere Nachweise dafür, dass Beziehungssysteme weitergegeben werden. Als unsere StudienteilnehmerInnen das Alter von 32 Jahren erreichten, führten wir mit ihnen ein umfangreiches Interview über ihre elterlichen Denk- und Verhaltensweisen durch. Diese aufgezeichneten Interviews wurden dann anhand einer Reihe von Skalen bewertet, die zum Beispiel folgende Merkmale umfassten: »positive emotionale Verbundenheit« (Freude am Elternsein und ausgedrückte Warmherzigkeit gegenüber den Kindern), »elterliche Investition« (Engagement und Überzeugung von der Wichtigkeit der Elternschaft), »Vertrauen« (Gefühl für Effektivität in der Elternrolle) und »Kohärenz der elterlichen Erziehungsphilosophie«. Die Gesamtheit dieser Eigenschaften wurde als »unterstützendes elterliches Verhalten« zusammengefasst, und die bei diesen Interviews ermittelten Unterschiede waren tatsächlich durch die frühe elterliche Zuwendung, die die Befragten erhalten hatten, einschließlich ihrer Bindungsgeschichte, vorhersagbar. Natürlich waren auch Messungen anderer Erfahrungen bedeutsam, einschließlich Kompetenz mit Gleichaltrigen in der Kindheit, Qualität der Unterstützung von derzeitigen PartnerInnen und die Stärke des sozialen Unterstützungsnetzwerks. Doch sogar unter Berücksichtigung all dieser letztgenannten Faktoren hatte die in der frühen Kindheit erhaltene Fürsorge immer noch eine starke Vorhersagekraft für die Art der elterlichen Zuwendung in der zweiten Generation.

Die Ergebnisse der Interviews wurden durch unsere direkten Beobachtungen der jungen Eltern und ihrer Kinder untermauert. Wenn ein Kind geboren wurde und das entsprechende Alter erreicht hatte, luden wir Eltern und Kinder zu uns in die Universität ein und evaluierten sie in denselben Situationen, die auch schon die Eltern vor vielen Jahren durchlaufen hatten. Wir führten dieses Projekt trotz knapper Fördermittel durch, weil die Eltern immer wieder auf ein Treffen mit sich und ihren Kindern drängten.

Wir begannen mit der Aufräum- und Problemlösesituation für die Zweijährigen, weil wir in diesem Setting sowohl unsere männlichen als auch unsere weiblichen Teilnehmer beobachten konnten. Da diese neuen Väter von klein auf bei unserer Studie mitgewirkt hatten, vertrauten sie uns und übernahmen bereitwillig die Rolle von Forschungsprobanden, ganz anders als die Männer der vorangehenden Generation. Und bei dem Verfahren für die Zweijährigen spielte es keine Rolle, ob sie die primären Bezugspersonen waren, solange sie eine anhaltende Beziehung zum Kind hatten.

Die Ergebnisse waren bei den Männern ebenso wie bei den Frauen verblüffend. Bei denjenigen, die als Kleinkinder von den eigenen Eltern liebevoll unterstützt worden waren, bestand eine höhere Wahrscheinlichkeit, dass sie jetzt auch ihre eigenen Kinder emotional unterstützten. Ähnlich zeigte sich auch bei denjenigen Teilnehmenden, deren eigene Eltern sich überstimulierend oder feindselig verhalten hatten, die Tendenz, ihre Kinder jetzt genauso zu behandeln. An diesen Ergebnissen änderte sich auch nichts, wenn man Bildungsgrad, Stressniveau und andere Faktoren berücksichtigte.

Die Befunde sind bemerkenswert, weil sich, wie an früherer Stelle erwähnt, niemand von uns bewusst erinnern kann, wie er in diesem zarten Alter behandelt wurde. Säuglinge und Kleinkinder verfügen allerdings über eine ganz spezielle Art eines gut entwickelten Gedächtnissystems, über das sogenannte »prozedurale Gedächtnis«. So wie die Fähigkeit zum Fahrradfahren als einzelne Verhaltensabfolge dauerhaft verfügbar bleibt (man denkt nicht über jede einzelne Aktivität im Bewegungsablauf nach), werden die sich wiederholenden verhaltensmäßigen und emotionalen Interaktionsabfolgen mit der Bezugsperson auf einer tiefen emotionalen Ebene verinnerlicht und später nur durch bestimmte äußere Bedingungen reaktiviert.

Diese Vorstellung der intergenerationalen Übertragung von Bindung ist zu einem der aufregendsten Forschungsgebiete der gesamten Psychologie geworden. Wir wissen nicht nur, dass diese Übertragung erfolgt, sondern haben jetzt auch einige Erkenntnisse über den Prozess gewonnen. Das lässt sich am besten mit den gesammelten Ergebnissen im Hinblick auf das Vermächtnis desorganisierter Bindung veranschaulichen. Bei unserer eigenen Arbeit haben wir festgestellt, dass desorganisierte Bindung in der frühen Kindheit tatsächlich prognostisch bedeutsam für eine desorganisierte Bindung in der Folgegeneration ist. In Anbetracht des langen damit einhergehenden Zeitraums ist das schon für sich genommen ein außergewöhnliches Ergebnis, aber es ist nur der Anfang. Fasst man unsere und die Befunde anderer ForscherInnen zusammen, erhält man ein recht vollständiges Bild davon, wie dieser Vorgang abläuft.

Erstens: Eine Neigung zur Dissoziation oder zur Abspaltung von Erfahrung, wie im letzten Kapitel erörtert, ist durch desorganisierte Bindung vorhersagbar. Angesichts eines Traumas oder Verlustes wird der Betroffene dann dazu neigen, die Erfahrung abzutrennen, anstatt sie durchzuarbeiten und zu integrieren, was zu einem mentalen Zustand führt, den Mary Main und Erik Hesse als ungelöst oder unverarbeitet (unresolved) bezeichnen. Unter Anwendung einer von Mary Main und Ruth Goldwyn entwickelten Interview-Technik ist es möglich, diese mangelnde Verarbeitung zu messen. Um das Verfahren durchzuführen und die Interviews zu kodieren, bedarf es einer sorgfältigen Ausbildung. Die mangelnde Verarbeitung kann in vielerlei Form zum Ausdruck kommen. So verfällt der Interviewte bei seinen Ausführungen möglicherweise in die Gegenwartsform, wenn er über den Verlust eines geliebten Menschen spricht, widerspricht sich selbst im Hinblick auf seine Teilnahme am Begräbnis oder verwechselt Pronomen, wenn er über sich selbst und den Verstorbenen redet usw.

Im Fall eines Traumas, zum Beispiel eines Missbrauchs oder einer Konfrontation mit Gewalt, kann das Erlebnis auf heftige Weise reaktiviert werden, so als ob die andere Person auch viele Jahre später immer noch da wäre, oder es kommt auch hier zu auffälligen Widersprüchen oder Logikfehlern in den Ausführungen. Ein anschauliches Beispiel für diese Reaktivierung lieferte die ganz am Anfang dieses Buches beschriebene Erfahrung meines Onkels Virgil. Nachdem er als junger Mann miterlebt hatte, wie sein Vater seine Mutter getötet hatte, war er eindeutig nicht in der Lage gewesen, dieses erlebte Trauma vollständig zu verarbeiten. Da er nie Gelegenheit erhielt, diese entsetzliche Erfahrung zu integrieren, blieb sie so lebendig wie an dem Tag, als der Mord geschah.

Wie von Mary Main vorhergesagt, war unsere Messung der Desorganisation in früher Kindheit prognostisch bedeutsam für einen unverarbeiteten/ungelösten Status beim »Erwachsenenbindungsinterview« (AAI, Adult Attachment Interview) im Alter von 26 Jahren. Mehrere andere Forscher, wie zum Beispiel auch Mary Main selbst, gelangten zu ähnlichen Ergebnissen. Außerdem waren wir in unserer Studie in der Lage, statistische Techniken einzusetzen, um zu zeigen, dass Dissoziation die Brücke zwischen früher Desorganisation und späterer Unfähigkeit zum klaren Erkennen früherer Traumata oder Verluste bildete.

Doch es steckt noch mehr dahinter, denn wie sich herausstellt, lässt ein unverarbeiteter mentaler Zustand bezüglich eines Verlustes oder Traumas beim Elternteil die Vorhersage einer desorganisierten Bindungsqualität beim Säugling zu. Zusammenfassend: Durch ein desorganisiertes Bindungsmuster in der frühen Kindheit lässt sich vorhersagen, dass die Auflösung von Trauma- oder Verlusterfahrungen im späteren Leben Probleme bereiten wird, und das erlaubt anschließend wiederum die Prognose einer Desorganisation in der nächsten Generation. Damit hat sich der Kreis schon fast geschlossen. Das fehlende Verbindungsstück ergibt sich aus der folgenden Frage: Warum führt ein unverarbeiteter mentaler Zustand des Elternteils dazu, dass der Säugling eine desorganisierte Bindung zu diesem spezifischen Elternteil entwickelt? Die Antwort hängt mit der Rolle der Angst zusammen.

Wie bereits erwähnt, besagt Mains Theorie, dass Desorganisation aus der Tatsache resultiert, dass das Kind Angst vor dem Elternteil hat. Für dieses Problem gibt es keine Lösung, weil das Kind darauf programmiert ist, die Nähe seiner Bindungsperson zu suchen, wenn es Angst hat, aber gleichzeitig darauf programmiert ist, vor der Ursache der Angst zu fliehen. Es kann nicht gleichzeitig zum selben Ziel hinlaufen und davor weglaufen, deshalb kommt es zum desorganisierten Verhalten. Bei einem Missbrauch von Kindern durch ihre Eltern wurde tatsächlich immer wieder nachgewiesen, dass Desorganisation die Folge ist. Doch unverarbeitete Traumen oder Verluste der Eltern führen zum selben Resultat, wie die Ergebnisse des Erwachsenenbindungsinterviews (AAI) zeigen. Das muss damit zusammenhängen, dass diese Eltern sich gegenüber dem Kind auf beängstigende oder unverständliche Weise verhalten.

Genau das haben sowohl Deborah Jacobvitz, eine ehemalige Mitarbeiterin unseres Projekts, als auch Carlo Schuengel nachgewiesen. Anhand ihrer sorgfältigen Videoanalysen des Verhaltens in häuslicher Umgebung konnten sie zeigen, dass sich die Desorganisation des Kindes durch beängstigendes oder dissoziatives elterliches Verhalten vorhersagen lässt. Damit schließt sich der Kreis. Desorganisierte Bindung macht den Einzelnen anfällig für Dissoziation angesichts von Verlust und Trauma. Diese Tendenz erzeugt Lücken und Verzerrungen im Fühlen und Denken des Erwachsenen, die wiederum dazu führen, dass er sich auf beängstigende und nicht nachvollziehbare Weise gegenüber seinen eigenen Kindern verhält. Das beängstigende elterliche Verhalten führt zu einer desorganisierten Bindung beim Kind, und so setzt sich der Kreislauf fort, wenn nicht helfend eingegriffen wird.

Kontinuität und Wandel, frühkindliche Erfahrungen und aktuelle Unterstützung

Es ist durchaus möglich, dass die Verbindungen zwischen Trauma, Dissoziation und desorganisierter Bindung auch einen Teil meiner eigenen Geschichte bilden. Ein desorganisierter Bindungshintergrund passt zu den überdurchschnittlich großen Gedächtnislücken in meinem Leben und auch dazu, dass ich früher dazu neigte, mir meiner eigenen Verhaltensweisen oder Gefühle nicht bewusst zu sein. Ich habe keinen Zweifel, dass meine Mutter ein Trauma erlebt hat. Ich weiß auch, dass es bestimmte Zeiten gab, in denen ihr Verhalten mir Angst gemacht hat. Und man kann davon ausgehen, dass es womöglich dissoziative Zustände bei ihr ausgelöst hat, wenn ich Zorn oder Wut zum Ausdruck brachte. Sie hatte natürlich nie die Mittel oder die professionelle Hilfe, um ihre Erfahrungen aufzuarbeiten und zu bewältigen.

Wie an früherer Stelle erwähnt, ist es eine unzutreffende Annahme, dass dieser Prozess ein unabänderliches Schicksal sei. Es besteht zwar zweifellos die Tendenz zur Übertragung früher Muster, und unsere Arbeit bestätigt, dass Veränderungen umso schwieriger werden, je länger der Einzelne auf einem bestimmten Weg vorangeschritten ist, aber Veränderungen bleiben trotzdem möglich. Zum Beispiel haben einige unserer StudienteilnehmerInnen, die in der Kindheit eine desorganisierte Bindung hatten, dennoch später sichere Beziehungen mit ihren eigenen Kindern entwickelt. Diese Veränderung hing damit zusammen, dass sie als Erwachsene ein robustes soziales Unterstützungssystem hatten. Sogar einigen TeilnehmerInnen, die in der Kindheit über einen erheblichen Zeitraum mit Problemen zu kämpfen hatten, gelang es im Erwachsenenalter, hilfreichere Anpassungsveränderungen vorzunehmen.

Das galt sogar für einige TeilnehmerInnen, deren Verhaltensprobleme als »frühzeitig einsetzend und über den Lebenslauf andauernd« klassifiziert wurden (»life course persistent conduct problems«). Terrie Moffitt hat diesen Begriff geprägt, um Jugendliche zu beschreiben, bei denen ein aggressives, ausagierendes Verhalten in der frühen Kindheit einsetzt und durch die Adoleszenz hindurch anhält. Die – durch eine Fülle von Forschungsdaten bestätigte – Annahme war, dass bei Angehörigen dieser Gruppe eine hohe Wahrscheinlichkeit besteht (75 Prozent oder mehr), dass sie auch als Erwachsene verhaltensauffällig bleiben werden. Auch wir haben das festgestellt. Nichtsdestotrotz trat bei *einigen* eine Besserung ein. Es war keine Überraschung für uns, dass ein Hauptgrund für solche positiven Veränderungen das Eingehen einer stabilen Partnerschaft im Erwachsenenalter war. (Einen festen Arbeitsplatz zu bekommen, war ebenfalls hilfreich, was von gesellschaftlicher Relevanz ist.)

Wie wir erneut feststellten, beruhten positive Veränderungen im Erwachsenenalter nach einer langen Problemgeschichte häufig auf dem Fundament einer sehr frühen Unterstützung ebenso wie auf aktueller Unterstützung. MK, der Junge, der in der Adoleszenz kaum wiederzuerkennen war, hatte zweifellos eine ausgedehnte Problemphase durchlaufen und erfüllte als Jugendlicher eindeutig gewisse Kriterien für eine »Störung des Sozialverhaltens«. Seine Kindheit war von Verlusten und Zusammenbrüchen erfüllt, einschließlich des Todes seiner Mutter am Anfang seiner Teenagerzeit. Doch in den ersten fünf Lebensjahren hatte er viel Stabilität erfahren. Außerdem heiratete er eine sehr verständnisvolle und empathische Frau, was vielleicht durch seine frühe Geschichte ermöglicht wurde. Unsere Beobachtungen zeigten, dass ihre Beziehung gut funktionierte und dass er sich seinem Sohn gegenüber ausgesprochen fürsorglich und feinfühlig verhielt. Zum Zeitpunkt dieser Niederschrift weiß ich, dass er als Erwachsener keine antisozialen Verhaltensweisen an den Tag legt und nach all unseren Kriterien gut angepasst ist.

Eine Methode zur Messung des Wandels, der sich bei MK während der Übergangsphase von der Adoleszenz zum Erwachsenenalter vollzog, bestand darin, zu vergleichen, wie er im Alter von 19 Jahren und von 26 Jahren auf unser Erwachsenenbindungsinterview (AAI) reagierte. Bei der ersten Befragung, vor seiner Ehe, zeigte er äußerst defensive und feindselige Haltungen hinsichtlich seiner Bindungsgefühle. Auf die Frage, wie der Tod seiner Mutter ihn belastet habe, war seine verblüffende Antwort, dass er vielleicht ein oder zwei Wochen lang darunter gelitten hätte, dann nicht mehr. Im Alter von 26 Jahren konnte er viel besser über den Schmerz dieser Erfahrung sprechen. Seine Frau berichtete uns, dass er zwar immer noch Schwierigkeiten habe, über seine Gefühle zu reden, aber bemerkenswerte Fortschritte mache.

Auch wenn das nur eine Einzelerfahrung ist, ist sie repräsentativ für die allgemeinen Ergebnisse unseres Projekts: *Die Persönlichkeit ist ein Entwicklungskonstrukt und enge Beziehungen sind von Anfang bis Ende entscheidend für den Verlauf dieses Entwicklungsprozesses.* Wie García Márquez sagt – entlang des Weges haben wir immer wieder Möglichkeiten, uns selbst neu zur Welt zu bringen.

Ich kann nicht wissen, ob ich eine desorganisierte Bindungsbeziehung zu meiner Mutter hatte oder ob das einen Großteil meiner Verhaltensprobleme und anhaltenden Schwierigkeiten erklären würde. Aber ich weiß mit Sicherheit um die Chancen und die Unterstützung, die ich als Erwachsener hatte, und ich bin dankbar für den Grad an seelischer Gesundheit, den ich erreicht habe.

KAPITEL 12

Lehren aus der Forschung und aus dem Leben

> *[Der Entwicklungsweg] hängt auf jeder Stufe ab von der Interaktion zwischen dem Organismus, wie er sich bis zu diesem Augenblick entwickelt hat, und der Umwelt, in der er sich in diesem Augenblick befindet.*
>
> *John Bowlby*[13]

Wir haben jetzt gemeinsam die Fülle an Nachweisen dafür betrachtet, wie wichtig frühe Erfahrungen für die Formung der Persönlichkeit sind. Ähnlich wie das Fundament eines Hauses geben sie die Eckdaten für den späteren Aufbau des Selbst vor. Sie beeinflussen die Art, wie wir die Welt sehen und wie wir die Ereignisse deuten, die uns widerfahren, und wirken sich über unsere Wahrnehmungen und Verhaltensweisen sogar auf unser späteres Erfahrungsumfeld aus. Viele von uns kämpfen mit dem Problem, dass wir uns selbst immer wieder in dieselben unlösbaren Situationen und Sackgassen bringen. Die Tatsache, dass wir unsere frühen Erfahrungen mit uns tragen, ist zweifellos eine der Lehren aus meiner Arbeit. Diese Erfahrungen werden nie gelöscht, und häufig sind wir uns nicht bewusst, wie sie uns beeinflussen oder was wir in frühester Kindheit überhaupt erlebt haben.

Das bedeutet weder, dass frühe Erfahrungen ein unabänderliches Schicksal sind, noch dass sie wichtiger sind als spätere Erfahrungen. Aus einer Entwicklungsperspektive ergibt diese Vorstellung keinen Sinn. Es wäre so, als würde man sagen, dass das Fundament wichtiger für die Vollständigkeit des Hauses sei als das Dach. Alle Erfahrungen sind wichtig. Ja, gewiss, das Fundament ist in mancherlei Hinsicht von großer Bedeutung. Es ist die Ausgangsbasis und erlegt dem weiteren Aufbau gewisse Beschränkungen auf. Doch auch das Dach ist wichtig. Ohne Dach wird das Haus irgendwann zusammenfallen, ganz gleich wie solide das Fundament gebaut ist. Verhalten ist immer ein Produkt der gesamten Erfahrungsgeschichte ebenso wie der derzeitigen Umstände, mit denen der Einzelne konfrontiert ist. Die Analogie des Hauses lässt sich auch darauf anwenden, dass es in gewissem Ausmaß möglich ist, frühere Probleme in der Entwicklung oder der Konstruktion auszugleichen. Wer zum Beispiel wie Mary Main und Erik Hesse im erdbebengefährdeten Berkeley wohnt, rüstet sein Haus nach, um es stabiler zu machen und besser gegen Erdbeben zu schützen.

Von daher bin ich überzeugt, dass unsere Arbeit Auswirkungen auf die beiden wichtigsten Fragen hat, vor denen wir alle stehen, wenn wir uns bemühen, psychisch gesündere Menschen zu werden. Die erste Frage ist, warum Veränderungen so schwierig sind. Die zweite ist, wie sich Veränderungen trotzdem erreichen lassen. Ein genauerer Blick auf die Probleme, die Veränderungen erschweren, hilft uns, den Weg zum Wandel besser zu verstehen.

Ein von zahlreichen Wissenschaftlern angeführter Grund für die große Kontinuität bei der individuellen Anpassung ist, dass die Bedingungen, die ursprünglich zu den Problemen führen, häufig weiterbestehen. Armut und Stress können chronisch sein. Auch Risiken hängen häufig miteinander zusammen. Sie kommen als Paket. Armut und Stress, ein instabiles Umfeld, häusliche und außerhäusliche Gewalt, qualitativ schlechte Schulen und unzureichende Hilfsmöglichkeiten sind miteinander verbunden. Ein Mädchen in unserer Studie, das in früher Kindheit missbraucht wurde und in ihrem Zuhause der Prostitution ausgesetzt war, musste später miterleben, wie ihr Stiefvater sich selbst erschoss. Dann starb auch noch ihre Mutter, als sie 18 war. Immer wenn sie gerade im Begriff war, wieder auf die Beine zu kommen, schien sich eine neue Tragödie zu ereignen. Wenn genügend Risikofaktoren zusammenkommen, so Arnold Sameroff, ist niemand resilient. Glücklicherweise ist das bei den meisten Kindern nicht der Fall.

Da wir Anpassungsmuster über einen längeren Zeitraum verfolgten, wurde erkennbar, dass Muster sich auch selbst erneuern können. Das gilt für eine positive Anpassung ebenso wie für eine Fehlanpassung. Personen mit sicherem Bindungshintergrund zum Beispiel behalten auch in schwierigen Zeiten positive Erwartungen. Solche Erwartungen helfen ihnen tatsächlich, sich erfolgreich zu behaupten. Ähnlich bilden Personen mit unsicherem Bindungshintergrund und anderen widrigen Kindheitserfahrungen Anpassungen heraus, die tendenziell dazu führen, dass ihre negativen Erfahrungen sich fortsetzen. Tatsächlich ist genau das gemeint, wenn von Fehlanpassung die Rede ist – Verhaltens- und Denkweisen, die uns daran hindern zu reifen oder die unsere Situation sogar verschlimmern. Kinder, die chronische Ablehnung und Feindseligkeit erfahren haben, entwickeln bestenfalls die Erwartung, dass Beziehungen sich nicht lohnen, und schlimmstenfalls die Erwartung, dass sie etwas Negatives sind. Sie fühlen sich anderen entfremdet und verhalten sich daher auf eine Weise, die andere abschreckt. Wir haben festgestellt, dass viele Kinder eindeutig keine Hilfe bei anderen suchen, wenn sie bedürftig sind (wie der Junge im Kindergarten, der sich in die Zimmerecke zurückzog, nachdem seine potenzielle Tanzpartnerin ihn abgewiesen hatte). Sie interpretieren mehrdeutige Situationen als Ausdruck der Feindseligkeit und erkennen nicht, wenn andere ihnen gegenüber Zuneigung signalisieren. Das Ergebnis ihrer Wahrnehmungen, Interpretationen und Verhaltensweisen ist, dass sie andere häufig noch weiter abschrecken und negative Rückmeldungen erhalten, so dass sie sich noch stärker abgelehnt, entfremdet und in ihrem geringen Selbstwertgefühl bestätigt fühlen. Das mag ein extremes Muster der Fehlanpassung sein, aber diese sich selbst erhaltende Qualität gilt für alle Fehlanpassungen. Um nur ein Beispiel anzuführen: Kinder, die erhebliche Zweifel an ihrer Fähigkeit zum Problemlösen haben und aufgeben, ohne es überhaupt zu versuchen, werden unweigerlich weitere Erfahrungen des Scheiterns machen und deshalb unter weiter wachsenden Zweifeln leiden.

Obwohl es bis vor Kurzem nicht von zentraler Bedeutung für unsere Arbeit war, ist auch richtig, dass jahrelang praktizierte Anpassungsmuster automatisch oder habituell werden und mit fest begründeten neuronalen Vernetzungen einhergehen. So erfolgen insbesondere unsere Reaktionen auf emotionale Situationen automatisch und kommen uns vor, als würden sie uns einfach passieren, ohne dass wir irgendeine Kontrolle darüber hätten. In gewisser Weise ist dieser Mangel an Kontrolle real. Emotionale Reaktions- und Regulationsmuster werden sehr früh in unserem zentralen Nervensystem verankert und sind resistent gegenüber Veränderungen (obwohl jüngere Forschungen darauf hindeuten, dass das Gehirn in späteren Jahren veränderlicher ist als ursprünglich angenommen.)

Ich möchte noch einen letzten Grund hervorheben, aus dem Veränderungen so schwierig sind. Und zwar sind Anpassungsmuster, einschließlich solcher, die letztendlich unsere Entwicklung und unser Wohl beeinträchtigen, nicht grundlos entstanden, sondern weil sie einen bestimmten Zweck erfüllten. Sie hatten einen Sinn. Im Allgemeinen bin ich überzeugt, dass Säuglinge und kleine Kinder die beste Anpassung vornehmen, die ihnen *in Anbetracht der gegebenen Umstände* zur Verfügung steht. Wie Mary Main ausgeführt hat, ergibt es angesichts chronischer Zurückweisung und Ablehnung Sinn für das Kind, ein Muster der Vermeidung (der Zurückhaltung) hinsichtlich der Bindungsperson zu entwickeln, wenn es bedürftig ist. Genau in diesen Notsituationen ist es von der Bezugsperson abgewiesen worden. Durch die Vermeidung hält sich das Kind vor den schmerzlichen Gefühlen der Ablehnung fern und schützt sich davor, die Bezugsperson noch weiter zu verstimmen. Durch diese »Strategie« kann es in der Nähe der Bezugsperson bleiben, so dass sie ihm vielleicht doch hilft, wenn es in ganz große Widrigkeiten gerät. Auch wenn das Kind eine Bezugsperson hat, die unaufmerksam ist und nicht zuverlässig auf seine Signale reagiert, ergibt es Sinn für das Kind, in ihrer Nähe zu bleiben, eine sehr niedrige Stressschwelle aufrechtzuerhalten und bei der leichtesten Provokation starke Signale auszusenden. Für jedes Kind, das von den Eltern missbraucht oder misshandelt wird, ist es vernünftig und sogar logisch, kein Vertrauen zu entwickeln. All diese Muster sind ein Ausdruck der Anpassungsfähigkeit in dem Sinne, dass sie in Anbetracht der Bedingungen, unter denen das Kind aufwächst, die beste Option darstellen. Wenn sie allerdings fortgesetzt werden, erweisen sie sich als maladaptiv (und selbst-erhaltend).

Donald Kalsched stellt in seinem Buch *The Inner World of Trauma*[14] sehr anschaulich dar, wie bei Menschen mit Missbrauchserfahrungen ein inneres Verbot von Nähe entsteht. Aus Selbstschutz entwickelt das Kind eine innere Person, die vor Gefahren warnt und Strafen verhängt, wenn es in seiner Wachsamkeit nachlässt. Das Mantra dieser Persona oder inneren Stimme lautet »Nie wieder« – nie wieder werde ich zulassen, dass du verwundbar bist und den Schmerz, den du erlitten hast, noch einmal erlebst. Diese strenge Haltung war in Anbetracht der früheren Erfahrungen nicht nur verständlich, sie war überlebenswichtig. Doch diese innere Stimme, diese tiefere Ebene mentalen Funktionierens, ist unerbittlich. Sie wird sich neuen Gegebenheiten nicht flexibel anpassen. Sogar wenn die äußeren Umstände darauf hindeuten, dass eine neue Beziehung sicher ist, sagt die innere Stimme: »Glaub es nicht.« Das ist die Botschaft von Veras Traum, der in Kapitel 7 beschrieben wurde. Objektiv betrachtet verhielt sich die Erzieherin ihr gegenüber absolut freundlich und fürsorglich. Dennoch begegnete ein Teil von Vera dieser Freundlichkeit mit Skepsis. Als sie anfing, sich dieser Kindergärtnerin anzunähern, empörte sich ihr innerer Beschützer und sandte ihr durch den Traum, in dem die Erzieherin sie gegen die Wand schleudert, eine Warnung: »Oh nein, das darfst du nicht, denn sonst wird genau das hier geschehen.« Veränderungen sind so schwierig, weil sie häufig damit einhergehen, dass wir aufgeben müssen, was zu unserem Überleben beigetragen und uns einen gewissen Anschein der Integrität gegeben hat, und zwar oft über Jahre hinweg. Es ist ein bisschen wie ein Hochseilakt ohne Sicherheitsnetz.

Wie also sind Veränderungen möglich? Unsere Arbeit deutet darauf hin, dass Beziehungen transformierend wirken – ob Veränderungen in der Eltern-Kind-Beziehung als solcher, das Eingehen einer unterstützendenden Partnerschaft oder angemessene soziale Unterstützungsnetze, eine erfolgreiche Psychotherapie oder Beziehungen zu LehrerInnen, TrainerInnen, MentorInnen, Großeltern oder anderen. So schwierig Veränderungen sein mögen – im Laufe der Zeit können Beziehungen eine transformierende Wirkung entfalten.

Unsere Arbeit legt auch nahe, dass es Menschen wie mir, die einen schwierigen Start hatten, schwerer fällt, die Vorteile solcher Beziehungen zu nutzen. Welche Möglichkeiten der Veränderungen stehen diesen Menschen offen? Ich denke, dass glücklicherweise für die große Mehrheit von uns die Vergangenheit nicht ausschließlich etwas Schlechtes ist. Sie ist eine Mischung aus Feinfühligkeit und Vernachlässigung, unterstützendem Verhalten und Unbeholfenheit, Härte oder Ablehnung. Zu allermindest gab es für die meisten von uns Inseln der Fürsorge, von unseren Eltern und anderen. Für mich nahm das die Form an, dass drinnen warme Fäustlinge auf der Heizung lagen, wenn ich vom Spielen im Schnee hereinkam, dass meine Mutter mir ein kühles Tuch auf die Stirn legte, wenn ich krank war, dass sie sich freute, wenn ich von der Schule nach Hause kam, voll (bescheidenem) Stolz auf meine schulische Leistungen war und mir Kekse ins College schickte. Sogar mein Vater zeigte mir manchmal, dass ich ihm wichtig war. Als ich ungefähr fünf Jahre alt war, wurde ich einmal von einem Hund aus der Nachbarschaft gebissen. Mein Vater war außer sich, als das passierte, und ging sofort zu den Nachbarn, um sich zu beschweren. Obwohl er mich nicht tröstete, konnte ich erkennen, dass es ihm leid tat, was mir passiert war. Die Erinnerung daran ist bis heute sehr lebendig.

Die schroffe Behandlung, wenn ich wütend war, und die Phasen der emotionalen Unerreichbarkeit waren also nicht alles. Es war eine Mischung, wie bei den meisten von uns. Außerdem verfügte ich über tatkräftige Unterstützung von einer Reihe begabter LehrerInnen, von zwei Therapeuten und später von meiner Frau. Ich glaube, dass spätere unterstützende Beziehungen die Macht haben, eine Brücke in die Vergangenheit zu schlagen und eine Verbindung zu den Inseln der positiven früheren Erfahrungen herzustellen, so dass mit der Zeit eine tragfähige Struktur für Gesundheit und Wachstum entstehen kann.

Das enthält eine Botschaft für ErzieherInnen, LehrerInnen und andere BetreuerInnen von Kindern. Manchmal kann es entmutigend sein, wenn man erleben muss, dass Kinder trotz aller Bemühungen weiterhin Probleme haben. So erging es zum Beispiel den ErzieherInnen in unserem Kindergarten. Häufig wurde der in der Woche erzielte Erfolg übers Wochenende wieder untergraben. Am Ende der Kindergartenzeit machten sie sich Sorgen um die Zukunft ihrer Schützlinge. Ich versuchte, ihnen zu erklären, dass sie eine Saat pflanzten, eine Insel der fürsorglichen Zuwendung in einem Meer von Widrigkeiten schufen, die eines Tages vielleicht als Halt für ein positiveres Leben dienen würde. Es war ein ganz besonderer Tag, als wir hörten, wie Vera fünf Jahre nach ihrem Traum aus der Kindergartenzeit (wahrscheinlich zum ersten Mal in ihrem Leben) laut ausrief: »Ich bin glücklich!« Das war im Anschluss an eine dreijährige Therapie und vor ihr lagen noch einige Hindernisse, aber wir konnten erkennen, dass eine Insel der Sicherheit begründet worden war. Wir hatten den Eindruck, dass das, was sie aus dem Kindergarten mitgenommen hatte, den Weg für die Therapie ebnete, die dann ihrerseits wiederum noch positivere Beziehungen in der Zukunft ermöglichte.

Ich denke, meine Geschichte gleicht derjenigen vieler AkademikerInnen, vor allem solcher, die Psychologie studieren. Aufgrund unserer Vergangenheit sind wir häufig Menschen mit großer Angst und großem Leistungsdruck. Doch mit der richtigen Unterstützung kann diese Angst zum Motor für ein produktives Arbeiten und einen innovativen Forschergeist werden. Die problematischen Aspekte der elterlichen Zuwendung, die ich erfahren habe (und das angespannte Verhältnis zwischen meinen Eltern), haben möglicherweise mein Interesse an der Psychologie angeregt, aber die Inseln der Zuwendung haben mir geholfen, meine Angst und Unsicherheit in Wissbegierde zu verwandeln. Als kleines Kind wollte ich klug und witzig sein. Später wollte ich gute Leistungen bringen. Ich wollte mich im Sport und in der Schule, vor allem am College, besonders hervortun. Ich denke, das alles beruhte auf der Überzeugung, dass man mich wertschätzen würde, wenn ich nur klug genug oder amüsant genug wäre (und dass es auch irgendwie dafür sorgen würde, dass es meiner Mutter gut ging und die familiären Probleme sich auflösten).

Diese Merkmale rührten zwar von meiner Angst und Anspannung her, hatten aber auch eine positive Seite. Anspannung kann sich in Intensität verwandeln. Ich legte mich bei allem, was ich tat, ungeheuer ins Zeug – trainierte stundenlang Baseball, arbeitete hart in der Schule und engagierte mich zu Beginn meiner Highschoolzeit sogar als jugendlicher Prediger. Am College begeisterte ich mich für Psychologie, Soziologie und Wirtschaftstheorie. An der Graduiertenfakultät der behavioristischen Uni in Wisconsin lernte ich mit Feuereifer alles über Verstärkungstheorie und Konditionierung. Immer wenn ich etwas Neues anfing, verfolgte ich es mit großer Intensität, was mitunter durchaus zu positiven Ergebnissen führte. Andere Kids mochten mich, weil ich gut im Sport war. Die Lehrer mochten mich, weil ich zwar angespannt und »hyperaktiv«, aber ein fleißiger Schüler war, und am College und der Graduate School schnitt ich gut ab, weil ich mich ungeheuer anstrengte.

Außerdem entwickelten der schulische und akademische Erfolg ein Eigenleben. Anfangs war das Ziel einfach, gute Noten zu bekommen. Doch unweigerlich lernte ich dabei auch ein paar Sachen, und Lernen und Entdecken wurden zu etwas Aufregendem. Natürlich will man immer gute Arbeit leisten, aber am Anfang meiner beruflichen Laufbahn trat ein grundlegender Wandel ein. Das Ziel veränderte sich, und ich wollte wirklich verstehen, was es mit Entwicklung auf sich hat, und wie wir die Menschen werden, die wir sind. Auch das hat vielleicht nur angefangen, weil ich den Wunsch hatte, meine Familie und mich selbst zu verstehen, aber es wurde zu etwas Größerem.

Jetzt, wo ich auf die 80 zugehe, kann ich erkennen, dass Wachstum und Wandel das ganze Leben lang möglich sind. Doch welche Art von Veränderung ist am ehesten zu bewerkstelligen? Und was ist in Anbetracht des Wandels aus meiner frühen Erfahrungsgeschichte geworden? Ist sie verschwunden? Habe ich sie hinter mir gelassen? Sie überwunden? Die Tatsache, dass echter Wandel möglich ist und gleichzeitig die Kindheitserfahrungen bestehen bleiben, haben mich zu einer bestimmten Sichtweise auf solche Fragen geführt. Meiner Ansicht nach sind die ganz besonderen Themen und Probleme, vor denen der Einzelne steht, das Beständigste. Für mich persönlich war eines dieser Themen, dass ich Angst vor dem Gefühl der Wut hatte. Als Kind habe ich gelernt, dass aggressive Gefühle wohl furchtbare Folgen haben müssen. Wut – insbesondere meine eigene – war sowohl etwas Verbotenes als auch etwas Angsteinflößendes. Und in vielerlei Hinsicht fühlt es sich für mich noch immer so an – trotz jahrelanger Therapie und einer emotional unterstützenden Partnerschaft. Es fällt mir außerordentlich schwer, meinen Ärger gegenüber einem Menschen, der mir wichtig ist, direkt zu äußern. Das liegt nicht daran, dass ich keine aggressiven Gefühle hätte. Ich habe definitiv einen Hang zum Wettbewerb. Und ich kann ausgesprochen genervt und wütend reagieren, wenn ich etwas fallenlasse und zerbreche, wenn mein Computer abstürzt oder wenn ein unbekannter Autofahrer mich schneidet. Doch gegenüber meiner Frau kann ich meinen Ärger praktisch nie direkt zum Ausdruck bringen. Das macht mir zu viel Angst. (Sie versichert mir allerdings, dass meine indirekten Äußerungen ziemlich deutlich sind.)

Ich war immer überzeugt, dass ich durch meine Forschungsarbeit und durch die Therapie Antworten auf die Fragen und Probleme finden würde, die ich im Hinblick auf die Wut seit meiner Kindheit mit mir trug. Dennoch war ich überrascht, als ich eines Tages auf die folgende knappe und prägnante Zusammenfassung meiner Situation in einer von John Bowlbys Schriften stieß: »Ähnliche Probleme entstehen bei Eltern, die aus Angst vor der Erinnerung an eigene traumatisierende Kindheitserlebnisse eine Depression entwickeln. Kinder solcher Eltern müssen sich ständig glücklich geben und dürfen weder bekümmert noch einsam wirken oder wütend werden.« (Bowlby 2010, S. 86[15]). Diese Aussage stimmte mit unserer Arbeit zur generationsübergreifenden Kontinuität überein und war auch in meinem Fall absolut zutreffend.

Das Problem mit der Wut wird mir also erhalten bleiben. Und was hat sich tatsächlich verändert? Nun, zum einen bin ich mir heute dieses Problems bewusst. Wenn ich mich angespannt oder vage beunruhigt fühle, weiß ich, dass es manchmal daran liegt, dass ich wütend bin, und ich habe gelernt, Situationen schneller zu erkennen. Ich kann mir selbst gestatten, die Wut zu fühlen, sie sogar herauslassen und explodieren, wenn ich allein bin. Ich kann mit Worten ausdrücken, dass mich etwas erzürnt, wenn nicht sofort, dann doch relativ bald danach. Und es ist heute nicht mehr schwer, über das Wütendsein und was es für mich bedeutet zu sprechen. Das alles hilft mir tatsächlich sehr. Es hält mich davon ab, eine ungerechtfertigte Kritik oder eine Beleidigung einfach herunterzuschlucken und zu verinnerlichen. Es hilft meiner Frau und mir, wichtige Themen zu klären. Es ermöglicht mir, Dinge loszulassen und keine Ressentiments zu hegen. Zudem ist es von großem Vorteil für meine Frau und mich ebenso wie für andere Menschen, die mir nahestehen, weil es dazu beiträgt, dass Zorn und Groll nicht in mir gären und ich sie nicht an meinem Umfeld, insbesondere an Menschen, die mir nichts getan haben, auslasse. Unerkannte oder unbewältigte Wut kann sich in Zynismus verwandeln, und davon gibt es in der Welt bereits mehr als genug.

Ein weiteres Vermächtnis meiner Kindheit ist eine Angst vor – körperlicher und emotionaler – Nähe. Meine Mutter hatte erhebliche Probleme in dieser Hinsicht. In Anbetracht der Geschichte körperlicher Misshandlungen, an der kein Zweifel besteht, und des möglichen sexuellen Missbrauchs in ihrer Familie hielt sie wenig davon, ihre Kinder zu umarmen, geschweige denn zu küssen, nachdem sie dem Säuglingsalter entwachsen waren. Solche Zärtlichkeiten kamen in meiner Erfahrungswelt also nicht vor. Und wie bei dem Tabu, das seitens meiner Mutter für den Ausdruck der Wut herrschte, griff ich auch in dieser Hinsicht irgendwie die Vorstellung auf, dass es hier um etwas äußerst Angsteinflößendes ging. Die unausgesprochene Botschaft war, dass körperliche Nähe etwas ganz Schlimmes zur Folge hat. Das hat *mein Interesse* an körperlicher und emotionaler Nähe nie ausgelöscht (ganz ähnlich wie bei den Kindern mit unsicher-ambivalenten Bindungsbeziehungen, zu denen ich vielleicht auch gehörte). Aber es ist immer ein Problem für mich geblieben, anderen Menschen zu vertrauen, und deshalb fällt es mir auch schwer, meine Schwäche und Verletzlichkeit zu offenbaren. (Es war keine Überraschung, dass ich die in Kapitel 10 erwähnte Skala für die Fähigkeit zur Vulnerabilität entwickelt habe, da ich wusste, wie wichtig diese Fähigkeit für die psychische Gesundheit ist). Äußerlich merkt man mir dieses Problem nicht sonderlich an. Ich gelte im Allgemeinen als freundlicher, mitfühlender Mensch. Voll zum Tragen kommt das Problem vor allem in sehr engen persönlichen Beziehungen.

Dieses Thema anzugehen, glich in mancherlei Hinsicht dem Lernprozess, den ich durchlief, um meine Angst vor Wutäußerungen zu bewältigen. Am Anfang stand ein wachsendes Gewahrsein, das heißt, ich musste mir einfach eingestehen, dass Nähe für mich beängstigend war, und mit der Zeit die verschiedenen Methoden erkennen, die ich erfolglos ausprobierte, um dem Problem auszuweichen. Es war eine Zwickmühle. Ich wünschte mir Nähe, aber ich bekam Angst, wenn sie verfügbar war.

In vollständiger Übereinstimmung mit den Ergebnissen unserer Studie waren es transformierende Beziehungen, die Veränderung möglich machten. Das Wichtigste war die jahrzehntelange Ehe mit meiner Frau, die selbst keine Angst vor Nähe hat. Außerdem gab es zwei wichtige Beziehungen zu Therapeuten. Einer der größten Vorteile der Therapie (bei einem kompetenten Therapeuten) ist, dass das Ganze auf Vertrauen basiert. Meine Therapeuten haben meine Angst vor Nähe erkannt und respektiert und waren standhaft in ihrer emotionalen Verfügbarkeit. Ich lernte, beiden vollständig zu vertrauen.

Sogar die Beziehung zu meinen Eltern veränderte sich. Während der sehr dunklen Phase, in der ich unter starken Rückenbeschwerden litt, hatten wir zwei familientherapeutische Sitzungen. Bei der zweiten Sitzung wurde ich ermutigt, meiner Mutter zu sagen, wie verstörend es für mich gewesen war, nie umarmt zu werden, und dass es mich an ihrer Liebe zu mir zweifeln ließ. Anschließend nahm sie mich draußen auf dem Gang das erste Mal, seit ich denken kann, in die Arme. Dieser mutige und liebevolle Schritt von ihrer Seite hat mir viel bedeutet. Sie starb kurz darauf, im Alter von 59 Jahren. Mein Vater war damals immer noch sehr distanziert, aber er lebte glücklicherweise noch weitere 20 Jahre. Es gelang ihm, seine Spielsucht erfolgreich zu überwinden, und in seinen letzten Lebensjahren sind wir beide uns näher gekommen. Durch ihn habe ich einprägsam gelernt, dass Menschen auch spät im Leben wachsen und reifen können. Er starb in Würde.

Und wo stehe ich jetzt? Was ist aus der Angst, meiner Wut Ausdruck zu verleihen, und meinem Problem mit Nähe geworden? Sind sie verschwunden? Kaum. Aber ich bin mir meiner Wut zumindest bewusst und besser in der Lage, meine Chancen auf Nähe zu nutzen, auch wenn es mich beängstigt. Und Umarmen kann ich inzwischen richtig gut!

Nachwort

Nur die Liebe vermag durch Vereinigung die Wesen als solche zu vollenden … nur sie erfaßt und vereint ja die Wesen im Tiefsten ihrer selbst.

Pierre Teilhard de Chardin[16]

Als junger Mann hatte ich ernsthafte Zweifel an der Relevanz der Psychologie als Wissenschaft. Ich fragte mich sogar, ob ich eine falsche Berufswahl getroffen hätte. Und was denke ich heute darüber? Heute bin ich überzeugt – vielleicht weil mir diese Unternehmung seit 50 Jahren so sehr am Herzen liegt –, dass die Psychologie die Chance hat, ihr Potenzial zu entfalten und als Richtschnur für das Wohl des Menschen zu dienen. Wir wissen heute eine Menge darüber, wie sich eine gesunde psychische Entwicklung fördern lässt. Vielleicht war vieles davon auch schon in früheren Generationen bekannt, doch zumindest ist es heute in einer neuen Form bekannt. Wir haben die erforderlichen wissenschaftlichen Nachweise, wenn auch vielleicht noch nicht alle notwendigen Instrumente, um einige große gesellschaftliche Probleme in Angriff zu nehmen.

Ich bin auch optimistisch, was die Wirkung der ganzen Forschungsanstrengungen zu Bindung und Entwicklung anbetrifft. »Bindung« gehört heute zu unserem allgemeinen Wortschatz. Ich war baff erstaunt, als ich im Jahr 2014 den Film *Boyhood* sah: Die Mutter des Jungen hält einen Vortrag an ihrem Community College, und an der Tafel hinter ihr stehen die Worte: »John Bowlby« und »Bindung.« Sie schildert dann, wie die Bindungstheorie zu einer Revolution in der Psychologie führte und weitreichende Auswirkungen auf das Leben ihrer Schüler hatte.

Seit Jahren unterrichte ich jeden Sommer Studierende und Fachleute aus allen Kontinenten mit Ausnahme der Antarktis. Das sind Jahr um Jahr absolut bemerkenswerte, mitfühlende Menschen, die sich in Methoden der Bindungsbeurteilung ausbilden lassen. Überall auf der Welt, von Alaska bis Patagonien, von Finnland bis Botswana und Südafrika, bin ich auf Leute gestoßen, die sich lebhaft für die Bindungsforschung interessieren und sich darin auskennen. Einmal unterhielt ich mich in meinem dürftigen Spanisch mit einer Lehrerin in einem kleinen Bergdorf im ländlichen Mexiko. Sie wusste nicht, wer ich war und erklärte mir die innovativen Ansätze in ihrer Schule, die auf diesen neuen Erkenntnissen der Bindungsforschung beruhten. An diesem Tag war ich ziemlich glücklich.

Die Bindungsforschung hat großen Einfluss auf die Psychotherapie, frühkindliche Entwicklung und Erziehung. Es gibt heute eine Fachzeitschrift, *Attachment and Human Development.* Zahlreiche Programme mit frühen Hilfen für Hoch-Risiko-Familien beruhen auf Bindungsgrundsätzen. Dazu gehören das weitverbreitete, von Byron Egeland und Martha Erickson entwickelte Programm, das auf unserem Projekt basiert, ebenso wie bemerkenswerte Elternhilfsprogramme, die von unseren FreundInnen und KollegInnen Mary Dozier, Alicia Lieberman, Arietta Slade, Sheree Toth, Marinus van Ijzendoorn und Marian Bakermans-Kranenburg und anderen konzipiert wurden. Derartige Programme laufen auf der ganzen Welt. Robert Pianta, ein ehemaliger studentischer Mitarbeiter des Projekts, hat inzwischen ein eindrucksvolles Programm initiiert, das LehrerInnen hilft, mit verhaltensauffälligen Kindern zu arbeiten und dabei die Prinzipien der sicheren Basis zu nutzen. Das Programm ist nachweislich effektiv und wird in den USA und Lateinamerika immer bekannter.

June Sroufe und ich waren an der Gründung eines Forschungs- und Interventionsnetzwerks beteiligt, das inzwischen fast jedes lateinamerikanische Land miteinschließt. In gewisser Weise bewegen diese Länder sich rascher voran als die USA. Chile zum Beispiel screent landesweit die Familien jedes Neugeborenen und bietet allen Hilfebedürftigen unterstützende Interventionen an, die auf der Bindungstheorie aufbauen.

Ganze TherapeutInnengruppen engagieren sich für einen Ansatz, der mittlerweile als »relationale Psychotherapie« bezeichnet wird und im Kern auf Bindungsprinzipien basiert. Auch wenn sicherlich nicht jeder mit an Bord ist und einige der klassischen psychoanalytischen Orthodoxie verhaftet bleiben, gibt es heute wahrscheinlich keinen praktizierenden Kliniker, der noch nie etwas von der Bindungstheorie gehört hat, obwohl Bowlby das erste Buch seiner Bindungstrilogie erst 1969 veröffentlichte.

Natürlich ist nicht alles eitel Sonnenschein. Die Bindungstheorie ist hinreichend populär, um verzerrt und missbraucht zu werden. Etwas, das sich »Bindungstherapie« (oder »Halte-Therapie«) nennt, hatte wenig Bezug zur forschungsbasierten Bindungstheorie und entstellte deren Implikationen. Ähnliches gilt für die sogenannte »Bindungserziehung« (»Attachment Parenting«), die überhaupt nichts mit der Bindungsforschung zu tun hat. Bei der Bewertung von Behauptungen und Verkündigungen im Namen der Bindung ist also Vorsicht geboten. Das alles tut der wirklich guten Arbeit, die geleistet wird und einer breiten Öffentlichkeit zugänglich ist, allerdings keinen Abbruch.

Die Bewertung einer beruflichen Laufbahn und eines Lebens ist kompliziert. Sogar John Bowlby, der Architekt der Bindungstheorie, der diese Revolution in Gang setzte, machte sich später im Leben Gedanken darüber, ob das alles die Mühe wert war. Zum Teil beeinflusst durch seine eigene Geschichte, zum Beispiel durch einen schweren Verlust in der Kindheit und einen sehr anspruchsvollen Vater, hatte Bowlby sich sowohl inspiriert als auch gezwungen gefühlt, diesen Weg einzuschlagen. Er arbeitete extrem hart und veröffentlichte sein letztes Werk, eine Biografie von Darwin, mit Anfang 80, kurz vor seinem Tod. Sein ganzes Berufsleben hindurch kämpfte er gegen das psychoanalytische Establishment in England, das ihn nie voll akzeptierte.*

* Ich hatte das Glück, dass ich 1986, vier Jahre vor Bowlbys Tod, die Gelegenheit erhielt, eine Rezension über seine Trilogie in einer britischen Fachzeitschrift zu veröffentlichen. Der Beitrag stellte seine enormen Beiträge heraus, zu denen auch gehörte, dass er im Grunde die psychoanalytische Theorie gerettet hat. Offenbar hatte der Beitrag die beabsichtigte Wirkung, und von Bowlbys Sohn Richard weiß ich, dass sein Vater sich darüber gefreut hat. Für mich

Am Ende erkannte er, dass seine Arbeit großen Einfluss auf sein Fachgebiet gehabt hatte. Doch er sagte mir, ihm sei auch bewusst, dass seine Familie den Preis für dieses berufliche Engagement bezahlt habe. Das versuchte er in den letzten Jahren seines Lebens wiedergutzumachen.

Auch ich bin jetzt in dem Alter, in dem ich mir eingestehen kann, dass es meine Frau, meine Kinder und sogar mich selbst einiges gekostet hat, diesen beruflichen Weg zu verfolgen. Es war häufig eine Unternehmung, die mich völlig vereinnahmt hat, und insbesondere in den Anfangsjahren habe ich mich in Kämpfe mit den Kritikern der Bindungstheorie verstrickt.

Bei der Bewertung, ob es sich gelohnt hat, kann ich nicht wissen, wo das alles hinführen wird oder ob mein Beitrag notwendig war. Was ich allerdings mit Sicherheit weiß, ist, dass ich – wie Bowlby – einer faszinierenden Idee von Angesicht zu Angesicht begegnet bin und in der Lage war, ihre Schönheit zu erkennen.

---

fühlte es sich gut an, dass ich ein bisschen von dem zurückgeben konnte, was er mir und anderen im Bereich der Bindungsforschung geschenkt hat.

Anmerkungen

1 Sroufe, L. A. (1996). Emotional Development: The organization of emotional life in the early years. New York: Cambridge University Press.

2 Sroufe, L. A., Egeland, B., Carlson, E. & Collins, W. A. (2005). *The development of the person: The Minnesota Study of Risk and Adaptation from Birth to Adulthood.* New York: Guilford Press.

3 Weinberg, S. (1995). *Der Traum von der Einheit des Universums.* München: Goldmann.

4 Santayana, G. (1905). *Flux and Constancy in Human Nature*, in: The Life of Reason, Band 1, Reason in Common Sense, Kap. 12, New York: Scribner, S. 284; zitiert nach: *Eröffnungsansprache des Rektors der Universität München, Prof. Ludwig Kotter, am 18. November 1965 zur Ringvorlesung »Die deutsche Universität im Dritten Reich«. Chronik der Ludwig-Maximilians-Universität München 1965/1966.* München: 1967, S. 67, epub.ub.uni-muenchen.de

5 Gould, S. J. (1991). *Zufall Mensch: Das Wunder des Lebens als Spiel der Natur.* München: Hanser.

6 Breger, L. (1974). *From Instinct to Identity: The Development of Personality.* Hoboken: Prentice Hall (neu herausgegeben 2009 von Transaction Publishers).

7 Fleeson, W. (2001). Toward a structure- and process-integrated view of personality: Traits as density distributions of states. *Journal of Personality and Social Psychology*, 80 (6), 1011–1027.

8 Ainsworth, M. D. S., Blehar, M. C., Water, E., Wall, S. (1978). *Patterns of Attachment. A Psychological Study of the Strange Situation.* Hillsdale, NJ: Erlbaum.

9 Kierkegaard, S. (2013). *Die Reinheit des Herzens*, zitiert nach: Kierkegaard, Søren, *Religion der Tat. Sein Werk in Auswahl.* Hrsg. v. Geismar, E. Hamburg: Severus, S. 130.

10 Vygotskij, L. (1992)[1931]. *Geschichte der höheren psychischen Funktionen.* Münster/Hamburg: Lit, S. 235.

11 Stern, D. N. (2020). *Die Lebenserfahrung des Säuglings.* 12. Druckauflage. Stuttgart: Klett-Cotta.

12 Márquez, G. G. (2012). *Die Liebe in den Zeiten der Cholera*, Köln: Kiepenheuer & Witsch, S. 239 (E-Book).

13 Bowlby, J. (2006). *Trennung: Angst und Zorn*. München: Reinhardt, S. 325–326.
14 Kalsched, D (1996). *The Inner World of Trauma*. London: Routledge.
15 Bowlby, J. (2010). *Bindung als sichere Basis*. München: Reinhardt, S. 86.
16 Chardin, P., Teilhard de (2010). *Der Mensch im Kosmos*. München: Beck, S. 273.

Über den Autor

Alan Sroufe, Professor emeritus am Institute of Child Development der University of Minnesota, promovierte 1967 in klinischer Psychologie an der University of Wisconsin. Er ist Mitherausgeber der Zeitschriften *Developmental Psychology* und *Development and Psychopathology*. Der weltweit anerkannte Experte auf dem Gebiet frühkindlicher Bindungsbeziehungen, emotionaler Entwicklung und Entwicklungspsychopathologie hat 150 Artikel und sieben Bücher zu diesen Themen veröffentlicht, zum Beispiel das zweifach preisgekrönte *The Development of the Person.*

Zu weiteren Auszeichnungen, die Alan Sroufe verliehen wurden, gehören der Distinguished Scientific Contribution Award der Society for Research in Child Development, der Bowlby-Ainsworth-Award für Beiträge zur Bindungsforschung, der Mentor Award und der G. Stanley Hall Award for Distinguished Contribution to Developmental Psychology von der Division 7 der Amerikanischen Gesellschaft für Psychologie (APA), ferner ein Ehrendoktortitel der Universität Leiden und der Distinguished Teacher Award vom College of Education der University of Minnesota.

Alan Sroufe wurde als »der führende Entwicklungsforscher seiner Generation« bezeichnet (anlässlich der Verleihung des Bowlby-Ainsworth-Awards) und als »Begründer des Bereichs Entwicklungspsychopathologie, zu dem er maßgebliche Beiträge leistete« (bei der Auszeichnung mit dem Distinguished Scientific Contribution Award der Society of Research in Child Development).

Stimmen zum Buch

»Der führende Entwicklungsforscher seiner Generation«
Bowlby-Ainsworth-Award

»Alan Sroufe, der wohl bislang beeindruckendste Bindungsforscher, schildert, wie frühe Erfahrungen lebenslang nachwirken: Gute und weniger gut gewählte Wege für ein gelingendes Miteinander, alle empirisch belegt. Sroufes bemerkenswert kreative Bindungsforschung ist dabei eng verbunden mit seinem eigenen Lebenslauf.«
Klaus Grossmann, em. Professor, Institut für Psychologie, Universität Regensburg

»Dieses Buch ist wunderbar! Es ist schwer, sich auch nur einen Menschen vorzustellen, der wissen will, wer er ist und wie er oder andere sich entwickelt haben, der es nicht faszinierend finden würde.«
Mary Main, em. Professor & Erik Hesse, Associate Adjunct Professor, University of California, Berkeley

»Das Buch fesselt, es informiert, inspiriert und beleuchtet, wie wir mehr Mut für unser eigenes Leben aufbringen und bessere Beziehungen zwischen uns allen schaffen können, bravo! Eine großartige Kombination aus Memoir und wissenschaftlicher Autobiografie. Vielen Dank, Professor Sroufe.«
Daniel Siegel, klinischer Professor für Psychiatrie, UCLA School of Medicine und NY Times Bestsellerautor

»Alan Sroufe ermöglicht den Lesern eine autobiografische Sicht auf die persönliche Geschichte eines Superstar-Psychologen. Er hat über 50 Jahre herausragende Entwicklungs- und klinische Psychologen ausge-

bildet, die wiederum ihm und seinem kompetenten Team dabei geholfen haben, die am längsten laufende Studie über Bindung über die gesamte Lebensspanne und über Generationen hinweg durchzuführen ... Dieses Buch hat das Potenzial, Leben zu verändern, weil Alan so viele wechselhafte Lebensläufe untersucht und dokumentiert hat, einschließlich seines eigenen – ein höchst empfehlenswertes Werk.«
Howard Steele und Miriam Steele, Professoren und Co-Direktoren, Center for Attachment Research, The New School for Social Research

»Alan Sroufe ist der führende Entwicklungstheoretiker seiner Generation. Hier berichtet er von den persönlichen Erfahrungen und Zielen, die seine eigene Entwicklung und seine bahnbrechende Karriere geprägt haben, und verfolgt die Ursprünge der Entwicklung von Persönlichkeit, Identität und Intimität.«
Everett Waters, Professor für Psychologie, SUNY, Stony Brook

»Ich liebe dieses Buch und ich habe es geliebt, es zu lesen. Ich liebe die Art und Weise, wie Sroufe den Leser durch die Geschichte seiner Arbeit und unseres Fachgebiets führt - es ist so zugänglich, berührend und kohärent. Seine zunehmende Begeisterung, wie die Dinge mit fortschreitender Wissenschaft immer deutlicher Gestalt annehmen, wird spürbar. Eine ›Geschichte unserer Wissenschaft‹. Und eine grandiose.«
Arietta Slade, Professorin für Klinische Kinderpsychologie, Yale Child Study Center, und emeritierte Professorin für Klinische Psychologie, CUNY

»Was für ein kraftvolles, fesselndes und mutiges Buch Alan Sroufe geschrieben hat. Vielen Dank, Alan, für all deine beeindruckende Arbeit und dafür, dass du diesem wichtigen neuen Werk, das du uns allen schenkst, deine persönliche Stimme leihst.«
Alicia F. Lieberman, Irving B. Harris Stiftungslehrstuhl für psychische Gesundheit von Säuglingen, Abteilung für Psychiatrie, UC San Francisco

Karl Heinz Brisch
Bindungsstörungen
Von der Bindungstheorie zur Therapie

[illegible]
[illegible]

Der Bestseller vollständig überarbeitet und erweitert

Karl Heinz Brisch zeigt auf, wie psychische Störungen von Säuglingen, Kindern, Jugendlichen und Erwachsenen aus Bindungssicht verstanden und klassifiziert werden können. Die von ihm entwickelte bindungsbasierte Psychotherapie eröffnet neue Wege, sogar schwerste Störungen erfolgreich zu behandeln. Neben Behandlungsbeispielen für stationäre, ambulante sowie Einzel- und Gruppenpsychotherapie ... Neueste Erkenntnisse aus den Neurowissenschaften, der Epigenetik und der [illegible] haben in die Neuauflage Eingang gefunden.

www.klett-cotta.de/fachbuch

Karl Heinz Brisch (Hg.)
Trauma und Bindung zwischen den Generationen
Vererbte Wunden und Resilienz in Therapie, Beratung und Prävention
256 Seiten, gebunden mit Schutzumschlag
ISBN 978-3-608-96588-9

Den transgenerationalen Teufelskreis durchbrechen

Neue beeindruckende Forschungsergebnisse belegen die gravierenden Auswirkungen von traumatischen Erfahrungen bis in die nachfolgenden Generationen. Doch wie überträgt sich traumatische Angst der Eltern auf die Kinder- und Enkelkindergeneration? Welche Rolle spielen dabei epigenetische Mechanismen? Warum leiden manche Menschen kaum unter »ererbten psychischen Wunden« und andere sehr? Welche Schutzfaktoren gibt es und wie können sie in der Therapie und Prävention eingesetzt werden?
Diese und weitere spannende Fragen beantworten renommierte internationale Expertinnen und Experten in dem vorliegenden Band zu generationsübergreifenden Traumata.